本研究得到教育部人文社会科学研究青年基金项目（17YJC630227）、广东省哲学社会科学"十二五"规划学科共建项目（GD14XGL29）和广东省普通高校人文社科重点研究基地（2018WZJD007）的资助，本专著为项目研究成果。

广东省教育厅创新强校工程

市场化进程感知与企业创新精神：创业认知的研究视角

赵兴庐 著

复旦大学出版社

内容提要

本书基于创业认知的研究视角,将认知图式理论引入"市场化进程-企业创新精神"的分析框架中,认为制度环境对企业创新的影响是一个主观认知过程,即选择性地从中获取信息并进行评价,继而产生或高或低的创新精神。同时将全国多省份搜集的532份企业问卷调查数据进行分析,检验了要素型、经营型、激励型市场化进程对企业创新精神的差异化影响,并进一步发现不同产权、规模、行业、高新技术、家族、地区的企业在感知市场化进程方面存在显著差异。此外,通过自由聚类生成七类特定的市场化子情境,对企业创新精神产生了显著的类别影响效应。全书从从微观认知层面的政策需求方视角对市场化进程进行研究,与传统的国家或地区宏观层面的政策供给方视角形成了互补,为政策制定者有针对性地制定鼓励企业创新的政策提供了理论参考和经验证据。

Preface

序言

改革开放四十余年来,我国经济发展取得了举世瞩目的成就,已跻身为世界第二大经济体,对全球经济发挥着越来越重要的作用。在我国经济体量不断增加的同时,我国企业对世界经济的影响力也与日俱增,涌现出华为、腾讯、阿里巴巴、中车集团、格力电器等一大批著名企业。毫无疑问,改革开放的伟大实践为我国企业管理理论的创新与发展提供了沃土。

国内的企业管理理论与实践是从引进和借鉴西方的管理理论与方法开始的。经过多年的努力,我国企业从学习国外理论、模仿国外同行起步,将现代管理理论应用于经营管理实践,并结合我国特殊而又具体的现实情况,创造出许多行之有效且具有本土特色的管理思想和方法,不断提高我国的企业管理水平,如首钢的"投入产出总承包"、海尔的"日清日高管理法"、邯钢的"模拟市场、成本否决法",华为更是建立了独具特色的内控制度与先进的管理体系,并以"华为基本法"的形式确定下来。

目前,我国经济发展步入新常态,在贸易摩擦加剧等复杂的外部形势下,如何实现高质量发展成为我国面临的一个全新课题,需要理论工作者进行全方位、多层次、宽角度的研判,进行大胆的理论创新。我坚信,在深化改革和融入世界的新进程中,我国的企业管理理论必将有新的突破,也必将闪耀出迷人的光芒。

身处我国改革开放的最前沿,广东金融学院是华南地区唯一的一所金融类高校,学校秉承"明德、敏学、笃行、致远"的校训,坚持"金融为根、育人为本、应用为先、创新为范"的办学理念,以国家经济社会需求为导向,培养富有创新精神和社会责任感的高水平财经类应用型人才。其中,工商管理学科是我校优先建设的主体学科,也是广东省重点学科。一直以来,我校的工商管理学科积极对接国家与广东省的重大战略需求和学术前沿,服务现代企业管理优化升级的需要,人才培养、科学研究与服务社会的能力有了长足的发展。

  我校工商管理学院以"集成金融特色、培养管理精英"为使命,以"成为国内知名商学院"为发展愿景,设有人力资源管理、工商管理、市场营销、物流管理、酒店管理五个本科专业,形成了劳动经济与人力资源管理、企业理论、金融营销与信用消费、品牌管理与营销传播、工商管理案例五个学术团队。学院拥有一支朝气蓬勃、勇于开拓的师资队伍,近几年来承担了国家级、省部级以上项目及重点项目近百项,承担各级政府与企业委托项目百余项,在《管理世界》《中国工业经济》《管理学报》《经济管理》《中国人口科学》《财贸经济》等重要期刊上发表论文近300篇。学院教师的一系列研究成果先后被各级政府机构和企业所采用,产生了良好的社会效益和经济效益。

  作为校长,我十分欣喜地看到,工商管理学院英才辈出,一批中青年学者一心向学,他们俯下身子,对现实经济管理问题进行深入调查,并结合学科发展趋势产生了自己的独特见解。在追求研究范式与国际同行接轨的同时,他们更加注意中国情境的特殊作用,"广东金融学院工商管理论丛"就是他们勤于思考、勇于探索的阶段性成果。希望本论丛的出版能够进一步加强我校中青年学者与国内专家学者的学术联系,为学科发展与"文化自信"贡献"广金声音"。

  是为序!

雍和明

2019 年 8 月 30 日于广州

Foreword

前言

2020年是不平凡的一年,突如其来的疫情对生产生活造成了重大影响。中国作为一个发展中国家,在抗疫工作中展现出惊人的行动力和凝聚力,成为全球抗疫典范,彰显出社会主义制度的优越性。更重要的是,抗疫过程中复工复产有条不紊地推进,生活生产秩序逐步恢复,在这些成就背后,是关于中西方市场经济道路的再度思考:西方学术界推崇的自由市场主义是否适用于中国国情?经济活动中市场和政府的角色应该如何定位?本书写作恰逢疫情期间,随着研究的逐步深入,实证结果似乎对上述问题给出了本书视角下的独特回答。

当下越来越多的国家和地区通过市场化改革手段刺激经济增长,市场化进程即经济安排制度从政府管制型向市场交易型转变的制度改革进程,被广泛认为与企业的创新精神密切相关。既有研究多采用鲍莫尔(Baumol,1996)的制度经济学分析范式,从政策供给方的角度讨论不同制度安排对创新活动的经济成本和预期回报的影响,并基于国家或地区的数据来比较分析市场化进程与创新活动的关系。虽然相关研究取得了颇为丰富的成果,却相对忽视了企业作为有意识的个体对市场化进程进行主观认知的能动性,不易辨识政策措施在企业决策过程的作用机理,而实证结果呈现出不稳健和彼此矛盾的问题,值得深入探究。

为了回应这一问题,本书将认知图式理论引入"市场化进程-企业创新精神"的分析框架中,认为制度环境对企业创新的影响是一个主观认知过程——企业对环境信息并非被动接受,而是选择性地从中获取信息并进行评价。企业对环境感知包括安排图式、意愿图式和能力图式三个认知通道,企业会根据创新活动所需机会的丰裕程度、承担风险的意愿和进行创新的能力三方面对制度环境进行评价；当制度环境提供的机会感知越多、对创新动机的激励越强和提升创新能力的程度越高时，企业表现出越高的创新精神。

基于陕西省、湖北省和广东省共532份企业问卷调查的数据，本书有三方面的主要发现：(1)市场化进程整体上促进了企业创新精神，但分为间接促进和直接促进，要素型市场化(如资源市场化和雇佣自由化)对企业创新精神无直接提升作用，但在该情境下进行的创新将获得更大的绩效回报；经营型市场化(如行政干预和制度支持)显著提升了企业创新精神，但不能获得更高的绩效回报；激励型市场化(如利润重要度和激励绩效化)既能提升企业的创新精神，又能改善创新绩效，是更为综合的市场化改革措施。(2)不同产权、规模、行业、高新技术、家族和不同地区的企业在感知市场化进程方面存在显著差异，市场化改革的效力从西部地区、中部地区到东南沿海地区呈现出倒U型的变化趋势，依次呈现出政府主导、市场主导、政府市场双主导的创新驱动特点。(3)市场化进程存在相对固定的强弱组合，并对企业创新精神存在强惯性的整体影响，通过自由聚类得到七个市场化子情境，其中，创新精神最高的三个情境依次是理想的自由市场化情境、政府市场双主导情境、政府政策主导情境。这些研究发现表明，在一个政府和市场双强的复合转型经济情境中，无论是政策制定者还是企业管理者都必须根据地区或产业实际，针对不同类型企业制定不同的市场化改革措施，以提升创新精神。

综上所述，通过理论阐述和实证检验，本书从政策需求方的视角分析企业创新所需的市场化制度支持，从微观认知的视角对市场化进程进行分析解读，这与传统的基于国家或地区政策分析的宏观研究范式形成了差异和互补。从信息处理过程的视角分析市场化改革作用于企业创新决策的影响机理及边界条件，这对深入理解市场化改革与企业行为的关系提供了比较新颖的理论借鉴和启发价值。同时，本书还考察了不同产权、规模、行业、高新技术、家族和不同地区的企业对市场化改革感知的权重和判断差异，为政策制定者更加科学和有针对性地制定鼓励企业创新的政策提供了有价值的理论参考和经验证据。

赵兴庐
2020年5月20日于广州

目录

第一章 绪论 ·········· 1
- 1.1 研究背景 ·········· 1
- 1.2 研究内容 ·········· 5
- 1.3 研究意义 ·········· 6
- 1.4 研究方法与技术路线 ·········· 9
- 1.5 研究结构安排 ·········· 10

第二章 概念界定 ·········· 12
- 2.1 市场化的概念界定 ·········· 12
- 2.2 四类市场化的内容界定研究 ·········· 14
- 2.3 企业创新精神的概念界定 ·········· 30
- 2.4 影响企业创新精神的考虑因素 ·········· 37

第三章 既有研究评述 ·········· 46
- 3.1 市场化进程与企业创新精神的理论研究基础 ·········· 46
- 3.2 市场化进程与企业创新精神的国外研究进展 ·········· 53
- 3.3 市场化进程与企业创新活动的研究进展 ·········· 65
- 3.4 市场化进程与企业创业活动的研究进展 ·········· 74
- 3.5 市场化进程与其他公司战略行为的研究进展 ·········· 82
- 3.6 市场化进程与地区或行业创新的研究进展 ·········· 86
- 3.7 存在的不足和值得深入探究之处 ·········· 92

第四章　研究框架的建构 ·················· 98
4.1　认知图式理论视角的引入 ················ 98
4.2　任务图式：安排图式、意愿图式和能力图式 ········ 101
4.3　要素型、激励型和经营型市场化进程感知 ········· 104
4.4　角色图式与任务图式的交互影响 ············· 109
4.5　本书的研究框架 ···················· 112

第五章　研究假设的提出 ···················· 114
5.1　要素型市场化进程感知与企业创新精神 ·········· 114
5.2　激励型市场化进程感知与企业创新精神 ·········· 117
5.3　经营型市场化进程感知与企业创新精神 ·········· 120
5.4　角色图式对市场化进程作用的调节效应假设 ········ 123
5.5　市场化进程对企业创新精神的组合效应假设 ········ 133
5.6　全部研究假设的提出情况汇总 ·············· 136

第六章　研究方法设计 ····················· 139
6.1　问卷设计 ······················· 139
6.2　变量的测量 ····················· 140
6.3　调研和数据收集 ···················· 147
6.4　数据分析方法 ···················· 153

第七章　数据分析与假设检验 ·················· 156
7.1　主要构念的描述性统计 ················· 156
7.2　信度和效度检验 ···················· 161
7.3　相关分析和回归前检验 ················· 164
7.4　市场化进程感知对企业创新精神的主效应检验 ······· 168
7.5　市场化进程感知对企业创新精神的调节效应检验 ······ 171
7.6　市场化进程感知对企业创新精神的绩效效应检验 ······ 176
7.7　市场化进程感知对企业创新精神的组合效应检验 ······ 184
7.8　全部研究假设的实证检验情况汇总 ············ 191

第八章 结论与讨论 ·· 198
　8.1 对研究结果的讨论 ······································· 198
　8.2 研究的理论贡献 ··· 216
　8.3 研究的实践启示 ··· 218
　8.4 研究局限和展望 ··· 221

附录　企业战略与创新能力测评表 ····························· 224

参考文献 ··· 229

第一章

绪 论

1.1 研究背景

随着全球化市场竞争的加剧和技术更新换代频率的加快,企业已经难以停留在日常化、规律化的生产制造或服务流程中,而是不可避免地卷入全球范围的创新浪潮中(Ireland、Covin & Kuratko,2009)。越来越多的实践表明,持续地在市场中推出新产品或服务、对组织结构进行战略变革以及创建设立新的企业等活动正在成为企业竞争制胜的关键,学界将这种发生在企业层面的创新活动统称为企业创新精神(corporate entrepreneurship)[①](Yiu & Lau,2008;Hornsby、Kuratko & Holt,2013;An etc,2018;蒋春燕和赵曙明,2008;戴维奇、魏江和林巧,2009;赵兴庐、刘衡和张建琦,2017)。

然而,创新的成本高昂、失败率居高不下,在高风险的情况下企业是否要进行创新,需要企业对组织内外的诸多因素进行仔细考察才能慎重决策。在影响企业创新决策的诸多因素中,企业所处环境的市场化进程,即市场机制相关制度的完善程度(Khanna & Palepu,1997),被认为是影响企业是否选择创新的重要影响因素之一(Busenitz、Gomez & Spencer,2000)。并且,随着越来越多的发展中国家和地区都尝试运用市场改革的方式刺激经济增长,关于市场化进程与企业创新精神的关系的研究也愈发成为研究热点(Kuckertz、

---

① 有学者将 corporate entrepreneurship 翻译为"公司创业"(如魏江等,2009)。本书采取熊彼特对 entrepreneurship 的经典定义"与普通行政管理所区分开来的变革和创新精神"(Schumpeter,1934),将 corporate entrepreneurship 译为"企业创新精神"。值得说明的是,不同术语翻译所指的管理学内涵是一致的,即包括三个方面的企业创新活动:产品或服务创新、组织结构革新、创建设立新的企业。

Berger & Mpeqa，2016）。

  市场化进程如何影响企业的创新精神？制度经济学认为经济制度的安排与制度中企业的经济行为之间存在结构性的关联,制度安排能够影响不同创新活动的经济成本和预期回报,进而左右企业的战略选择（Baumol，1996）。具体地,当经济制度安排更倾向于自由市场竞争时,企业的努力就会向具有社会福利性质的生产性创新活动（productive entrepreneurship）倾斜,如推出新产品或服务、开辟新市场、改进生产工艺、更新企业的组织管理方式、投资新兴技术和项目等；当制度安排更加"政治化"时,企业的努力就会向没有增加甚至破坏社会福利等非生产性创新活动（unproductive entrepreneurship）倾斜,如寻租、谋求垄断、政府公关和享受特权等（Baumol & Strom，2007；曹会勤和储小平,2010）。在正常的市场化商业制度中必须提倡市场竞争、交易自由、公平竞争和产权保护,因此,学界整体认为,在市场化程度越高的地区或行业,企业进行创新活动的程度将越大（McMullen、Bagby & Palich，2008；Troilo，2011）。

  然而,理论和现实两方面都对这个基本命题产生了挑战。在理论方面,虽然游戏的规则（市场化）与游戏者的行为（企业的创新活动）之间的关联性被普遍承认,但具体哪一种制度安排对哪一个企业行为存在显著影响？什么样的市场化政策在促进企业创新精神方面更为有效？制度安排影响企业决策的逻辑机理是什么？这些问题在既有研究中没有得到令人信服的回答,而学界得到的实证结果也是模糊不清的。麦克穆伦、巴比和帕利奇（McMullen、Bagby & Palich，2008）发现市场化进程与创新活动之间的正向关联很弱,十项市场化指标中只有劳动力自由度和产权保护与创新活动正相关,其余八项指标不但不显著,而且部分指标还呈现出负向影响企业创新的趋势。鲍恩（Bowen）和德克莱尔克（De Clercq，2008）对40个国家2002—2004年的研究甚至发现,一国的创新活跃程度与政府对经济的管制程度不存在显著关系。高曼,霍布斯和麦克里卡德（Gohmann、Hobbs & McCrickard，2008）发现市场化程度的确显著促进了商贸和个人服务业的创新活动,但却同时抑制了医疗、社会和法律服务等行业的创新活动。可见,虽然学者们大体上认同市场化进程与企业创新精神存在一定的逻辑关系,但是迄今为止,学者们对于经济市场化的各个方面在预测创新精神的作用和影响方面还知之甚少（McMullen、Bagby & Palich，2008）。

  在现实方面,我国的市场化改革显示出许多与理论不完全一致的地方。与中东欧国家采取的"休克式疗法"不同,我国对经济基础进行的是渐进式改革,同时保留了大部分政治上层建筑,形成了有中国特色的"政府与市场双强"的制度格局(Li & Peng, 2008),表1-1归纳了1981年以来中国历次五年计划或规划中对市场在配置资源中地位的渐进式提升阐述。这种渐进式、双元式的市场化过程对企业经营提出了新的挑战,新的制度格局使得企业在战略决策方面存在双重考虑,一方面,企业需要适应日益加剧的市场竞争态势;另一方面,企业又需要应对独特的政治经济环境带来的要求和挑战。比如,私有产权是西方市场化理论的核心内容之一,但在我国的转型制度情境中,国有产权企业仍然是市场经济的重要参与者,这些存留的产权制度将会对市场化改革的效力产生什么样的影响?

表1-1 历次五年计划或规划对市场在资源配置中作用的定位

五年计划或规划	对市场作用的定位	相 关 表 述
"六五"计划 (1981—1985)	计划经济为主、市场调节为辅	根据多年来的经验,要保证国民经济稳定地协调发展,必须正确贯彻执行计划经济为主、市场调节为辅的原则,把大的方面用计划管住,小的方面放开
"七五"计划 (1986—1990)	逐步完善各种经济手段和法律手段,辅之以必要的行政手段	国家对企业的管理逐步由直接控制为主转向间接控制为主……逐步完善各种经济手段和法律手段,辅之以必要的行政手段,来控制和调节经济运行
"八五"计划 (1991—1995)	计划经济与市场调节相结合	初步适用以公有制为基础的社会主义有计划商品经济发展的、计划经济与市场调节相结合的经济体制和运行机制
"九五"计划 (1996—2000)	在更多领域运用市场机制的作用	通过深化改革,在更多领域运用市场机制的作用,凡是应当由市场调节的经济活动,要进一步放开放活。竞争性行业主要由市场配置资源,基础性产业也要引入竞争机制,使经济更有活力和效率
"十五"计划 (2001—2005)	充分发挥市场配置资源的基础性作用	逐步完善社会主义市场经济体制。在国家宏观调控下,充分发挥市场配置资源的基础性作用,激发市场的积极性和创造性
"十一五"规划 (2006—2010)	更大程度地发挥市场在资源配置中的基础性作用	坚持社会主义市场经济的改革方向,完善现代企业制度和现代产权制度,建立反映市场供求状况和资源稀缺程度的价格形成机制,更大程度地发挥市场在资源配置中的基础性作用,提高资源配置的效率

(续表)

五年计划或规划	对市场作用的定位	相关表述
"十二五"规划 (2011—2015)	改革攻坚；完善社会主义市场经济体制	改革攻坚,完善社会主义市场经济体制。以更大决心和勇气全面推进各领域改革。深化垄断行业改革,进一步放宽市场准入,形成有效竞争的市场格局
"十三五"规划 (2016—2020)	市场在资源配置中起决定性作用	健全使市场在资源配置中起决定性作用和更好发挥政府作用的制度体系,以经济体制改革为重点,加快完善各方面体制机制,破除一切不利于科学发展的体制机制障碍,为发展提供持续动力

资料来源：林永生、郭治鑫和吴其倡(2019)。

此外，考虑到企业自身因素可能会对市场化改革存在不同需求，不同行业、不同规模、不同类型的企业对市场化进程会不会产生不同的反应？这些情境化的权变问题仍然困扰着研究者，使得理论和实证研究结果不稳健。廖开荣和陈爽英(2011)的实证研究发现，市场竞争程度越高对民营企业的研发投入反而产生了越显著的负向影响，即竞争程度越大，民营企业的研发投入反而越少。李晶(2008)发现市场化程度对民营上市公司的投资没有显著影响，但与国有上市公司的投资呈显著的负相关关系，表明市场化程度越低，国有上市公司的投资行为反而越活跃。李文贵和余明桂(2012)发现在市场化进程相对较快的地区，国有企业与非国有企业之间的风险承担差异显著更大，即市场化进程反而使得国有企业进行创新的可能性变弱。这些研究证据表明，不同类型或行业的企业对市场化进程可能产生截然不同的认知和行为反应，因此，市场化进程与企业创新精神之间的关系可能比理论预想的还要复杂，使其更具有情境化的实证探索价值。

综上所述，市场化进程与企业创新精神的关系是兼具理论和现实意义的重要研究问题，但国内外文献对此问题的理论分析尚不够充分，实证结果存在不稳健和彼此矛盾的问题，整体而言处于研究的初始探索阶段。通过对相关文献进行回顾，发现既有研究还存在以下几个方面的不足：(1)在理论发展方面，市场化进程与企业创新精神之间的逻辑关系还没有被清晰地刻画，多数研究认同制度安排与企业创新精神之间存在逻辑关系，但具体什么制度通过什么机制影响了企业创新决策的黑箱仍然存在，有待深入探索；(2)在实证结论上，市场化进程变量与企业创新之间的实证关系不一致，存在正向、无关和负向等多种关联关系，这可能是因为其忽略了不同类型企业对市场化进程可能存在的权变反应，值得进一步区别探索；(3)在影响机制上，多数研究遵循经济学的制度研究范式并进行了宏观层面分析，从政策制定者的角度分析政策效力，多将市场化聚合为国家或地区层面的整体性指标，而相对缺乏从企业或个体微观角度刻画市场化的研究；(4)在研究情境上，多数研究集中于分析经合组织(OECD)中的市场化进程，运用的是符合西方情境的市场化评估思维和工具，而我国渐进式改革的市场化情境较少在既有研究中得到反映。基于上述研究不足，本书认为需要进一步探索建立一个以我国转型经济情境为研究背景的市场化进程与企业创新精神的理论分析框架，并采用大样本统计分析的办法进行数据分析和实证检验。

1.2 研究内容

本书拟建立一个基于认知图式理论、从企业微观视角对市场化进程与企业创新精神进行分析的研究框架，具体包括以下研究内容。

(1)如何从企业创新对制度政策需求的角度来理解市场化进程与企业创新的关系？以往研究多以政府政策为出发点，即以政策供给方的角度展开论述，显示出宏观化、区域化的分析特点。本书尝试从企业微观的角度，即政策需求方的角度来分析企业进行创新时对机会、动机和能力存在的认知需要，进而讨论市场化制度环境是否为企业提供了上述支持。为了从新的需求方视角进行分析，本书首先对既有供给方视角文献进行回顾和评述，进而对可能有助于从政策需求方的角度进行分析的文献进行探索，尤其是对与企业的创新决策制定过程有关理论进行分析和借鉴，这可能构成本书的理论创新点。

(2)如何将认知图式理论引入到对市场化进程的概念分析之中？认知图式理论强调组织是通过一种主观感知的方式来解读和分析环境的；同时，组织对环境的信息摄取是有限理性的，这涉及组织在认知图式过程前形成的信息认知结构和信息处理基础。本书将仔细研读认知图式理论中关于组织或个体从环境中判别并汲取信息的方式的文献，尝试性地把这些关于信息通道或认知结构的研究与市场化进程这个特定的研究课题结合起来，建立一个基于认知图式理论的"市场化进程——企业创新精神"的总体分析框架模型。

（3）如何从企业微观层次对市场化进行测量并讨论变量之间的具体关系？在以往的研究中，对市场化进程的刻画大多基于国家或省级区域数据，本书试图基于认知图式视角，尤其是任务认知图式理论（task entrepreneurial cognitive schemas），尝试分析关键的直接影响企业创新精神的市场化进程感知变量。在这方面，本书主要根据管理学制度环境研究的相关进展，尝试从企业视角刻画企业面临的三个方面六个维度的市场化进程感知，这对于未来继续从企业视角刻画制度变量提供了启示和有益的研究经验，具有良好的实证创新价值。

（4）不同类型的企业在对市场化进程的认知过程中是否存在权变性差异？在以往研究中，企业多被视为一个被动接受政策环境的"黑匣子"，相对缺乏对企业个体因产权、规模和所处行业等因素产生的环境认知及行为差异。本书基于认知图式视角，尤其是角色认知图式理论（role entrepreneurial cognitive schemas），尝试分析影响企业创新精神的市场化进程感知的调节变量。因此，本书需要基于角色图式理论，对以往研究中关于企业个体差异的相关管理学文献进行梳理，得到在中国情境中可能影响企业角色感知变异的关键因素。

1.3 研究意义

1.3.1 理论意义

本研究的理论意义主要体现在：

（1）本书以企业的微观研究视角来解读市场化进程，这与传统的基于经济学的宏观研究范式形成了互补。经典的经济学研究文献多采取"先制度政策、再企业行动"的理论思路，其研究出发点是政府政策。该研究范式可以比较不同国家在相同时期或同一国家在不同时期的政策所产生的社会效应（Baumol，1996；Kreft & Sobel，2005），但不易了解政策影响企业行为的机理和过程,导致实证结果不稳健,有待于进一步深入探索。本书从企业的角度出发,采取"先企业行动、再制度政策"的需求端导向的研究思路,提供了一种新的研究思路,这对于后续从需求层面深入分析制度变革具有一定的理论参考价值。

(2) 本书引入新的研究理论来分析市场化进程与企业创新的关系,对于进一步认识市场化改革效力有启发意义。以往研究多采取鲍莫尔(1996)所提出的理论进路,认为政策或制度是社会中的游戏规则,决定了企业进行不同活动的成本和收益,因此,不同的制度安排会导致企业在不同活动中进行选择。该研究在具体分析过程中往往过于复杂,难以具体解开制度结构与企业行为之间的黑箱。本书采用认知图式的理论视角,认为企业在创新决策过程中对环境的识别是通过"创业任务图式"中的"安排图式""意愿图式"和"能力图式"作为信息搜寻通道进行的,比较清楚地阐明了企业在创新决策过程中与环境的互动关系,为从企业角度来解读和理解制度环境提供了新的理论支持和实证证据。

(3) 本书从企业层面对市场化进程进行了新的刻画和测量,对于实证研究具有一定的开拓价值。以往市场化分析文献多采用国家或省际层面的聚合数据,能够很好地比较不同国家或地区之间的"组间差异",而相对忽视了相同国家或地区内部不同行业和企业的"组内差异"。本研究参考尼尔(Nee,1992),李和吉玛(Li & Atuahene-Gima,2001),柴尔、川和戴维斯(Child、Chung & Davies,2003),戴维斯和沃尔特斯(Davies & Walters,2004),盛、周和李(Sheng、Zhou & Li,2011)等从企业层面对制度环境的相关研究结果,尝试性地从企业视角刻画出企业面临的市场化进程,这对于未来继续从企业视角刻画制度变量提供了启示和有益的理论参考,具有良好的实证新意。

(4) 本书研究了不同产权、规模、行业和地区等特征企业在市场化进程中的不同反应,这种基于管理学情境化研究的权变思想补充了宏观视角对企业层面差异欠缺考虑的不足。已有研究多将企业视为被动接受环境变化的黑匣子,忽略了其自身因素对市场化改革的主观能动性。本书研究发现,这种主观能动性的表现之一是,企业会根据自身在创新活动中不同的资源禀赋来选择性地回应市场化改革,例如,资源相对匮乏的民营企业会更重视政府在支持性制度扶持方面的努力,国有企业则更加注重政府对组织战略目标和激励机制方面的市场化改革。因此,本书基于权变视角得到了更为具体的政策制定实证证据,对于后续研究继续从情境化权变视角讨论企业与市场化制度的互动关系提供了借鉴价值。

1.3.2 现实意义

本书的现实意义主要体现在以下三个方面。

(1) 通过引入认知图式理论中关于"任务认知图式"的研究,认为从企业创新活动的角度可以把政府实施的市场化政策划分为要素型、激励型和经营型三个类别;进一步地,通过大样本实证数据,讨论了上述三类市场化进程对企业创新的影响及影响程度的差异。因此,政策制定者在规划和实施旨在刺激企业创新的政策的时候,能够参考上述三种类别模型对计划实施的政策进行分类研究,以甄别这些政策与企业创新活动之间的作用机制和影响程度,这能够在一定程度上提升政府制定政策的有效性和科学性。

(2) 通过引入"角色认知图式"的研究,讨论国有企业和民营企业、大型规模企业和中小规模企业、制造业企业和服务业企业、高新技术与非高新技术企业、家族企业与非家族企业、西部/中部/沿海地区企业等不同类型的"角色"对市场化进程的感知的敏感程度的差异,其中蕴含着重要的政策制定启示,即针对不同类型的企业应当采取不同的市场化激励措施。企业自身属性引起的市场化感知差异在以往研究中比较缺乏,因此本书的研究结果可能为政策制定者为不同类型的企业制定更有针对性的政策激励措施提供相关理论参考和实证支持。

(3) 通过从企业微观的认知视角来分析市场化进程与企业创新的影响,本书为政策制定者在分析政策的有效性和作用机制方面提供了新的理论依据。本书进行的实证研究因为调查时间和研究精力所限,主要以列举典型政策的验证性为主,而本书从提及的其他政策都可通过考察其是否符合企业的认知图式过程所需的"安排图式""意愿图式"和"能力图式"来进行分析。政策制定者既可以参考本书的研究分析框架来检验和考察已经实施的市场化政策,也可以用来分析和评估尚未实行的相关改革政策,因此,本研究具有一定的工具价值。

1.4 研究方法与技术路线

本书采取规范研究和实证分析相结合的方法,具体包括以下方法和步骤:

(1) 文献梳理和理论阐述。通过对市场化进程、企业创新精神以及两者之间关系的论述进行详细的文献回顾,归纳前人研究的主要成果和不足之处,进而结合我国转型经济的实际背景,引入认知图式的理论视角,建立起市场化进程感知—企业创新精神的整体研究框架。在文献梳理的基础上,运用理论分析、逻辑推理和案例论述相结合的方式,具体推导出各个研究假设。

(2) 初步的问卷设计。根据研究思路涉及的各个变量,借鉴管理学领域尤其是市场化改革相关研究的国际主流文献上的相关量表,对量表进行双向互译,并结合本土实际情况,通过企业家访谈和专家讨论的方式,对问卷进行适当的修订调整,增加问卷的可阅读性和可理解性,以此形成初步的调查问卷。

(3) 对问卷进行预调查和完善工作。选取一定数量且有代表性的企业家进行预调查,根据他们的反馈意见,对问卷内容和结构安排进行适当的修正和完善,形成最后确定的调查问卷。然后,在全国范围内选择有代表性的市场化区域,大规模地对企业发放调查问卷,以获得第一手的调研资料和数据。

(4) 统计数据分析。在问卷收集之后,将通过 SPSS 17.0、MPLUS 7.4、STATA14.0 等软件进行数据分析。主要包括:对数据进行描述性统计,分析样本的基本情况,以及检验数据是否服从正态分布;使用皮尔逊相关分析法(Pearson correlation analysis)对研究模型中涉及的变量进行相关系数计算;应用 Cronbach's alpha 值来检验测量的信度情况;运用验证性因子分析(confirmatory factor analysis, CFA)和平均方差萃取(average variance extraction, AVE)等检验量表的效度情况;运用多元线性回归方法,对各个主变量与因变量之间以及主变量之间的交互项与因变量之间的关系进行实证分析,验证本书提出的各个假设。

(5) 研究结论分析和建议。根据统计结果,结合原假设情况,展开进一步对实证结果的讨论并形成结论。最后,根据研究结论,对企业管理者战略选择和政府市场化改革政策提供具有针对性的管理建议,以供决策者参考。

本研究的技术路线如图 1-1 所示。

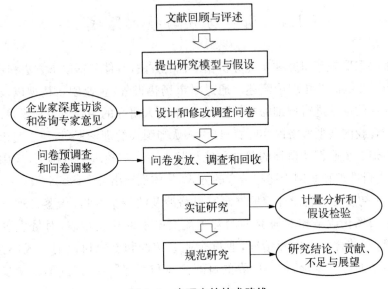

图 1-1　本研究的技术路线

1.5　研究结构安排

本书分为八章,具体的章节安排如下:

第一章,绪论。首先介绍市场化改革与企业创新精神相关研究问题的选题背景,介绍拟开展研究的主要内容,阐述研究的理论和实践意义,描述采用的研究方法和遵循的技术路线,提出论文的结构安排。

第二章,概念界定。回顾与本书研究主题有关的市场化进程、企业创新精神的相关文献,重点阐释有关概念在学术理论研究方面的演进路径、具体内涵和测度方法、形成机理或作用机制等内容,并在此基础上提出本书的概念界定。

第三章,既有研究评述。通过对市场化进程与企业创新精神的理论基础、国外研究进展和国内研究进展进行全面梳理回顾,并对既有文献存在的不足之处和值得深入研究的地方进行综述与评价,为本研究奠定理论文献基础。

第四章,研究模型的建构。通过对认知图式理论的介绍和分析,结合处于转型经济情境下的中国企业面临的市场化实际情况的论述,将认知图式视角引入市场化进程—企业创新精神之间的分析过程中,建立本书的研究框架。

第五章,研究假设的提出。在研究模型的整体分析基础上进一步推断具体的研究构念之间潜在的逻辑关系,作为实证检验的基础内容。主要根据理论推演、逻辑分析以及相关案例佐证相结合的方式提出具体的研究假设。

第六章,研究方法与设计。首先,说明问卷设计的规范过程,介绍所测量研究变量的具体测算方式及其来源依据;然后,详细描述问卷调研和数据收集程序,并统计基本的样本特征情况;最后,介绍数据的处理软件和具体实证方法。

第七章,数据分析与假设检验。首先,进行描述性统计分析,然后对各个研究概念进行信度和效度检验;然后,进行变量之间的相关分析,然后进行数据回归前的三个问题检查;最后,用多元线性回归和聚类分析对假设进行综合验证。

第八章,结论与讨论。首先,对实证研究结果进行分析、讨论与总结;然后,阐述本研究在学术理论方面可能的创新性贡献,论述在实践方面的启示;最后,指出本书的研究局限和对未来研究方向的展望。

第二章

概念界定

本章包括4节。第1节对市场化的概念界定研究进行回顾;第2节对目前学界采用的四类市场化内容研究进行回顾;第3节介绍企业创新精神的概念含义演变过程;第4节对影响企业创新精神的相关因素进行简要回顾。

2.1 市场化的概念界定

市场化(marketization)作为一个宽泛的、描述经济政策或制度改革的词语,已经在日常生活和工作中被广泛使用,但学界对此概念的理论内涵和具体形式的界定存在一定分歧,归纳起来可以分为狭义和广义两种。

2.1.1 狭义的市场化定义

狭义的市场化定义认为,市场化是经济制度从计划经济向市场经济的转变。樊纲等(2011)定义中国的市场化是"从计划经济向市场经济过渡的体制改革",钱颖一(2003)认为中国的市场转型是"从中央计划经济到新兴的市场经济的转变"。在上述定义中,计划经济或中央计划经济(centrally planned economy)指国家对要素投入、生产制造及成果分配等经济活动进行预先计划并统筹安排的经济生产体制。在这种资源配置制度中,绝大部分资源由政府控制并进行分配,不存在或很少存在供需双方基于价格机制进行交易的市场空间,因此,经济资源的配置受市场交易机制的影响很小,而主要由政府的行政指令决定。市场经济(market economy)则是一种通过市场价格的波动、市场主体对利益的追求和市场供求的变化来调节经济运行的经济生产体制。市场机制的分析起点是商品的供需关系，供求的动态变化导致商品价格围绕其价值上下波动；市场参与者从自身的经济利益出发，不断地调整自己的市场行为，使得买者与卖者之间、买者之间、卖者之间都展开了多种形式的竞争；竞争又会引起供求的新变化；形成了"供需—价格—竞争"三个要素互相组合、互相制约、互为条件的循环过程，构成了市场经济能够有效运行的基本原理机制。

上述两个定义除了对市场经济机制有强调之外，还暗含了两个前提。其一是市场化改革的出发点是计划经济，其二是采取计划经济的国家或地区的意识形态为社会主义或共产主义。关于社会主义与计划经济是否存在必然联系这个问题，尼尔（1989）从经济视角进行了区分，认为意识形态和经济分配方式是彼此独立的，根据波兰尼（Polanyi, 1957）关于自然型经济（natural economies）、再分配型经济（redistributive economies）和市场型经济（market economies）的划分，认为中国经济改革的内涵是资源配置方式从再分配型转化为市场型。再分配型经济指通过中央集权方式收集和分配资源，这种方式在古代社会就广泛存在，如原始狩猎部落、古埃及、巴比伦和古罗马。在现代社会中，再分配型经济也以国家福利制度的形式在西方资本主义经济体中广泛存在，但是在许多社会主义国家，再分配制度则成为经济运作的基本原则：多层级行政体系负责分配劳动资源和收入，分配者和生产者处于一种纵向的层级关系；在市场经济中，买卖双方是彼此对等的关系，通过价格协商来分配资源和收入。

2.1.2 广义的市场化定义

广义的市场化定义认为市场化是经济自由度（economic freedom）的提升，即经济资源被管制和经济活动被限制的程度。麦克穆伦、巴比和帕利奇（2008）将经济自由度定义为："政府只对维持经济自由活动进行必要的最小程度管理，而不对经济商品和服务的生产、分配和消费过程进行管制和限制"，这种定义并不局限于社会主义国家或原计划经济国家的情境，对经济自由度的考察包括美国、日本、新加坡和中国香港等发达国家和地区。由知名智库传统基金会（heritage foundation）发布的经济自由度指数（index economic freedom）涵盖全球186个国家和地区，是国际通用的经济自由度评价指标之一。该指数共有50个具体测量指标，分别归入产权（property right）、司法效能（judicial effectiveness)、政府诚信(government integrity)、租税负担(tax burden)、政府支出(government spending)、财政健全(fiscal health)、经商自由(business freedom)、劳动自由(labor freedom)、货币自由(monetary freedom)、贸易自由(trade freedom)、投资自由(investment freedom)、金融自由(financial freedom)等十二个类别,在一个指标上分数越高,说明经济自由度越高,该类经济活动受到的行政管制水平越低,各个指标累加后可以计算出总体自由度指数。传统基金会的基本观点是:具有较高经济自由度的国家与那些较少经济自由度的国家相比拥有更加繁荣的经济状态并享有更高的长期增长速度。在2018年的经济自由度指数排名榜单中,位列前十位的分别是中国香港、新加坡、新西兰、瑞士、澳大利亚、爱尔兰、爱沙尼亚、英国、加拿大、阿联酋。值得一提的是,中国大陆排名第110名,平均得分为57.8分,各项指标得分持续上升,比2012年得分(51.2分)有大幅度提升,也高于印度(54.5分)、巴西(51.4分)等致力于市场化改革的同类型发展中国家。

本书采用广义的市场化界定,认为市场化是经济资源的配置形式和经济活动的协调形式从政府管制型到市场协调型的转变,即政府对经济活动的管制和干预程度下降。之所以选择广义的市场化界定,是出于两方面的原因:(1)广义的市场化定义能够包括狭义的市场化定义,市场化转型可以理解为一种比较特殊的经济自由化改革,其特殊点在于社会主义国家或原计划经济国家原有的制度存留,如国家垄断型行业或全民所有制企业制度等,对这些特殊点课题组会在研究中着重考虑并将在后文中详细论述;(2)采用狭义定义的研究大多是国内研究文献,而采用广义定义的研究者大多是西方学者尤其是比较制度研究学者,为了扩大本研究的理论参考范围,课题组选择更为广义的市场化概念。

2.2 四类市场化的内容界定研究

如何科学客观地评价各国/地区的市场化进程,以及如何用量化指标评比各国/地区的市场化进程的发展程度,是学界持续感兴趣的研究话题。由于市场化改革涉及经济活动的各个方面,而学者们又从不同的视角进行刻画,因此,既有文献中存在着种类繁多的市场化测度指标体系,尤以我国的市场改革为背景的市场化指标体系研究最为丰富。对这些指标体系进行整理,可大致分成四类。

2.2.1 对中国市场化进程的纵向研究

第一类研究者的兴趣点在于衡量中国大陆作为一个整体经济体的市场化程度,尤其注重纵向比较历年的市场化进程,这既可以考察我国市场化改革到底进展到了"什么程度",也可以通过考察逐年变化来分析我国的市场化进程是"进步了"还是"倒退了"。表 2-1 整理了关于我国整体市场化进程的主要测量成果,虽然研究者建立的指标体系各不相同,但测算结果整体认为我国市场化指数呈现逐渐上升的趋势,市场化改革取得了较大进展。

表 2-1 中国整体市场化进程的相关结果

研究文献	考察年份	市场化程度	测 度 方 法
卢中原和胡鞍钢（1993）	1992	63%	全社会固定资产投资总额中非国有投资比重、农产品收购价格中非国家定价比重、工业总产值中非国有经济比重、社会商品零售额中非国有经济比重等指标加权计算
江晓薇和宋红旭（1995）	1994	37%	企业自主度、市场国内开放度、市场对外开放度、宏观调控度四大类 28 项指标加权计算
国家计委市场与价格研究所课题组（1996）	1994	65%	商品市场化程度（包括商品生产环节和流通环节的市场化程度）、生产要素市场化程度（包括劳动力和资金市场化程度）加权计算
陈宗盛等（1999）	1997	60%	企业的市场化（如各项自主权是否落实）、政府行为的市场化（如从直接生产领域退出而转移到宏观领域）、经济的市场化（如商品市场和要素市场的价格形成机制）加权计算
顾海兵（2001）	1999	50%	劳动力市场化程度、资金的市场化程度、生产的市场化程度、价格的市场化程度综合评定
张宗益、康继军和罗本德（2006）	2003	82%	政府与市场的关系、非国有经济的发展、对外开放程度、产品市场的发育程度四方面共 19 项指标加权计算
阎大颖（2007）	2005	73%	政府行为规范化、经济主体自由化、要素资源市场化、产品贸易公平化、市场制度完善化五方面共 18 项指标加权计算

(续表)

研究文献	考察年份	市场化程度	测度方法
李晓西等（2008）	2006	78%	政府行为规范化、经济主体自由化、生产要素市场化、贸易环境公平化、金融参数合理化五大类33项指标加权计算
董晓宇和郝灵艳（2010）	1978—2007	22—74%	政府的合理规模和行为规范化、企业的多元所有制和主体自由化、市场的完备体系和交易公平化三大类20项指标加权计算
陈勇和付丽琴（2016）	2015	68%	企业经营的独立性、竞争有效性、政府职能规范性、社会信用度和法律制度化等五大类共19项指标加权计算
林永生、郭治鑫和吴其倡（2019）	1978—2016	87%	政府行为规范化、经济主体自由化、生产要素市场化、贸易环境公平化和金融参数合理化共五大类11项指标加权计算

资料来源：根据相关文献整理。

从表2-1的相关研究可以看出，早期的市场化测度采用的是私营经济部门占国民经济比重的办法，如全社会固定资产投资总额中非国有投资比重、工业总产值中非国有经济比重、社会商品零售额中非国有经济比重等（卢中原和胡鞍钢，1993），采取这种测度方式得到的市场化程度较高，在1992年就达到了63%左右。不过，此类测度方式也存在一定的局限性，仅反映当时经济部门"国退民进"的程度，而不能从更全面的角度反映出市场化改革的覆盖性和全面性。所以，若采取企业自由度、市场国内开放度、市场对外开放度、宏观调控度等更加全面的指标加权计算时，所得到的市场化程度就明显较低，为37%（江晓薇和宋红旭，1995）。后来的研究多沿用江晓薇和宋红旭（1995）的做法，从多个方面全面测度中国的市场化改革程度（如陈宗盛，1999）。随着市场化的推进，中国的市场化程度不断提升，进入新千年以后，整体的市场化水平达到70%左右。李晓西等（2008）以政府行为规范化、经济主体自由化、生产要素市场化、贸易环境公平化和金融参数合理化等作为测度体系，测度出中国2006年的市场化程度为78%。董晓宇和郝灵艳（2010）对1978—2007年的市场化程度进行了测算，发现我国的市场化程度基本保持着逐年上升的趋势，从1978年的22%上升到2007年的74%。最近的文献中，陈勇和付丽琴（2016）从相对微观的角度（强调企业经营的独立性和市场竞争的有效性等)测度 2015 年中国的市场化程度为 68%；林永生、郭治鑫和吴其倡（2019）从相对宏观的角度（强调生产要素配置的市场化和政府行为的规范化等），从政府行为规范化、经济主体自由化、生产要素市场化、贸易环境公平化、金融参数合理化五个方面动态测度 1978—2016 年的中国市场化指数，从 1978 年的 15% 上升到 2016 年的 87%。整体而言，国内学者对中国市场化程度的测度取得了较为丰富的研究成果，结果显示市场化水平从改革初期的 35% 左右逐渐上升到 75% 左右，表明我国改革开放 40 多年来，取得了良好且稳固的市场化改革成果。

2.2.2 对市场化进程进行的国家比较

第二类研究者以国家比较为兴趣点，试图讨论世界各国家和地区在市场经济制度建设方面的快慢程度。国内学者则尤其关心中国与世界先进国家和地区的市场化差距程度，期望对比成熟市场化国家的制度，点出我国市场化存在的不足，并提出下一步市场改革的方向和措施。值得一提的是，虽然第一类的纵向研究普遍认为我国的市场化进程分值已经较高（李晓西等，2008），但国别比较的研究多认为我国的市场化进程仍处于相对不足的阶段（见表 2-2）。

表 2-2 部分国家或地区的经济自由度测度结果

经济自由度指数 2018 年报告 （传统基金会，186 国家/地区）			世界经济自由度 2019 年度报告 （弗雷泽研究所，162 国家/地区）		
排名	国家/地区	得分	排名	国家/地区	得分
1	中国香港	90.2	1	中国香港	8.91
2	新加坡	88.8	2	新加坡	8.71
3	新西兰	84.2	3	新西兰	8.50
4	瑞士	81.7	4	瑞士	8.40
5	澳大利亚	80.9	5	美国	8.19
6	爱尔兰	80.4	6	爱尔兰	8.13
7	爱沙尼亚	78.8	7	英国	8.09
8	英国	78.0	8	加拿大	8.08
9	加拿大	77.7	9	毛里求斯	8.07
10	阿联酋	76.6	9	澳大利亚	8.07
18	美国	75.7	17	日本	7.86
25	德国	74.2	19	中国台湾	7.85

(续表)

经济自由度指数 2018 年报告 (传统基金会，186 国家/地区)			世界经济自由度 2019 年度报告 (弗雷泽研究所，162 国家/地区)		
排名	国家/地区	得分	排名	国家/地区	得分
27	韩国	73.8	20	德国	7.82
30	日本	72.3	33	韩国	7.59
34	中国澳门	70.9	46	意大利	7.41
71	法国	63.9	50	法国	7.35
107	俄罗斯	58.2	79	印度	6.91
110	中国	57.8	85	俄罗斯	6.78
115	希腊	57.3	95	土耳其	6.67
130	印度	54.5	102	希腊	6.59
141	越南	53.1	113	中国	6.42
153	巴西	51.4	120	巴西	6.23
180	朝鲜	5.8	162	委内瑞拉	2.58

资料来源：www.heritage.org 和 www.fraserinstitute.org。

国内研究中，赵彦云和李静萍(2000)设计了一套包括市场经济基本要素、市场发展、政府职能市场化三个层次、九个方面共计 53 个指标的指标体系，并对 46 个主要国家和地区的市场化程度进行比较，发现名列前茅的国家多是小国或地区，中国香港和新加坡分列第一和第二，主要大国中只有美国(第六)和加拿大(第八)进入前十，经济发达的国家和地区的排名普遍靠前，发展中国家则普遍排名靠后，中国的市场化进程还处于比较落后的水平，排名为第 39。

传统基金会逐年发布的经济自由度指数是全球范围内影响较大的市场化评定指标。根据该指数 2018 年报告，我国的市场化程度约为 57.8%，略低于世界平均值 61.1%，在全球 186 个评定国家中排名第 110 位。在各项子指标排名中，自由度排名从高到低依次是财政健全(85.9 分)、贸易自由(74.5 分)、政府支出(71.6 分)、货币自由(71.4 分)、租税负担(70.4 分)、司法效能(65.4 分)、劳动自由(61.4 分)、经商自由(54.9 分)、政府诚信(47.3 分)、产权(46.7 分)、投资自由(25 分)、金融自由(20 分)。传统基金会发布的经济自由度指数虽然难以避免地带有西方价值观的"有色眼镜"，但这些指标评分也能一定程度上反映出我国市场化的双元机制：一方面，我国与经济运行相关的财政、贸易和司法制度都形成了高效合理的运作体制，公民具有充分的投资经商自由权，人才供给的劳动力市场日渐完善;另一方面,政府对经济仍保持较高的管控和规划权,政策变动具有不确定性,全民所有制产权或控制主导产权在经济中仍然占据关键乃至核心地位,同时对重要产业的进入管制程度仍然较高,重化工业、能源产业、通信产业、金融产业、教育医疗、房地产等行业的市场化程度相对较低,市场运作相关制度仍需完善,这充分说明我国经济制度改革的独特性和渐进性,具有广泛的深化改革空间。

加拿大弗雷泽研究所(fraser institute)逐年发布的"世界经济自由度报告"(economic freedom of the world report)是全球范围内影响较大、被政府部门和学术研究所广泛采用的市场化测度指标之一,包括42个测度指标,分别归入政府规模、法规系统和产权、资本可获得性、国际贸易自由度和管制五个大类。在该研究所2019年度的报告中,排名前10名的国家或地区分别是:中国香港(8.91分)、新加坡(8.71分)、新西兰(8.50分)、瑞士(8.40分)、美国(8.19分)、爱尔兰(8.13分)、英国(8.09分)、加拿大(8.08分)、毛里求斯(8.07分)和澳大利亚(8.07分)。该测度体系满分为10分,得分水平高于6分则代表市场自由度相对充分。其中,中国大陆排名第113位,得分为6.42,与法国、俄罗斯和希腊的市场化水平相当,而略低于韩国、意大利和中国台湾。

从上述两种比较通行的国际比较指数来看,我国的市场化进程在全球范围内属于中等水平,这与我国2018年同年度人均GDP世界排名81名(人均9770美元)的经济发展水平基本一致,也再次说明我国仍然是一个发展中国家,还有许多改革措施需要在实践中不断加以完善。

2.2.3 各省、直辖市和自治区的市场化进程研究

(一) 各省、直辖市和自治区的市场化进程

第三类研究者以地方(一般是省际间)的市场化程度比较为研究兴趣点,试图建立一个统一的制度环境分析框架比较不同省份之间的市场化程度,并为地方的制度建设出谋划策。国民经济研究所的王小鲁、樊纲和胡李鹏等(2018)建立的地区市场化指数被广泛采用,这套测量体系从政府与市场的关系、非国有经济的发展、产品市场的发育程度、要素市场的发育程度、市场中介组织的发育和法治环境等五方面共14个指标考察各省、直辖市和自治区的市场化进展程度。

表2-3给出了该测量指标的具体定义及近年来的得分情况。2008年国际

金融危机爆发以来,世界经济陷入衰退。为了减少世界经济对中国经济的负面影响,同时为了进一步刺激国内经济增长,政府增加了分配经济资源的比重和对企业经济活动的干预程度,并且政府所掌握的经济资源的规模也有所提升。除该项以外,其余市场化指标均稳步提升,其中,中国对知识产权的保护力度取得了大幅度的提升,从2008年的1.86分提升到2016年的8.01分;技术成果的市场化水平也从2008年的1.37分上升到2016年的4.15分,说明我国经济活动从外向加工型、粗放型、低技术型逐步向内外并驱型、高品质、高技术型转变。尤其值得一提的是,非国有经济部门吸纳就业情况持续向好,从2008年的4.35分提升到2016年的8.54分,说明民营经济已经成为保就业、促民生的核心力量。

表2-3 分省份市场化指数指标构成与得分情况

一级指标	二级指标	2008	2010	2012	2014	2016	趋势
1. 政府与市场的关系	1a. 市场分配经济资源的比重	8.44	7.74	7.42	7.24	7.21	−1.22
	1b. 减少政府对企业的干预	4.28	3.60	2.31	3.52	3.43	−0.85
	1c. 缩小政府规模	7.82	7.23	6.63	6.29	6.00	−1.82
2. 非国有经济的发展	2a. 非国有经济在工业企业主营业务收入中所占比例	5.47	5.83	6.16	6.66	7.02	1.54
	2b. 非国有经济在全社会固定资产投资中所占比例	6.38	6.16	7.06	7.28	7.92	1.54
	2c. 非国有经济就业人数占城镇总就业人数的比例	4.35	5.33	6.41	8.03	8.54	4.19
3. 产品市场的发育程度	3a. 价格由市场决定的程度	7.29	7.29	7.29	7.29	7.29	0.00
	3b. 减少商品市场上的地方保护	7.90	7.90	7.90	8.26	8.28	0.39
4. 要素市场的发育程度	4a. 金融业的市场化	4.86	5.27	5.83	6.27	6.52	1.67
	4b. 人力资源供应情况	5.25	3.94	5.97	7.04	7.15	1.89
	4c. 技术成果市场化	1.37	1.84	2.57	3.50	4.15	2.93
5. 市场中介组织的发育和法治环境	5a. 律师、会计师、行业协会等中介组织的发育	4.12	4.33	4.80	5.44	5.51	1.38
	5b. 维护市场的法治环境	4.75	2.86	4.71	6.11	6.00	1.25
	5c. 知识产权保护	1.86	4.30	6.45	6.85	8.01	6.15

资料来源:王小鲁、樊纲、胡李鹏,《中国分省份市场化指数报告(2018)》。

在该报告2018年版的测评结果中,排名前六位的分别是浙江、上海、广东、天津、江苏和福建,西部省区(如甘肃、新疆、青海和西藏)则敬陪末座(具体排名见表 2-4)。区域市场化进程呈现出"西部省份—中部省份—东部沿海地区"逐渐递增的趋势,与经济发展的阶梯层次相一致。西部省份中排名最高的是重庆,直辖市设立之后取得了显著的市场化发展效果。中部省份中排名靠前的是湖北和河南,两地均处于通衢要道,地理位置优越,近年来经济增速较高。东部沿海省份中尤其以长三角地区的浙江和上海占据鳌头,长三角地区除了在经济总量方面雄冠全国,其市场化进程也领先全国其他地区。因此,根据这套指数,王小鲁、樊纲和胡李鹏(2019)发现各省的市场化指数与当地的人均 GDP 呈现明显的正相关关系,由此认为经济体制改革方面的差距应当是除地缘差异因素之外导致各地区存在经济发展差异的主要影响因素之一。

表 2-4 基于地区比较的市场化进程测算结果

2016 年排名	地区	1. 政府与市场的关系	2. 非国有经济的发展	3. 产品市场的发育程度	4. 要素市场的发育程度	5. 市场中介组织的发育和法治环境	市场化总分
1	浙江	7.24	10.25	8.28	7.16	16.94	9.97
2	上海	8.45	9.04	8.44	10.98	12.72	9.93
3	广东	7.98	10.65	9.53	7.60	13.55	9.86
4	天津	8.60	9.50	7.77	10.90	12.13	9.78
5	江苏	7.89	10.83	8.27	7.11	12.20	9.26
6	福建	5.71	10.25	9.73	10.29	9.77	9.15
7	北京	6.12	7.79	4.90	12.16	14.74	9.14
8	重庆	6.96	9.71	8.11	7.49	8.47	8.15
9	山东	7.09	9.79	9.51	5.95	7.34	7.94
10	湖北	5.88	8.61	8.48	9.31	5.09	7.47
11	河南	7.23	9.88	8.78	4.49	5.14	7.10
12	安徽	6.04	9.22	8.47	4.92	6.78	7.09
13	四川	6.31	8.14	8.10	6.13	6.72	7.08
14	湖南	6.76	8.39	9.00	5.24	5.99	7.07
15	江西	6.47	9.28	9.13	4.65	5.67	7.04
16	辽宁	5.52	7.64	8.33	7.03	5.25	6.75
17	吉林	5.46	8.14	8.23	5.97	5.70	6.70
18	陕西	4.68	5.59	7.45	7.53	7.60	6.57
19	广西	6.34	8.16	9.13	4.51	4.01	6.43
20	河北	6.99	8.80	6.58	4.35	5.39	6.42

(续表)

2016年排名	地区	1. 政府与市场的关系	2. 非国有经济的发展	3. 产品市场的发育程度	4. 要素市场的发育程度	5. 市场中介组织的发育和法治环境	市场化总分
21	黑龙江	5.97	6.16	7.71	5.25	5.61	6.14
22	山西	5.07	6.50	7.38	5.27	4.06	5.66
23	海南	4.86	9.04	6.80	3.44	2.24	5.28
24	宁夏	3.73	7.58	7.43	3.46	3.53	5.14
25	贵州	4.52	6.39	8.41	2.99	1.93	4.85
26	内蒙古	3.89	6.65	7.92	3.60	1.93	4.80
27	云南	5.35	5.00	6.70	4.07	1.64	4.55
28	甘肃	4.63	3.37	7.03	3.72	3.94	4.54
29	新疆	2.72	4.35	6.78	3.88	2.76	4.10
30	青海	2.45	4.68	3.35	4.59	1.81	3.37
31	西藏	−4.92	3.20	5.60	0.11	1.10	1.02

注：上述得分是基于各省份 2001 年的基础得分来计算的（基础得分被定义在 0—10，得分越高，说明市场化程度越高；如在 2001 年，陕西的总得分是 4.51，广东的总得分是 8.41），此后以 2001 年的得分为基准来计算下一年的得分，因此，在 2016 年的得分有些省份可能会超过 10，有的省份可能会低于 0。更多关于各省份市场化指数的计算过程，请参见王小鲁、樊纲和胡李鹏《中国分省份市场化指数报告(2018)》中第 90—96 页中关于市场化指数构造及计算方法之说明的相关内容。

不过，对于区位优势和市场化改革孰鸡孰蛋的问题学界还存在争议，最近的研究报告了一些新的观点。高翔和黄建忠(2017)用考虑非期望产出的至前沿最远距离函数(SBM 模型)，测算了 1997—2014 年中国 30 个省份(西藏除外，因各类指标缺失值较多)的政府效率，进一步利用受限的 Tobit 模型对对外开放程度和市场化进程作用于省级政府效率影响机制和影响效应进行了实证考察。研究发现，在控制相关影响因素后，对外开放和市场化进程显著提升了政府效率，且二者在促进政府效率提升中存在着替代关系，这一结论在考虑了空间、指标、样本、地区和时间的异质性后仍然稳健。需要说明的是，高翔和黄建忠(2017)的研究中关于市场化进程的指标使用的正是国民经济研究所樊纲和王小鲁等的 2016 年报告，对外开放则使用了各省的外贸依存度数据，即进口贸易量和出口贸易量之和与各省当年 GDP 的比值，这说明因为沿海区位优势而具有的对外开放程度实际上很可能是市场化的背后指标，换言之，市场化的改革可能在全国全面铺开，但其实际效果可能上是对外开放的进程效果，这也解释了沿海地区的市场化程度更高的原因(主要反映为政府效率，该研究使用 DEA 方法，投入指标为政府在人力、物力和财力上的投入，产出指标为经济表现、社会职责和基础设施这三大方面选取具体的产出指标，利用 SBM 模型计算出的 Malmquist-Luenberger 生产率指标作为衡量政府效率的指标）。

从全国和各区域的变化趋势来看，从 2008—2016 年，全国的市场化进程水平提升了 1.27 分，这表明我国基本上仍然采取了进一步市场化改革的经济政策。而从分区域的变化趋势来看，东部地区（包括北京、天津、湖北、上海、江苏、浙江、福建、山东、广东和海南 10 个省和直辖市）的市场化改革速度更快，为 1.82。中部地区（包括山西、安徽、江西、河南、湖北和湖南 6 省）次之，为 1.52。东北地区（包括辽宁、吉林和黑龙江 3 省）的市场化进程较低，为 0.90，低于全国平均水平 1.27。西部地区（包括内蒙古、广西、重庆、四川、贵州、云南、西藏、陕西、甘肃、青海、宁夏和新疆 12 个省、自治区、直辖市）相对最少，为 0.80。这表明市场化改革的进程可能具有积累性，先改革的地区进行后续改革的可能性和可行性均更大，后改革的地区则需要一定的时间克服原先的制度惯性。

（二）市场化指数的其他相关研究

虽然王小鲁、樊纲和胡李鹏编著的"中国分省份市场化指数"被广泛认可和使用，也有一些学者另外进行了各省份市场化程度的测算。例如，孙晓华和李明珊（2014）从政府行为规范化、经济主体自由化、要素资源市场化、产品市场公平化和市场制度完善化五个方面共 14 个评价指标构建市场化水平评价指标体系，测算我国 31 个省份 2001—2011 年的市场化相对指数，测算结果与樊纲、王小鲁等人的结果存在一定差异，排名前 6 的分别是广东、上海、浙江、江苏、福建、北京，最高分为广东（9.09 分），最低分为西藏（3.33 分）。进而利用泰尔指数法对市场化进程的地区间差异加以分解，结果表明，2001 年以来，各省份的市场化水平逐年上升，但地区间差异和地域分化现象明显；泰尔指数的分解结果显示，市场化水平的省际差异由区域内和区域间的差异共同决定，两者的贡献率分别为 42％和 58％。孟文强和宋晓妮（2019）从政府和市场关系、非国有经济、产品市场发展、要素市场发展、市场制度建设五个方面共 26 个计算指标构建市场化指数，测算我国 30 个省份 2000—2015 年的相对市场化指数。结果显示：2000 年市场化指数得分最高的是广东省（6.95 分），其次是上海（6.43 分），最低的是贵州（1.84 分）；到 2015 年，市场化指数得分最高的是江苏（14.71 分），其次是浙江(13.60分),最低的是青海(2.18分);市场化指数较高的依次还有北京、浙江、江苏、安徽、天津、上海、福建、山东、广东。进一步运用聚类分析,将30个省份划分为改革先行区、稳定增长区、粗放发展区。2000—2015年各省份聚类结果不断变动:(1)改革先行区规模不断扩大,从一开始的北京、上海,增加到9个地区,属于改革先行区的省市大多位于东部沿海、经济发达地区;(2)稳定增长区从原来的7个省份变为15个省份,原有的天津、福建、山东、辽宁、江苏、浙江、广东从稳定增长区变为改革先行区,河南、湖北等15个地区从粗放发展区变为稳定增长区;(3)粗放发展区的省份大幅减少,从21个地区减少为6个地区,其中的大部分都转变为稳定增长区。整体而言,这些学者从不同的侧重点对王小鲁等的市场化指数进行了补充和发展,测量结果基本接近但也各具特点,可视为与之相补充的文献资料。

2.2.4 单个市场或行业的市场化进程

第四类研究者关心具体单个市场或国民经济部门的市场化程度,试图建立一个适用于评估某个特定产业部门的市场化测评体系。我国市场化进程中不同产业部门之间存在明显的改革进度不均衡现象,例如,对农业生产的承包责任制改革进行较早,城市的工业企业改革则进行相对迟缓。此外,石化、电信、金融、能源、教育、医疗等国家垄断或变相垄断的行业,其市场化进程也相对较慢。在具体行业中,下游产品市场的市场化程度一般较高,但土地、原料和劳动力等要素市场的改革进程则相对滞后(卢现祥和朱巧玲,2006)。

(一)农业的市场化进程

农业是我国较早进行改革的部门,因此对农业市场化的测定吸引了不少研究者的兴趣。陈宗胜和陈胜(1999)通过对河南、江苏和天津多个村落的问卷调查,发现农户除土地之外的种子、肥料、机械、农药等生产资源有89%是从市场上购买的,而农产品中的35%直接或间接地在市场上出售,据此计算农户生产和销售的市场化程度为57%。除了微观层次的农户市场化程度外,陈宗胜和陈胜(1999)还从宏观视角对整体农业市场的市场化程度进行了测算,发现1994年当期33%的农村户口从事非农业生产、66%的农业固定资产投资来自非国家部门、57%的农产品由市场定价,因此计算农业市场化率为64%。

在此研究基础上,习近平(2001)进一步测算了农村市场化的程度,在文献回顾的基础上,习近平建立了一个由四个子维度组成的农村市场化测算指标,具体计算发现,以国家为层面,我国农产品和农业要素的商品化程度为30.67%,农村市场体系的发育和完善程度为62.61%,农村市场机制的健全程度为45.63%,农民适应市场和政府调控的程度为55.83%,因此计算全国农村市场化程度为48.69%(具体测度指标见表2-5)。类似地,林鹰漳(2002)通过农村劳动力转移、农户产出市场化等12个指标计算2000年全国农村市场化程度为50.10%。

表 2-5 农村市场化测度指标

一级指标	二级指标	测度方法
农产品和农业要素商品化程度(30.67%)	农产品国内商品化程度	农产品商品占农产品产量的比重(60%)
	农产品国际商品化程度	农产品出口总额占农林牧渔业总产值比重(4.09%)
	农业劳动力市场化程度	从事有工资报酬的农村劳动力占农村实有劳动力总数的比重(24.85%)和劳动者报酬收入占农民纯收入的比重(26.53%),平均得25.69%
	土地市场化程度	全国转包和转让的土地占全国承包经营耕地总量的比重(1.20%)
	农业资金市场化程度	现金支出、金融机构对农业的信贷投入、农业引进外资的数额占农业生产总费用的比重(59%)
农村市场体系发育和健全程度(62.61%)	农户市场覆盖指数	农户来自市场的现金收入占农户总收入的比重作为农户市场覆盖指数(91.23%)
	市场类型结构指数	城乡集贸市场占出售农产品收入总额的比重(37.28%)、农村消费品零售额占农民现金总支出的比重(53.72%)、农业要素市场发育程度(20%),加权计算得37.07%
	市场层次结构指数	高级市场(农产品期货市场)、中级市场(大型农产品现货批发)、初级市场(城乡集贸市场)占农产品交易总量的比重(50%)
农村市场运行机制健全程度(45.63%)	平等竞争机制	1979—1994年国家从农业抽走资金支持城市工业发展占15年农业总产值的比重(83%)
	市场供求机制	供求平衡农副产品占所有农副产品的比例(57.66%)、农业资金供给量占需求总量的比重(96.59%)、农村劳动力需求量占现有劳动力总量的比重(54.6%),加权得64.53%
	价格形成机制	粮食市场中成交的粮食数量占粮食商品总量的比重(20%)

(续表)

一级指标	二级指标	测 度 方 法
农民适应市场和政府调控市场的程度 (55.83%)	农民在市场中的收益程度	农民人均现金收入减去借贷现金收入后,占农民人均总收入的比重(71.6%)
	农民文化程度对个人收益的影响	人均纯收入3 000元以上农民中文盲或半文盲、小学、初中、高中、中专、大专以上比重减去人均纯收入1 500元以下人数占比的相差比率(49.27%)
	农民进入市场的组织化程度	农产品通过农村供销社进行销售的比重(19%)
	政府对市场的调控程度	(农业财政支出/农业 GDP)/(全国财政支出/全国 GDP),该比值计算为(9.08%/13.57%)=66.9%

资料来源:习近平(2001)。

农业市场化的一个子分支是土地的市场化。目前,我国的土地政策将土地分为城市土地和农村土地,城市土地全部为国家所有,国家可以作为土地所有权主体与土地使用权主体之间进行土地有偿有限期限出让和出租,具体形式包括协议、招标、拍卖、挂牌、划拨、租赁等;农村土地为集体所有,包括农业用地和非农业用地,其中,后者在城市发展的过程中可以征地的方式归为国有,进而用于住房或商业建设用途。钱忠好和牟燕(2012)基于2004—2009年《中国国土资源年鉴》和2003—2008年《全国土地利用变更调查报告》,采用加权平均法对我国土地应用于城市建设的程度(及市场化交易程度)进行了测度,发现全国土地市场化水平为26.90%,且呈现逐年收紧(不断下降)的趋势。

(二)劳动力市场化的形成

随着大量农村劳动力进入城市以及国家对大中专学生分配工作制度的取消,对劳动力市场的市场化评估也成为研究热点。张灿等(1998)发现1996年大中专毕业生自由择业率就已经达到了82.69%,而1995年有46.68%的农民转移到了城市和乡镇的企业、个体户等私营单位就业。

李亚伯(2003)从劳动工资决定的自由度、劳动力择业的自由度、用人单位用工的自由度和劳动力流动的自由度等方面综合测算劳动力市场的市场机制综合指数为67.58%;但劳动力市场的服务体系和社会保障评估均不足10%,同时劳动力市场的监督调控体系的完善程度不足25%;这说明虽然劳动力流动自由程度已经逐渐放开,但劳动力市场相关的支持制度还处于初期建设阶段。类似地,徐长玉(2008)测算我国的工会和市场服务体系等组织的完善程度仅为53.8%,而劳动力市场的法律、失业预警和保障监察等支持制度的完善率不足50%。

(三)工商业的市场化进程

工商业的改革时间相比农业要稍晚一些,但其对市场经济发展带来的影响可能更为显著。自1990年代以来,国家关于国企改革、私企合法性和外企进入等一系列企业层面的改革,使得企业的市场化成为时代焦点。

高明华(2003)认为,企业的市场化是企业的资源配置方式按市场规则进行,同时,企业的生产要素和产品的获取、交易也都由市场提供和决定,从非国有经济发展、国有企业改革和重点企业改革三个方面分析了我国企业的市场化进程,测算认为到2001年我国企业的市场化程度已经达到了74%(如表2-6所示)。此后,高明华、柯希嘉和曾广录(2009)继续根据该指标体系对企业市场化程度进行测算,发现我国企业改革进程不断加深,到2006年已经达到了83.8%的较高水平,企业改革取得了较大进展。

表2-6 企业市场化进程的评价指标

序号	指标	测算结果
一、非国有经济发展		
1. 非国有经济创造的增加值占国内生产总值(GDP)的比重		63.37%
2. 非国有经济固定资产投资占全社会固定资产投资的比重		52.69%
3. 城镇非国有单位从业人员占城镇从业人员的比重		68.09%
4. 非国有经济创造的税收占全社会税收的比重		64.42%
5. 非国有经济进出口总额占全部进出口总额的比重		55.04%
6. 非国有经济所有者权益占全部规模以上工业所有者权益的比重		45.13%
7. 非国有企业中全面实施《企业财务通则》和《企业会计准则》的比例		78.50%
二、国有企业改革		
8. 国有企业经营者由市场选聘的比例		86.30%
9. 样本国有企业中具有决策自主权的比例		89.40%
10. 上市公司中非国家股的比重		53.80%
11. 亏损国有企业出售、重组、破产数占全部亏损国有企业数的比例		67.50%
12. 样本国有企业中投入、成本和价格自主决定的企业比例		90.80%
13. 样本国有企业中雇员与雇主就工资决定可自主谈判的企业比例		71.60%
14. 样本国有企业中全面实施《企业财务通则》和《企业会计准则》的比例		91.60%
15. 财政对国有企业的亏损补贴占GDP的比重		0.27%

		(续表)
序号	指标	测算结果
三、重点企业改革		
16. 重点企业中已改制为公司制企业的比例		76.00%
17. 非国有独资公司占全部改制重点企业的比例		73.93%
18. 全部重点企业的出资人到位率		71.36%
19. 改制重点企业注册资本中非国有资本所占的比例		35.45%
20. 全部重点企业中总经理由市场选择的比例		44.77%
21. 全部重点企业中总经理自主经营管理权到位率		73.16%
22. "三会"已完全建立的公司占改制重点企业中非国有独资公司的比例		80.90%
23. 改制重点企业中治理机关职权已落实的公司比例		82.46%
24. 劳动、人事、分配自主决定的企业占全部重点企业的比例		63.63%
总得分		74.00%

资料来源：高明华(2003)。

(四) 金融和资本市场的改革

不少学者关注了我国金融和资本市场的市场化改革进程。周业安和赵坚毅(2005)对我国金融市场的市场化程度进行测评，其建立的测评指标包括利率和汇率市场化程度、信贷自主权维护程度、机构准入自由程度、商业性金融机构、产权多元化程度、业务范围自由度、资本自由流动程度、社会融资的市场化程度、金融调控间接化程度等多个方面，测算出我国1978年的金融自由度为－1.045 77，改革后逐年上升至2003年的1.742 33。最新的研究中，查华超和裴平(2016)在前人研究的基础上，提出了一个更为全面和具体的、切合中国金融市场基本国情的金融市场化水平测度体系，包括国内金融组织与业务市场化、国内金融市场发展、金融国际化等三大类共16项基础指标(见表2-7)，测算后发现，中国金融市场化指数呈逐年上升态势，1978年的指数值为－1.473 6，到2015年为1.728 8，年均增长0.086 6，且自1978年以来未出现逆市场化现象。

此外，有学者关注了银行、利率和股票等市场化改革进程。陶雄华(2010)从利率市场化、信贷市场化、业务自由度、准入自由度和产权多元化等方面测度了我国银行部门的市场化程度，经测算认为我国银行部门在2006年已经达

表 2-7　中国金融市场化评价指标体系

分项指标	基础指标	指标描述
国内金融组织与业务市场化	商业银行产权改革 行业进入壁垒 审慎监管 利率市场化 信贷指导放松 金融业务范围拓宽	产权多元化、民营资本准入 金融行业的准入放开及竞争程度 央行审慎监管职能的提升 存贷款利率指导放松 政策性信贷放松 银行、证券、保险、信托等混合经营,金融业务创新
国内金融市场发展	拆借市场 证券市场 保险市场 黄金市场 其他金融市场改革与发展	银行、非银行金融机构等拆借发展 股票和债券机构、市场改革及发展 保险机构、市场的改革及发展 黄金买卖、黄金市场建立等 票据、融资租赁、消费信贷、基金、信托市场等改革与发展
金融国际化	汇率自由化 国际资本流动及汇市发展 外资金融机构准入及业务放开 金融对外扩张 人民币对外业务	汇率市场化 外汇管制放松、资本项目兑换放宽、资本出入境管理放松等 外汇金融机构准入,证券、保险、人民币、拆借等业务对外资金融机构放开 对外融资、金融机构及其业务对外扩张等 对外开展结算及货币互换业务、人民币离岸市场发展

资料来源：查华超和裴平(2016)。

到66%的市场化水平。随后,陶雄华和陈明珏(2013)从实际利率水平、利率决定方式、利率浮动的范围和幅度三个指标对我国利率的市场化水平进行测算,发现2012年已经达到80%的较高水平。陈秀梅和周国强(2014)考察了股票市场的市场化程度,提出通过股票市场价值总和占GDP的比重进行测算。在测算中,该指标在1990年为5.12%,此后逐年上升,到2007年达到峰值40.94%,金融危机后有所下降,到2010年为33%。

除上述金融类部门外,电信产业也是传统的垄断部门。张艳和范玉琴(2007)基于电信企业的经营自主度、电信产业中非国有经济发展程度、电信产品市场化程度、电信产业资金来源的市场化程度和电信产业劳动力的市场化程度等指标,发现电信行业的市场化程度虽然整体处于较低水平,但近年来也逐渐"松绑",市场化程度从1996年的仅9%逐步提升到2005年的30.45%。

2.3 企业创新精神的概念界定

企业创新精神的英文来源词是"corporate entrepreneurship",也可译为企业的企业家精神,一些文献也将其译为公司创业。本书认为"创业"二字容易让人产生"仅指创立新企业"的误会,企业家精神则可能被理解为专门描述个体企业家的创新活动,而不是企业层面的创新精神,因此,本书将"corporate entrepreneurship"译为企业创新精神。

虽然按字面意思理解这是一种"精神",但在大多数实证研究中,企业创新精神指的都是具体的企业创新活动,比如在市场推出新的产品或服务等。实际上,创新精神的学术含义非常丰富,许多学者都以不同的建模方式对这个概念的内涵进行过独特的刻画,因此,在不同的经济理论模型中,企业创新精神扮演了不同但又密切相关的经济职能,下面对这些不同概念化方法进行简要回顾。

2.3.1 经典经济学理论中的创新精神释义

在法国学者康替龙(Cantillon,1755)的经济运行模型中,企业家是一个套利者(arbitrager),其盈利的机制在于"以固定的价格买入再以不确定的价格售出",企业家一方面承担了市场需求的不确定性,另一方面则通过经济不确定性来获取价格溢价。该定义与当时资本市场萌芽的市场状态相契合,市场由收租的地主和得到固定工资的佃农组成,而企业家在其中的中介作用是实现市场供需均衡的关键。至今,这种"以固定价格购入再伺机卖出"的套利行为仍然是一种重要的企业家行为,需要企业家具有洞察资源潜力的眼光和承担可能的经济不确定性损失风险。值得一提的是,康替龙是第一位提出企业家概念的人,"entrepreneur"这个法语词根的单词也是康替龙的发明。

萨伊(Say,1803)注意到了另一种形式的企业家行为,即通过劳动来为一种物品或材料增加新的功能和经济用途。萨伊否认经济交易是零和游戏的观点,认为经济参与者在提升材料和工具的用途时创造了新的价值。因此,萨伊的观察揭示了企业家在经济活动中的创造性特点,即不断赋予原料、物品和资源以新的使用价值。同时,萨伊对创新精神的定义非常符合当时以个体劳动者为主的手工匠人和家庭作坊的情况,强调了个体的手艺技能在商业活动中的重要角色,沿着这个思路,最近的一些研究表明,企业家的一项重要职能是"创造性地拼凑手边材料来迎接机会和规避威胁"(Baker & Nelson, 2005)。

马歇尔(Marshall, 1867)认为,从要素投入到商品产出的过程并非千篇一律,相反,这是一个"相当主观的过程",企业家正是这一过程的协调者和管理者。一个合格的企业家不仅能够担负起组织土地、设备、资金和工人等要素进行生产的任务,还能够在生产过程中不断寻找可能降低生产成本的机会,并进行改变和创新。因此,马歇尔非常注重企业家个人的知识和技能在企业生产中的作用,他认为优秀的企业家能够在支付各种生产要素成本后,还能赚取数目可观的"企业家才能租金"(entreprenuerial rent)。综合考虑,在马歇尔的定义中,企业家是一个组织生产并进行卓有成效的管理协调活动的人,个人的创造性组织才能在企业生产制造活动中发挥了关键的差异性作用。

2.3.2 奥地利经济学派对创新精神的探索

熊彼特(Schumpeter, 1934)区分了管理者(managers)和企业家(entrepreneur)两种角色,认为前者专职负责企业的生产运营和行政管理,后者则专职负责创新(innovation)。马歇尔式的企业家像是一个工厂管理者,熊彼特式的企业家的职能不是日常管理,而是要创造性地引入新生产函数。假定产品或服务产出为 y,要素投入为 x,生产过程为函数 f,企业的生产过程就可以表示为 $y = f(x)$。熊彼特认为,企业家或引入新生产要素 x,或在新市场推出新产品或服务 y,或引入新的生产过程或组织方式 f,总而言之,企业家要"变革"已经存在的、被广泛接受和采纳的常规生产函数,并且通过这种变革来提升企业的生产效率或增加产出品的经济效用,从而在地区或产业层面"破坏性"地刺激经济增长。同时,熊彼特还清楚地给出了一份企业家的"创新清单",包括五项创新内容:新产品或服务、新生产原料、新生产流程、新市场和新组织方式。由于熊彼特的概念化方法清楚地将企业家从事务型管理活动中区别出来,而强调独特创造性管理活动,被后续研究广泛认可并采用。

奈特(Knight, 1921)切入企业家研究的角度十分特殊,从经济活动的不确定的角度来研究企业家行为。奈特认为任何经济活动都涉及三种不确定性:

(1) 知道可能的结果以及各种结果发生的数学概率;(2) 知道上述两者中的一者;(3) 上述两者均不知道。奈特将第一种称为风险,将第二种称为不确定性,将第三种称为真正的不确定性(或奈特不确定性,Knight uncertainty)。风险和不确定性都可以通过数学计算、模拟仿真和经验积累的方式来克服,唯有奈特不确定性是难以克服的,这构成了企业家行为的基础。据此,奈特认为企业家的职责就是承担那些具有奈特不确定性的经济活动,而只有信念坚定和足够好运的人才能成为成功的企业家。最近的一些研究延续了奈特的思路,萨拉斯瓦西、西蒙和拉维(Sarasvathy, Simon & Lave, 1998)发现,"老手企业家"(expert entrepreneur)有一套独特的"效果推理"(effectuation)决策机制,与采用投入—产出最大化收益的思路不同,这套新的决策机制可以应付奈特不确定性,其基本思路在于充分运用当前资源来"构建"一个目标,而不是根据一个既定的目标来寻找和整合资源,后者被称为传统的"因果逻辑"。

科斯纳(Kirzner, 1997)结合了奥地利经济学从个体决策考察经济活动的传统和古典经济学注重宏观均衡分析的理论进路,认为企业家的地位是"帮助"经济系统从被打破的不均衡状态走向经济均衡。科斯纳指出,由于技术、社会、政治和地理等诸多因素的不断变化,为经济系统不断地注入了新的变动因素,比如随着一项新技术的应用,原行业的生产函数和供需平衡条件均受到挑战,相关资源的价值也会随之变化。机敏的企业家能够发现经济活动中的机会,即某项资源、产品和组织方式能够以高于成本的价格出售的潜在情形。企业家运用机会来谋取利润,经济系统也从不均衡逐渐走向均衡,当市场完全均衡时,企业家行为就失去了存在空间。不过,由于现实中市场完全均衡是不可能的,而且每一次新的企业家行为也为后续的其他企业家行为带来新的变化,因此,市场中总是存在创新机会,即总是存在企业家活动的空间。科斯纳强调了"机会"在创新活动中的重要作用,因而发现并利用机会也成为企业家的主要职责。

2.3.3 近代创业创新文献对企业创新精神的诠释

盖特纳(Gartner, 1990)从管理行为的角度对企业创新精神进行了重新界定,他定义企业家就是"创建一个新企业组织的人",企业家行为就是创建新企业所涉及的方方面面的活动,如筹集资金、注册公司、寻找合作伙伴、组织架构设计、资源获得、IPO 上市和退出等。虽然盖特纳的定义比较直观,但是却非常符合 20 世纪 90 年代信息经济以来中小企业的创立热潮现象。盖特纳的观察还指出,当今时代的企业家已不局限于企业内部的生产制造,而是需要涉及融资、投资、股权、项目、上市、私募和风险投资等各个方面,企业家的才能开始更多地体现在资本运作、商业模式和开放式创新上面。

沙尔玛(Sharma)和克里斯曼(Chrisman,1999)回顾了既有文献中关于企业创新精神的定义(见表 2-8),进而将文献中以企业创新精神为结果的变量分成两类:一类研究创业(Gartner,1990),以新企业的成立数量为研究对象,这类研究大多会追踪企业创建的过程;另一类则研究创新(Burgelman,1983),考察在位企业的创新,尤其是面临环境剧烈变化时候的"战略革新"。他们认为,企业家的创新职能首先表现为建立一个新的工商业组织,以组织生产和实现创意;在成立企业之后,企业家的主要职能并不在于日常管理,而是在于创新。这两种研究彼此并不矛盾,而是相互包容和交叉的(Sharma & Chrisman,1999)。

表 2-8　企业创新精神的主要概念界定

文献	定义
Burgelman(1983)	企业创新精神是企业通过内部发展实现多元化发展的过程,并且这种多元化往往要求整合与企业当前业务范围或主要竞争力没有或只有很少关联的新资源和新机会
Chung & Gibbons(1997)	企业创新精神是通过管理不确定性将个人创意转化为集体行为的一个组织过程
Covin & Slevin(1991)	企业创新精神通过内部生产新资源组合的方式来占据环境机会,其结果是扩展了企业的竞争范围
Guth & Ginsberg(1990)	企业创新精神包括两类现象及过程:(1)在位企业内部生成新业务,即内部创新或投资;(2)通过变革企业赖以立足的核心理念对组织进行转型,即战略革新
Jennings & Lumpkin(1989)	企业创新精神是企业开发新产品或新市场的程度。一个企业在一段时期内平均开发的新产品或新市场越多,其创新精神越高
Schendel(1990)	企业创新精神包括内部孕育新业务和对停滞业务进行革新的过程
Spann、Adams & Wortman(1988)	企业创新精神是建立一个单独的企业组织(如盈利中心、战略业务单元、事业部或子公司)来引入新产品和服务、服务或创造新市场、利用新技术的过程

(续表)

文　献	定　义
Vesper(1984)	企业创新精神是从企业员工采纳创新建议的过程,是一种从下属而来的,但不是被要求、被询问甚至被高层管理者所允许的创新
Zahra(1993)	企业创新精神是组织革新的过程,包括两个独特但有关联的方面:第一是创新或投资;第二是战略革新
Zahra(1995)	企业创新精神是企业的创新、革新和投资努力的总和。创新包括创造和引入新产品、制造过程和组织体系;革新指改变企业的运作方式,包括改变业务范围或竞争方式,也包括建立或获取新的能力然后创造性地利用这些能力来增加股东价值;投资指企业通过在已有或新市场中扩展运作的方式进入新业务领域

资料来源:Sharma & Chrisman(1999)。

沙尔玛和克里斯曼(1999)认为企业创新精神是一个综合概念,反映在企业的一系列创业或创新活动中,这些活动包括三个方面:(1) 产品或服务创新,包括新技术、新产品、新服务、新制造工艺的引入,属于产品层面的创新;(2) 组织和管理创新(strategic renewal),比如引入新的组织办法、新的产业组织形式、对既有企业组织进行战略重组等,是管理层面的创新;(3) 投资其他企业或直接设立新企业的行为(venturing),包括企业对其他企业投资持股、直接设立新企业和在主营业务之外进行项目投资和开发等,是业务层面的创新。虽然上述三类活动本身存在一定的区别,但背后都反映出企业改革求变的创新精神,因此,后续的实证研究广泛采用沙尔玛和克里斯曼(1999)对企业创新精神的综合定义(Hornsby, Kuratko & Holt, 2013)。

2.3.4　企业创新精神概念的新进展

2000年以后,企业创新精神的概念逐渐被引入国内学术界,引起了国内学者的广泛关注和热烈讨论。薛红志和张玉利(2003)是最早将这一概念引入国内的学者,他们在概括了大量国外既有文献的基础上,认为企业创新精神的独特之处是将一系列独特的资源集中在一起来利用机会,是超越和不局限于目前所掌握资源的情况而对机会的追求。在快速变革的知识经济时代,企业内部的组织环境与经营模式也必须引入更多的创新与创业机制,即使是成熟企业，也需要不断创新才不会被市场淘汰。保持高强度的企业创新精神并不局限于特定的企业规模或企业生命周期的特定阶段，而是竞争条件下任何商业组织取得长期成功的根本要素。因此，传统意义上只关注小企业和新企业的传统企业家研究理论应该进一步得到完善，把大企业的创新精神纳入其研究范畴。

魏江、戴维奇和林巧(2009)在此基础上辨识了企业创新精神相关研究中容易混淆的两个概念：倾向性的创新创业导向和行动性的企业创新精神。前者来源于米勒(Miller)和弗里森(Friesen)等(1982)对企业创新意愿和风险承担意愿的讨论，并在后续的研究中逐渐被扩展为五个维度：创新性、先动性、冒险性、进取性和自主性，这些研究以战略决策为视角，侧重讨论公司高层管理层的决策风格是大胆前卫的还是防御保守的，代表了管理者的思维模式。后者来源于伯格曼(Burgelman，1983)对在位企业不断通过内部创新来持续创造和维持新的竞争优势的研究，指出公司必须通过两种行动来更新自己：(1)在企业内部发展新的业务，即内部创新或风险投资；(2)通过更新关键的思想和理念来完成组织变革，即战略更新。这些研究从企业发展的可持续性和竞争优势的角度切入，沿袭了萨伊、马歇尔、熊彼特等古典经济学家对企业家才能和企业投入产出创新的思路，代表了企业层面的行动方式，具有更为重要的研究意义和商业实践内涵。

董保宝(2012)进一步地从机会、资源、团队和环境四个方面对企业创新精神进行了剖析。(1)创新精神源自对有价值的机会的搜寻与捕捉，具有突发性的特点，在面临突发事件时往往是企业不可错失的创新窗口期。(2)在对资源禀赋的研究中，既有研究大多强调了企业家个人特质、经验和雄心的重要作用，认为有眼光和能力的独特战略领导者是成功进行创新的重要资源。而新的趋势是组织的知识应当成为实施创新的核心资源，应强调知识整合和利用的方式对创新的重要性，以及企业知识禀赋异质性所导致的机会识别和捕捉的差异性。(3)关于团队的研究过去集中在组织行为的过程一致性和价值观统一性，而新的商业实践表明应当更多考虑团队学习的作用，注重团队过程的动态性和创造性。(4)环境历来被研究者所重视，既有研究强调了社会、政治等宏观环境对创新战略、愿景及定位的影响，而将来的研究转向于考虑环境的不确定性产生的创新机会，以及由此造成的社会模糊性和市场不均衡性带来的创新潮流和机会群。

国外对企业创新精神的研究也有持续进展。沃尔科特(Wolcott，2007)在注重管理实践性的麻省理工学院主办的《斯隆管理评论》上撰文称，根据他们对近二十年来美国企业创新的真实观察，发现企业创新精神的具体商业实践可以分为四类：(1) 机会主义者，该类公司在创新方面没有经过深思熟虑的考量，而是通过内部和外部网络的方式来驱动创新概念选择和创新资源分配，如捷迈公司(Zimmer)；(2) 鼓吹者，该类公司大力宣传企业创新精神，但不提供实际意义上的资源支持，各业务部门自行解决创新资金，如杜邦公司(DuPont)；(3) 推动者，该类公司为各种在公司内部产生的未来潜在的创新项目提供资金支持，并且公司的高级管理人员也对此持续关注，如谷歌公司(Google)；(4) 创造者，该类公司建立起一个全面服务企业内部创新和创业团队的机构，为他们提供长期稳定而可靠的内部创新创业支持和服务，如美国农业巨头嘉吉公司(Cargill)。

爱尔兰、科文和卡鲁特科(Ireland、Covin & Karutko，2009)认为，随着竞争环境越发动态化，原本作为一个企业部门的创新事业应当提升为一种全企业共同遵照并持续执行的企业战略，他们因此提出将企业创新精神战略化的结构思路。要做到这一点，企业必须满足三个层次的要求：首先，必须在战略愿景层面将创新视为企业必须承担的社会使命，将创新纳入企业使命和愿景的阐述当中去。其次，企业必须建立起与创新精神完全匹配的组织构造，包括组织的结构、组织的内部文化、组织的资源分配方式和组织的薪酬和晋升制度都必须重新设计以满足创新需要。最后，在企业的决策和行为方面，必须对外部环境的变化和产业中出现的供需不均衡性持续关注，不断发现新的市场并以最快的速度抓住机会。只有从愿景、组织结构和行为方式上进行全面的创新引领，才能真正让创新精神在企业落地。

2.3.5　本书对企业创新精神的概念界定

综上所述，企业创新精神的概念经过长久的发展，产生了一系列关键词，如投资套利、区别于行政管理的新才能、增加资源的价值、组织和管理生产销售、引入新的生产函数、承担奈特不确定性、寻找和开发市场机会和创立新的商业组织等。本书认为上述各个研究都涉及了企业创新精神这只"大象"的不同方面，既不同而又合一。由于本书着重考察市场化进程对企业整体创新精神的影响，因此，在企业创新精神的界定上选择采用一个综合性的概念定义，具体地,本书跟随沙尔玛和克里斯曼(1999)、魏江、戴维奇和林巧(2009)以及库拉特科、霍恩斯比和海顿(Kuratko、Hornsby & Hayton,2015)对企业创新精神概念的研究评述,认为企业创新精神是企业进行的包括产品与服务创新、组织和管理创新、投资或设立新企业在内的一系列创新活动,其在形式上存在多样化的特点,但又统一体现出企业通过积极进取和创新手段获取持续竞争优势的努力和实际所付诸的行动。

2.4 影响企业创新精神的考虑因素

虽然学界已经广泛认同产品创新、战略革新和公司投资等创新活动可以帮助企业识别与把握市场机会并获得更加有利的竞争地位,但由于创新具有内在的高风险性,因此,企业创新精神的发生既需要有外部环境的驱动,也需要有组织内部环境的支持。既有文献识别出了多种影响企业创新精神的前因变量,可归为外部环境变量、战略相关因素和企业内部变量等三个类别。

2.4.1 外部环境变量与企业创新精神

企业开展创新活动的意愿受外部竞争环境的影响很大,因此,不少实证研究都把重点放在竞争环境上,包括:(1) 环境的宽裕度(environmental munificence),指外部环境中企业所需资源的丰裕程度,或称企业从外部环境中获取所需资源的难易程度,环境的宽裕度越高,企业获取资源的难度越小,面临的投资机会也呈现出更大的多样性;(2) 环境的复杂性(environmental complexity),又称环境的异质性,与企业经营范围的广度和差异性密切相关,如果企业的业务范围较大且产品多样化程度较高,企业就必须应对较多的异质性因素,需要处理更多信息;(3) 环境的不确定性(environmental uncertainty),也称环境动荡性,是指产业的周期性波动的快慢程度以及环境变化的不可预测程度,高技术产业和新兴产业所面临的不确定性往往较高,而成熟行业的环境动态性较低;(4) 环境的敌对性(competitive intensity),是同行企业间彼此竞争的残酷或激烈程度,当市场增长快速(不断有新客户进入行业)时,环境敌对性较低,企业之间直接交火的范围较小,而当企业之间争夺的是相同顾客群时,企业之间的竞争强度大。

由于更为宽裕的外部环境能为企业提供更多的发展机会，同时也不会对企业资源的分配造成困难，因而企业管理者可能更倾向于在这种环境中从事更多的创新、风险投资和战略更新等活动。在实证研究中，安东尼奇（Antoncic）和希斯里奇（Hisrich，2001）、西姆塞克（Simsek）等（2007）等所搜集的研究数据都佐证了环境宽裕性与企业创新精神之间存在的正相关关系。

环境的复杂性虽然会增加企业处理信息的难度，但多元化信息之间存在更多的交叉创新空间，这也使得多元化经营的公司的创新程度可能更高，这一正向关系得到了不少实证研究的支持。例如，罗素（Russell）等（1992）的实证研究表明，当处于更为复杂的业务和产业环境中时，因为环境中蕴藏了大量的"连点式机会"（connect-the-dots），企业会更加主动地搜寻和利用这些机会，因而产生更多创新；同时，即便是战略制定相对保守的企业，为了适应复杂的环境也不得不开展创新活动。因此，无论是对激进型还是保守型企业来说，环境复杂性都与企业创新显著正相关。后续的研究中，扎赫拉（Zahra，2001）、西姆塞克等（2007）的实证研究进一步证实了环境复杂性与企业创新精神之间的正相关联系。

相比起前两种争议较少的环境特征，环境的动荡性与企业创新精神之间的关系无论在理论上还是实证上都存在争议。一方面，根据期望理论（prospect theory），环境不确定性会增加企业既有财产损失的可能性，因此导致企业更愿意冒着可能损失的风险而进行创新活动。类似于赌徒心理，不确定性越大的游戏反而越受到投资者的欢迎，罗素等（1992）的实证结果支持了上述论断。但根据威胁刚性理论（threat rigidity theory），环境的剧烈变化会使得企业的应对能力下降，产生对环境的畏惧和观望心态，进而选择更为保守的举措来紧缩经营，这一观点得到了伯金肖（Birkinshaw，1999）和格雷恩、科文和斯莱文（Green、Covin & Slevin，2008）的实证研究支持。目前，对该问题学界仍无定论，有待深入探索。

同样，有关环境敌对性与企业创新精神关系的实证研究也得出了不一致的结论。一种支持性的观点认为，竞争强度的增加会导致竞争优势难以长期维持，取而代之的是熊彼特式的短暂竞争优势，这种产业环境将迫使企业进行持续创新。扎赫拉等（2001）以跨国公司子公司为对象进行的一项实证研究表明，环境敌对性与跨国公司子公司的创新精神显著正相关。另一种观点则认为，竞争的市场激烈会导致企业连生存都难以保障，更不可能从事创新活动，因此,企业在敌对环境高的环境中难以进行创新,格雷恩、科文和斯莱文(2008)的实证研究支持了这个论点,发现环境敌对性与企业创新精神总体上存在负相关关系。

为了调和上述研究的不稳健性,有研究通过将环境和组织因素进行组态,考察其对企业创新精神的综合影响。徐广平、张金山和杜运周(2020)以20家企业为案例样本,运用模糊集的定性比较分析(fsQCA)探讨了环境与组织两个层面的五个条件的组态效应对企业创新精神活跃度差异的因果复杂机制。结果发现,环境不确定性是诱致企业创新精神的有效条件,高企业创新精神的三个组别中有两组处于高环境不确定性之中,企业创新精神的两个组别中有一组处于低环境不确定性之中。进一步发现环境不确定性不足以单独导致企业创新精神,其搭配的企业条件或是强机会识别能力加中中等资源整合能力,或是强员工敬业度加中内部创业文化。可见,整体上环境不确定性可视为企业创新精神的促进因素,但若要产生强因果关系,须搭配模块化的企业组织内部条件。

一些最近的研究突破了传统的宏观环境特征分析,尝试把环境概念降维到中观的产业集群或供应链网络当中,考察特定的产业网络关系是否对企业创新精神有影响。高菲和黄祎(2018)基于网络嵌入性理论探讨了供应链网络对企业创新精神的影响,他们建立的研究模型包括三个层次:焦点企业在所处供应链网络中的关系强度和网络密度、焦点企业在网络中可能发生的学习行为、焦点企业的企业创新精神,提出的命题整体上认为高关系强度和高网络密度能够显著地提升焦点企业的学习行为,而学习行为能逐渐转化为企业创新精神。应该说,这一研究对于理解环境对企业创新精神的影响具有较强的开创性,可惜的是两位学者只是提出了命题,实证研究还需要在未来深入开展。

2.4.2 战略相关因素与企业创新精神

已有文献主要从战略管理实践、公司治理和股权结构、企业战略导向、竞争绩效反馈四个方面对可能影响企业创新精神的因素进行了实证分析。

战略管理实践方面,拜林(Barringer)和布鲁多恩(Bluedorn,1999)通过文献分析确定了五种与企业创新精神有关的战略管理实践,以169家美国制造企业为样本进行的实证研究发现:(1)环境扫描可以获得外部环境信息,认清发展趋势,帮助降低创新的不确定性,与企业创新精神正相关;(2)计划灵活性是指企业在外部环境出现机会或威胁时调整战略计划的能力,创新的本质就是利用环境中出现的机会,因此,计划灵活性也与企业创新精神正相关;(3)参与战略计划制定工作的员工层次越低,越能倾听到顾客的意见和建议,因而越有利于机会的识别,促进创新活动的开展;(4)战略控制是指根据战略目标的实现程度来评价企业绩效,有利于创新或投资等影响企业长远利益的活动的开展,因此,与企业创新精神正相关;(5)财务控制是指根据财务指标的实现程度来进行绩效评价,往往体现一种短期取向,不利于创新或创业活动的开展,因此,与企业创新精神负相关。

公司治理和股权结构方面,扎赫拉(1996)以美国127家财富500强企业为样本,考察了外部董事比例、高管持股比例和机构持股比例等因素与企业创新精神的关系。此后,扎赫拉等(2000)又以231家中型制造企业为样本,考察了中型企业公司治理与股权结构对企业创新精神的影响。上述研究结果表明,在高管持有本公司股权、董事长由CEO兼任、董事会保持中等规模、外部董事持有公司股权的情况下,企业对创新活动的投入较多;而外部董事比例和机构持股等因素对企业创新精神的影响难以确定,还有待后续研究验证。

在中国的企业情境下,李(Li)等(2008)运用代理理论和制度理论分析了中国情境下的CEO持股、CEO更换频率等因素对企业创新精神的影响。代理理论认为,CEO为追求自身利益会采取短期行为,CEO持股的情况下会把自己的利益与企业的长远利益结合起来,有助于采取长期行为提升企业创新精神。CEO任期过短对企业不利,因为任期过短会迫使CEO采取短期行为;CEO任期过长也不利,因为任期过长会导致CEO迷恋既有运作模式,凭借业已树立起来的权威来管理企业,逐渐丧失变革创新的激情。因此,李(Li)等(2008)认为,适中的CEO任期才有利于提升企业的创新精神水平,换言之,企业CEO更换频率过高或者过低都是不可取的,适中的更换频率有利于企业开展创新和创业活动。

最近的研究进一步对我国独特的社会转型情境下公司治理对企业创新精神的关系进行了深入探讨。陈琴(2016)以2012—2014年在深交所上市的141创业板公司为研究样本,考察公司聘用具有政治背景的CEO及给予股权激励的情况是否会导致企业创新精神的上升。研究结果显示,担任中央或地方各级人大代表和曾任职政府官员的CEO,其公司具有显著更高的研发强度和投资强度,同时,CEO的持股比例会进一步增大这一正向促进效应。这说明在我国独特的政府与市场双强的转型经济背景下,具备政治关联的 CEO 似乎更有企业家精神,应该给予其较高的股权比例来进一步激励这一积极效应。

战略导向方面,沃尔夫(Wolff)和佩特(Pett,2006)以 105 家美国小型制造企业为样本,分析了企业的学习导向对公司创业活动的影响。结果表明,由于新创企业受到更多的资源约束,更加需要构建学习型组织以应对市场变化,学习导向有利于决策者识别尚未被利用的机会,因此,对企业创新精神产生了正面影响。蒋春燕和赵曙明(2008)进一步区别了处于不同成长阶段的企业所采取的不同学习导向对企业创新精神的影响,发现早期企业侧重于利用式学习、运用强关系并进行渐进式的创新活动;中期企业则倾向于在原有促进关系的基础上尝试探索式学习、运用弱关系并进行激进式的创新活动。

除学习导向外,CEO 的过度自信决策风格和变革性领导方式也对企业创新精神有影响。张翔和丁栋虹(2016)发现,创业型领导风格(包括构建挑战、厘清路径、建立承诺、简明约束和缓冲不确定性)对企业创新精神有强烈的正向影响,同时这一效应还受到战略柔性的中介作用影响。刘良灿和宁鑫(2018)以 2010—2014 年上市公司数据检验了 CEO 过度自信与企业创新精神的关系,结果表明 CEO 过度自信对企业创新精神有显著的正向影响,而环境动态性正向调节该关系。进一步发现,相比董事长和 CEO 两职分离的企业,CEO 过度自信对创业导向的企业的促进作用在比两职合一企业中更为明显;同时,相比非高新技术企业,CEO 过度自信与企业创新精神的正相关关系在高新技术企业中更为显著。

企业的竞争战略导向会对创新精神产生重要影响,罗(Luo)等(2005)以中国企业为研究对象,考察了企业国际化对创新精神的影响。国际化发展要求企业具备更强烈的创新精神,以应对激烈的国际竞争和克服文化距离造成的障碍。因此,罗等(2005)假设国际化与创业导向正相关,其实证研究也支持了这一假设。扎赫拉(1993)以 134 家美国制造企业为样本,考察了企业竞争战略(市场范围、纵向一体化、内部成长战略)对早期新产品引入和新产品引入数量的影响。结果显示,市场范围对新产品引入数量产生显著的正面影响;纵向一体化对新产品引入数量也产生显著的正面影响,对早期新产品引入则产生显著的负面影响;内部成长战略对早期新产品引入和引入数量都产生显著正面影响。

近年来,关于企业创新精神的驱动因素研究趋于动态化,其中,企业不断反馈的竞争绩效盈亏是重要的研究变量。周翔等(2018)研究了核心能力正在快速丧失的企业是否会以及如何进行创新,该研究基于广东海印商业运营公司近20年的纵向研究为证据,证实当企业核心能力逐渐衰退时,迫使企业的决策方式从原先的目标导向(如设法执行企业设立的愿景和规划目标)转变为手段导向(如基于当前的资源如何继续生存下去),这一变化促使企业设法在关系用户网络资源中搜寻可用的机会,然后以当前的供应链为基础进行供应链改造,在可承受的损失范围内尝试推出新的产品和服务,并最终培育出新的盈利来源。

上述研究说明较差的绩效反馈会促进企业进行冒险和创新,这一案例研究的结论在后续研究中得到了大样本的进一步验证。郭蓉和文巧甜(2019)基于企业行为理论,从业绩反馈视角探究公司投资决策的驱动及情境影响因素,并利用2007—2015年中国信息科技行业上市公司数据进行验证。研究发现,当实际业绩高于行业期望目标而处于绩优状态时,企业对当前的状态满意,公司投资的强度减弱;当实际业绩低于行业期望目标而处于绩差状态时,企业为改善业绩增强了风险承受度,公司投资的强度提高。进一步的分析发现,外部竞争环境和内部治理结构对业绩反馈与公司创业投资强度之间的关系具有显著的调节作用:行业竞争性越高,将推动绩优企业开展公司投资活动;董事会权力越大,将遏制绩差企业进行公司投资。因此,基于上述研究可以进行整体判断,负向的绩效反馈是驱动企业创新精神的有效前因之一。

2.4.3 企业内部变量与企业创新精神

从企业内部分析企业创新精神影响因素的研究可以大致归纳为组织文化和结构、中高层人力资源管理、企业的资源和能力三个方面。

在组织文化和结构方面,莫里斯(Morris)等(1993)选择"个人主义/集体主义"这一关键文化维度,认为过度的个人主义倾向或过度的集体主义倾向都不利于企业创新活动的开展,企业应该在个人主义和集体主义之间取得平衡,进而以美国84家工业企业252个业务单元的样本进行实证数据研究,支持了个人主义与企业创新精神的倒U型关系。在后续的研究中,组织文化和氛围对企业创新精神的作用得到进一步重视,以霍恩斯比(Hornsby, 2013)等为代表的学者从组织文化的角度分析了促进企业创新精神的影响因素,发现促进企业内部创新创业的文化因素有管理者的支持、工作自主权、奖励报酬、组织意识和可支配时间等，实证研究也支持了这些影响因素在推动创新方面的积极作用。组织结构对创新决策有较大的影响，米勒（Miller，1983）的研究结果表明，由于企业规模小，权力高度集中的企业高管可以按照自己的意愿自由地从事创新活动，因此，集权对企业创新具有显著的促进作用；但对于在顾客偏好变动频繁、产品和服务创新速度快、竞争手段多变的环境中运作的企业而言，权力分散才有助于最了解顾客的基层员工提出创新建议并开展创新和创业活动，帮助企业适应环境。

在人力资源管理方面，张（Zhang）等（2008）研究了高绩效人力资源管理实践对公司创业活动的影响。根据社会交换理论，感受到组织支持的员工会通过各种有益于组织的行为（如组织公民行为）来回报组织，其中就包括提出新思想和新想法。因此，高绩效人力资源管理实践不仅能够提升员工的技能，进而鼓励员工提出创新构想，而且还有利于员工产生组织支持感，因此与企业创新精神显著正相关。宋典、袁勇志和彭纪生（2009）进一步探索了促进企业创新精神的人力资源管理实践，包括审慎招聘、薪酬管理、绩效管理和广泛培训等。

根据高层梯队理论，企业的创新和冒险行为还在很大程度上取决于其高层管理团队的特征。李华晶和邢晓东（2007）以中国电子业上市公司为样本的实证研究发现：（1）高管团队平均年龄越大，对财务和工作保障的重视程度越高，往往不愿对公司战略实施重大变革；（2）高管团队受教育水平的均值越大，则团队专业化程度和有效信息获取率越高，在变化的环境中更具适应能力，越有可能制定具有创新和变革特性的战略；（3）异质性团队往往拥有更广泛的认知资源、更大领域内的见解及更多的外在联系，这种"群体思考"过程所形成的不同意见有助于问题的解决，提升了企业创新精神；（4）从代理理论角度，薪酬激励反映出高管自身价值和发展前景，有利于激发高管团队科学决策和实施公司创业战略的欲望和创造性，因此，高管团队平均薪酬水平与公司创业战略强度呈正相关关系。

进入互联网知识经济时代以后，战略人力资源管理和中基层员工在组织创新当中的分量日益凸显。陈梦媛和唐贵瑶（2016）提出面向高层管理者的战略人力资源管理系统概念，并检验了这一管理办法对企业创新精神的影响。基于118家中小企业的调查数据，他们发现面向高管的战略人力资源管理系统对企业创新精神具有显著的正向影响，高管团队效能感在这一影响过程中起着部分中介作用。王凤霞、夏爽和陈亚娟(2018)以腾讯公司不同发展阶段由中基层员工主导的三次成功的内创业案例(QQ秀、QQ空间和微信)为研究对象,提炼和构建起中基层员工主导型内创业过程模型。在这一过程模型中,中基层员工的先验知识和自我效能感是内创业的起点,而合理的人力资源管理机制(如赛马机制、容错机制、快速决策机制、提出者负责制、共享型学习机制、基于顾客体验的快速迭代机制)则构成了促进中基层员工内创业的高效管理机制,最后的结果是公司新业务的生成与成长,并且最终带来全公司范围的战略更新和组织变革。由此可见,在知识经济时代,公司持续创新创业的主体已经由原来的高层管理者单一主体变成了高管和中基层员工的双重主体,甚至于后者还具有更大的创新性和影响力。

在资源与能力方面,海顿(Hayton,2005)提出了一个包括人力资本、知识产权和声誉资本在内的三维度智力资本框架,认为这些智力资本会给高科技新企业带来独特的竞争优势和促进公司创新精神。进一步以237家在1994—1998年期间完成IPO的美国高科技企业为样本的实证研究显示,企业高管团队的人力资本多样性和组织声誉对企业创新精神产生显著的正面影响。类似地,伊雨(Yiu)和劳尔(Lau,2008)以458家中国企业为样本考察了企业的政治资本、社会资本和声誉资本等资源对企业创新精神的影响,研究表明,在转型经济条件下企业应当重视社会关系,构筑政治资本、声誉资本和社会资本,以便为公司的创新创业活动准备充分的资源,同时,企业创新精神是上述资源转化为竞争优势的有效中介路径,这提示中国的管理者既要掌握传统商业做法,也要应用现代化的企业创新手段将其转化为竞争绩效,单独存在任何一项做法都无法保障转型经济下企业的竞争优势。

上述研究多考虑新创(如IPO)企业的创业者资本对企业创新精神的影响,但大型的在位企业的资源是否能转化为创新尚不可知。在近期的研究中,赵兴庐、刘衡和张建琦(2017)根据双元创新理论建立了"冗余资源—企业创新精神"的研究框架,并根据336家企业问卷调查的数据对此进行了实证检验。研究者认为,大企业存在大量的资源浪费、利用率不高甚至闲置的情况,这些冗余是大企业进行创新的重要基础之一。为此,研究者区别了两种冗余:未吸收冗余(如现金存留和应收账款等)的变现能力和流动性强,能够刺激企业识别低买高卖的市场交易增值机会,提升了企业的新机会识别能力;已吸收冗余内嵌于固定投资和生产流程之中,如闲置产能和未充分运转的生产能力等,其变现能力弱,利用效率低,但能够刺激企业发掘其新用途以解决产能过剩的问题,从而提升了企业的资源拼凑能力。机会识别和资源拼凑是创新的两个行为驱动力:企业识别的机会越多,对资源的拼凑活动越频繁,其企业创新精神越强。进一步发现,机会识别和资源拼凑在组织冗余与企业创新精神的正向关系中起到了完全中介的作用。因此,这些研究结果逐步厘清了包括冗余在内的资源转化为企业创新精神的"黑箱"过程,为深入理解其内在连接机理提供了新的理论视角和经验证据。

第三章

既有研究评述

本章包括7节。第1节对市场化进程与企业创新精神的理论研究基础进行回顾；第2节着重介绍国外文献对市场化进程与企业创新精神关系的研究进展；第3节综述市场化进程对企业创新活动影响的相关研究；第4节综述市场化进程对企业创业活动影响的相关研究；第5节综述市场化进程对企业其他战略行为影响的相关研究；第6节综述市场化进程对地区或行业创新影响的相关研究；第7节归纳总结既有研究中存在的不足和值得深入探究之处。

3.1 市场化进程与企业创新精神的理论研究基础

3.1.1 制度经济学的研究视角

擅长历史经济制度分析的经济学家鲍莫尔较早地研究了经济制度与企业家精神之间的逻辑关系，认为经济制度的安排和企业家活动之间存在着某种可以观察得到的映射关系，其基本逻辑是：虽然个体有理性的经济逐利动机，但个体是将这种逐利的努力放在具有经济价值的创新行为上，还是放在没有经济价值的利益追求机制比如"寻租"上，则取决于经济制度对其上述行为的"回报结构"(reward structure)。通过对古罗马帝国、古代中国、中世纪和文艺复兴时期的欧洲的经济历史与当时的经济制度关系的考察，鲍莫尔提出了三个理论命题：(1)上述各国在各历史时期的经济回报结构是不同的；(2)经济回报结构的不同导致创新活动程度和其他非创新行为程度的不同；(3)总体判断，创新活动程度与经济繁荣程度存在正相关关系(Baumol，1996)。

虽然点明了制度安排与企业家行为的关系，但鲍莫尔并没有明确地给出一个理想化的、支持创新活动的制度安排，那么，什么制度安排才是支持企业创新活动的"好制度"呢？坎贝尔(Campbell)和罗杰斯(Rogers，2007)进一步阐述了这个思路，认为政治权力对经济的介入是与寻租活动紧密联系的，当经济体系变得更加政治化时，企业家的努力就会从价值创造活动转为谋求政治保护以获得租金；反过来，当经济体系变得更加自由开放时，企业家的努力就会从谋求政治寻租变为从事创新等价值创造活动。具体地，在经济体系更加自由开放的地方，当制度能够提供有效的经济产权保护、平等和平衡的司法体系、支持契约的法规、限制政府通过税收和管制来转移财富的法律时，有创造力的个体就会更多地投入到市场活动中去，比如通过创新来实现新经济价值；在缺乏这些制度的地方，有创造力的个体就会更多地投入到政治活动中去，比如尝试从非生产型的政治寻租活动中谋求对现有财富的更多转移(Kreft & Sobel，2005)。

在这里有两种制度安排与两种企业家行为的映射关系：在第一种映射关系里，当制度安排倾向于政治化时，经济体系中的成员的行为将更加倾向于通过政治化的方式来获取利益。比如，当一个地区的市场化程度更低时，企业有更强的意愿建立与政府官员的私人关系，或努力成为具有政治权力的成员比如政协委员和人大代表等(井润田和冯天丽，2009)；在第二种映射关系里，当制度安排更加倾向于自由化时，经济体系中的成员将更可能通过基于市场交易的方式来获取利益。在具体的影响机制方面，有学者认为市场经济制度有更低的税收、更完善的市场法律体系和对私有产权回报的充分保护，因而使得企业能够将精力和资源投入在市场创新上(Murphy、Shleifer & Vishny，1991)；一些学者认为市场机制提供了一个可预测和有利于理性决策制定的试验空间，能够容忍探索性的试错行为，因而促进了企业创新(Compbell & Rogers，2007)；另有学者强调市场的竞争效应，认为政府保护和行业管制程度的降低可以促进企业竞争，由此刺激企业不断推陈出新(Bengoa & Sanchez-Robles，2003)；也有文献强调了贸易的自由性和资本投资的可流动性，认为资源配置的灵活性使得个体和经济系统可以把资源投放在最有经济价值的创新项目上(Berggren，2003)。

鲍莫尔等制度经济学家提供的"生产型/非生产型努力"分析框架是迄今

为止在研究制度环境与企业家活动的关系中最为主流的分析思路（Minniti，2008），该框架最为杰出的贡献是建立了一个清晰的制度安排类型与企业家活动类型的逻辑分析关系，并且在此基础上得到的一个基本理念是经济自由化能够提升社会的创新活动水平，这无论是对于理论研究还是社会实践都有非常重要的指导意义。不过，鲍莫尔以及后续研究也承认这个框架存在一些不足，其中最为重要的一点就是其理论分析过程比较笼统，制度作用于企业创新的经济成本和预期收益的逻辑链条较长且难以精确估计。因此，虽然制度理论指出了市场化进程整体上会对企业的创新活动起促进作用，但在相关的实证研究中却呈现出不少不稳健和难以解释的数据结果（McMullen、Bagby & Palich，2008）。

3.1.2 社会文化的研究视角

第二个讨论市场化进程与企业家精神的研究学派是以社会学为背景的制度理论分析，与制度经济学中以经济成本和收益为中心的分析方法不同，基于社会学的制度理论更加注重如市场化进程对创新活动在合法性和正当性上的影响，因此，有学者称此类研究为社会文化的研究视角。社会文化学者的研究兴趣起始于不同国家和地区之间在其民众和企业中所表现出来的企业家精神存在的明显而持续的差异，这种差异不仅在发达国家与发展中国家之间存在，在欧美发达国家之间也广泛存在（Busenitz、Gomez & Spencer，2000）。基于跨文化研究视角，这些学者发现不同国家和地区在支持创新活动的制度文化上存在显著差异。

根据史考特（Scott，1992）提出的制度三维度的划分，科斯托娃（Kostova，1997）认为企业家的创新决策受到三种不同类型的制度的影响，分别是：（1）制度的强制维（the regulatory dimension），指支持创新、降低企业或个人创立新公司的风险，以及便利企业家获取资源的种种法律、法规和政府政策；（2）制度的规范维（the normative dimension），指社会环境中人们羡慕创新活动和高度评估创造力和创新性思维的程度；（3）制度的认知维（the cognitive dimension），指居民中对创新所需知识和技能的掌握程度，当创新相关的知识广泛地在民众中传播的时候，会引起人们产生一种无意识的对创新活动的倾向性。在这三种制度安排中，强制维是外显可见的制度安排，规范维和认知维都属于非显性的制度安排，两者的区别在于规范维是人们能够主观意识到的社会风气和价值观倾向性;认知维则是人们广泛共享的潜意识制度,这种制度是人们思考问题和获取信息的基本框架,但人们常常难以意识到其存在。

布森尼茨、戈麦斯和斯宾塞(Busenitz、Gomez & Spencer,2000)根据美国、德国、意大利、挪威、西班牙和瑞典共六个国家的636位企业家的样本开发出一套衡量一个国家的创新制度的研究量表,其中,(1)管制维包括:政府帮助个体建立新企业、政府为新企业和小企业设立专门政策、对于创业创新给予国家或地方政府的专门支持、政府资助组织来帮助新项目开发;(2)规范维包括:把新主意变成创业在这个国家是受到尊敬的事业选择、在这个国家创新性和创造性思维被认为是实现成功的途径、在这个国家企业家是受到尊敬的;(3)认知维包括:人们知道如何通过法律途径来保护一个新企业或项目、那些进行创新的企业家知道如何处理风险、大多数人都知道如何为其产品找到市场信息。通过测算,他们还发现上述六个国家在制度支持的三个维度上存在显著差异,支持了国家和地区的创新支持制度存在显著性差异的论断。马诺洛娃、欧尼和乔舍夫(Manolova、Eunni & Gyoshev,2008)以保加利亚、匈牙利和拉脱维亚三个发展中国家的情境进一步印证了上述测量的可靠性和效度,发现发展中国家的创新氛围得分显著低于发达国家。

此外,还有学者从制度三维度的视角分析了可能影响企业创新精神的因素,从强制维的角度,认为政府如果提供与企业产权相一致的经济回报、提供关于市场契约和合同效力的法律支持和保护独立经济个体的财产投资的安全,企业会展示出更高的创新精神;从规范维的角度,认为如果一国的制度更加鼓励对经济资源和回报进行集体式的分配,社会规范也更加强调降低风险性,企业会表现出更低的创新精神;从认知维的角度,认为如果企业决策者认知到的环境的资源丰裕度越高、整体环境的不确定性和风险越高以及技术的复杂性和环境的动荡性程度越高,企业表现出的创新精神也越高(Dickson & Weaver,2008)。

以社会文化为视角的研究为认识制度环境与企业创新精神的关系提供了一个新的视角,相比于制度经济学的研究视角(如 Baumol & Strom,2007;Minniti,2008),基于社会文化的研究视角更加关注了合法性或正当性的创新活动的重要性,认为企业家或企业进行创新活动的一个重要原因是当前主流的社会风气或在以往的历史过程中形成的有助于创新的人文认知因素。除了考虑政府法规的强制性因素之外,社会文化视角还关注了"软"制度对企业家活动的影响,这种软制度包括一国的文化和企业或个体的认知特征,因此,社会文化是一个非常广阔的研究视角,为理解市场化与企业家行为的关系提供了新的洞察力。

3.1.3 组织理论的研究视角

在制度环境与企业创新精神的研究中,还有一派文献旗帜鲜明地运用了组织理论的研究视角。虽然早期的组织理论关心的是如何提升组织的管理效率问题和不同利益集团在不同诉求下达成彼此妥协的管理决策过程,但后来的组织理论越发关心组织与环境的关系,因此也被称为开放的组织系统研究(Scott,1992)。在开放的组织系统研究下,组织作为一个更大系统之中的个体与环境展开互动并交换资源,企业创新需要大量外部资源作为支持,在一定的制度环境条件下,当外部制度环境提供的资源不足时,企业的创新活动就难以开展。

在开放的组织系统的研究思路下,资源依赖理论(resource dependence theory)和种群生态理论(population ecology theory)是两个主要研究思路。资源依赖理论认为组织很难通过自助方式从内部产生足够资源以维持生存,组织必须从外部环境中获取相关资源(Pfeffer & Salancik, 1978)。因此,企业规模是组织权力的重要表征,由于大企业能够控制许多资源,因此,它们对环境的依赖性相对较低,小企业和新建企业则更多地受制于外部环境。由于企业的创新活动大多是不顾当前资源情况下对新机会的追逐(Stevenson & Jarillo, 1990; Teng, 2007),对环境资源支持要求更高。因此,根据资源依赖理论,当在市场化改革进程中,制度环境所能提供的资源丰裕程度越大,企业进行创新的可能性越大;反之,则越小。

种群生态理论是研究组织与环境互动关系的另一派主流研究思路,根据这种理论,组织种群的生存和发展极大地取决于其所处环境的承载力(environmental carrying capacity):当环境的承载力较高时,企业之间争夺资源和生存空间的压力相对较小,企业越有可能进行创新活动;当环境的承载力不足时,企业之间为了争夺生存而竞争达到白热化程度时,企业就越不可能采取风险极大的创新措施。决定环境承载力的因素有许多,如生态学上的利基空间和种群密度等。有研究发现,一个国家或地区的人口增长情况(Reynolds, 1994)和地区的劳动力雇佣程度(Fritsch, 1992)都与企业的创新活动密切相关。

一个国家或地区的制度环境对环境的资源丰裕程度和承载力有很大影响,贝格利、谭和肖克(Begley, Tan & Schoch, 2005)提出一个比较全面的研究框架,当组织从其所处的制度环境中得到的资源支持程度越高,其承受的竞争压力越小,组织越有可能进行创新活动,进而具体论述了多个方面的政治经济制度造成的影响,如财务融资的可获得程度、政府法规的支持程度、市场交易的自由程度、基本设施的完善程度(包括生产型服务和技能劳动力资源供给)以及社会中组织网络关系的密集程度等。他们认为上述制度因素都在一定程度上影响了组织所处环境的丰裕度和承载力,进而影响了企业创新的可能性。

组织理论视角为如何概念化企业的制度环境提供了一种新的思路。相比于前两种研究思路,组织理论视角考虑的是创新活动是否得到了环境的资源支持。因此,在政府制定支持创新的相关政策措施的时候,不仅需要考虑经济成本和回报、正当性或合法性,还需要从整体环境是否为企业提供了足够的资源的视角进行分析,这具有很强的实践价值。不过,这类研究把组织视为生态中的生物种群,主要考察在环境变化中种群的变化情况,因此,其基本分析单位往往是行业整体或地区企业整体,对于单个企业的创新活动相对缺乏指导价值;同时,资源依赖和种群生态学视角都过度强调了外部环境对组织个体的绝对影响力,而忽视了组织个体本身对环境的反作用力,难以解释在面临类似的市场化制度环境下不同组织作出了不同战略选择的问题。上述三个理论视角都有一个共同的特点,即注重以环境作为出发点来分析环境变化对组织决策的影响,相对忽略了组织自身在这个过程中的能动性,可以统称为宏观型的研究视角。

3.1.4 企业家行为过程的研究视角

相对于上面三种比较宏观的理论进路,有一部分学者从企业家行为过程的视角来考察市场化环境对企业创新过程中的不同影响,更加关注从组织的角度来开展研究。嘉纳(Gartner,1985)提出一个具有一般意义的企业家行为过程模型,认为从过程的角度,企业家行为可以细化为多个阶段,包括:(1)企业家瞄定一个商业机会;(2)企业家积累创新所需的资源;(3)企业家对产品或服务进行市场分析和策划;(4)企业家制造产品或服务;(5)企业家建立一个组织来运作和维持商业活动;(6)企业家回应政府和利益相关者的诉求。

格尼亚瓦利和福格尔(Gnyawali & Fogel,1994)在此基础上进一步提出一个制度影响企业家行为的过程分析框架,在这个框架中,制度被划分为多个类型,而这些类型与创业或创新过程存在比较复杂的映射关系。具体而言包括:第一,政府政策和程序,包括对进口和出口活动的限制程度、企业破产法律法规的完善程度、行业的进入壁垒、注册新企业需要的程序要求、企业家需要向其汇报的政府机构的数量、管理创新活动的法规和管制政策、保护私有产权的法律等,认为影响机会的主要是政策和法规管制,管制越多,企业家活动的活跃程度越小。第二,社会经济因素,当社会把企业家价值和行为置于比较高的位置、社会对企业家绩效有更多的社会认可时,企业就会体现出比较高的创新精神。具体而言,这些因素包括公众对创业的态度、社会中企业家的数量、成功的创业故事和成功之道、对典型企业家绩效的社会认可、企业数量中小企业的占比、经济活动的多样性等。第三,企业家和商业技能环境,在环境中的技术和商业相关培训和训练的可获得性越多的情况下,企业家就会展示出更大的创新能力。具体而言,这些环境包括技术与职业培训,商业教育,企业家训练项目,技术和职业训练项目和创新信息的可得性等。第四,企业家活动还需要一系列政策支持,这些支持包括财务支持和非财务支持两方面。在财务支持方面,需要有风险投资的资金、各种融资的渠道、低成本的贷款、愿意贷款给中小企业的金融机构、对初创企业的信用保证项目和融资机构之间的竞争;在非财务支持方面包括咨询和支持服务、企业家网络、孵化器项目、政府对中小企业的采购、政府对研究和开发项目的支持、税收支持和豁免、本地和国际化的信息网络、现代化的交通和通信设施等。

沙恩和文卡塔拉曼(Shane & Venkataraman,2000)以机会为核心提出三阶段企业家行为模型,认为企业家活动的核心包括三个过程,即机会为什么存在、企业或个体如何识别机会和如何开发机会。基于上述模型,贝克、格达伊洛维奇和鲁巴金(Baker、Gedajlovic & Lubatkin,2005)提出一个基于机会发现过程的不同国家和地区的制度比较,认为制度环境能够影响机会的发现、评估和开发等不同过程:(1)在机会识别阶段,不同制度安排能够使得不同的人在机会识别上存在显著差异(如在信息不透明的情况下有私人信息渠道的人容易识别到机会);(2)在机会评估阶段,机会的开发成本和收益可能被挪用的程度(如在缺乏有效的产权保护的情况下创新成果被盗用);(3)在机会开发阶段,资源和可获得性是决定创新活动成败的关键因素(如在融资困难的情况下机会往往难以得到充分的发展)等。

总体而言,这一类研究采用了管理学的研究进路,从创新过程反过来梳理这些过程(比如机会可能性、机会识别的过程、机会评估的过程和机会开发的过程)可能会受到制度环境的影响。这类研究相比于宏观视角的研究有两个优点:(1)由于打开了行为过程的机制,可以在不同制度化环境与不同行为之间建立具体映射关系,这种映射关系是细致且比较清楚的,因此得到的逻辑关系更可靠;(2)从企业或个体的角度对政策和制度环境的考量是比较具体的,对于理解具体哪种政策在创新活动中起到什么作用有帮助。因此,基于管理过程的研究模型为理解市场化进程与创新精神的关系提供了新的洞察力,实际上也有许多相关政策措施已经在实践中被广泛采用(蔡莉、崔启国和史琳,2007)。

3.2 市场化进程与企业创新精神的国外研究进展

国外文献关于市场化(或经济自由化)与企业创新精神的研究可以划分为两大类:第一类以经济自由化为整体,考察一国或地区的经济自由度与企业创新精神的关联程度,通常是国别之间的比较研究;第二类以单个的市场化政策为出发点,考虑某具体市场化相关政策对企业创新活动的影响。

3.2.1 经济自由化与企业创新精神

(一)不够稳健的正相关关系

虽然理论上学界普遍认为经济自由化将促进企业家精神,但在实证研究中却发现市场化与创新活动之间存在不够稳健的实证关系。麦克穆伦、巴比和帕利奇(McMullen、Bagby & Palich,2008)用美国传统基金会发布的经济自由指数作为市场化的衡量指标,以全球创业观察组织(global entrepreneurship monitoring)发布的各国创业调查数据为因变量,对37个国家的创新活动与市场化程度的关联程度进行了回归分析,发现十项市场化指标中只有劳动力自由度和产权保护与创新活动正相关,其他市场化进程(如贸易自由度、投资自由度和金融自由度)都与创新活动没有显著关系,部分市场化进程指标甚至出现了不显著的负向关联。博温和德克拉克(Bowen & De Clercq,2008)运用全球创业观察组织和世界经济论坛的数据对 40 个国家 2002—2004 年分析发现,一国或地区的创新活动活跃程度与资本自由度、创业教育可获得程度正相关,与腐败程度负相关,但是与政府对经济的管制活动没有关系。高曼、霍布斯和麦克科里卡德(2008)用政府规模、税收程度和随意性和劳动市场自由度来衡量美国 50 个州的经济自由度,发现市场化程度的确显著促进了商业和个人服务业的创新活动,但是同时抑制了医疗、社会和法律服务等其他行业的创新活动。

虽然学者们大体上认为市场化进程与创新活动存在正向的逻辑关联,但是对于经济自由化的各个方面在预测企业家精神的作用和影响方面还不够清楚(Bjørnskov & Foss,2012)。其中的一个重要原因是学界对什么是鲍莫尔所论述的"好制度"没有统一的论述,以美国传统基金会发布的经济自由度指数和全球创业观察组织每年发布的"全球创业观察报告"为例,它们均运用复杂的计量指标来刻画各国和地区的经济自由度水平,其中,经济自由度指数共有 50 个指标并归纳为 12 大类,包括贸易产权、司法效能、政府诚信、租税负担、政府支出、财政健全、经商自由、劳动自由、货币自由、贸易自由、投资自由、金融自由等。全球创业观察报告对制度环境的刻画指标则包括金融支持、政府政策、政府项目、教育和培训、研究开发转移、商业环境和专业基础设施、国内市场开放程度、实体基础设施的可得性、文化及社会规范共 9 个方面。此外,还有许多学者运用其他指标或混合运用多个指标体系,比如博温和德克拉克(2008)混合运用全球创业观察组织和世界经济论坛的数据,贝格利和唐(Begley & Tan,2005)的测量指标则来自世界竞争力年鉴、世界发展指数等其他国际组织发布的相关研究数据,导致关于市场化与创新精神的实证研究成为一项颇为庞杂繁琐的工作。

运用不同的测量指标,学者们根据不同时期和地区的实证数据又发现了一些零散的证据。索贝尔(Sobel,2008)运用美国大陆 48 个州的面板数据检验了鲍莫尔(1996)的理论假设,发现整体而言经济自由度与生产性创新活动存在正向关系。哈珀(Harper,2003)的研究发现,清晰的产权制度、自由的价格机制、稳定的司法体系和贸易自由化都与生产性创新活动正相关。柏杨恩斯科夫和福斯(Bjørnskov & Foss,2008)发现政府规模与创新活动之间存在显著的负向关联,而良好的资本市场发展则与创新活动存在显著的正相关关系。尼斯多姆(Nystrom,2008)的实证结果发现,创新精神与政府规模负相关,而与法规结构和产权保护正相关,同时政府对信贷、劳动力和商业市场管制的减少也能够促进企业创新精神。索贝尔等(2007)发现对创新活动的投入要素的质量和数量进行提升的市场化改革可以有效地提升创新精神,这些创新投入要素包括人力资本、原材料和金融融资等。综上所述,既有研究中经济自由度与创新精神的关系受实证研究情境和变量指标选取的影响较大,此类研究目前仍然处于不断增长的态势之中,需根据不同情境考察实证结果的可靠性。

(二)创新和创业指标的比较

安诺科金和文森特(Anokhin & Wincent,2012)使用35个国家1996—2002年的数据,实证检验经济自由度与专利数与全要素生产率之间的关联。研究发现,相比于采取放任自由主义的市场化国家(如英国、美国等盎格鲁-撒克逊国家),采取协调式市场经济的国家(主要是欧洲大陆和北欧国家)获得的创新专利数显著更高,但全要素生产率显著更低。这说明创新与效率并不存在完全的对等关系,而且专利转化为商用技术还需要整个技术相关制度和机构的支持。令人感到意外的是,一国的经济自由度既与其注册的专利数无关,也与其全要素生产效率无关。产生这一结果的原因可能与样本国家选取有关,以欧美国家为主,数量达到26个,其中大多数为发达资本主义国家;而发展中国家仅有阿根廷、巴西、智利、中国、印度、墨西哥、南非、泰国、委内瑞拉等9个,不过,即便如此,产生完全不显著的效应也颇令人感到意外。

由于以专利数等指标衡量国家创新能力的研究结果并不太理想,因此,近年来许多研究开始着眼于考察一个国家或地区的新创企业数量,将其作为理想制度所驱动的创新结果变量。鲍威尔和罗迪特(Powell & Rodet,2012)基于世界价值观调查(WVS)、全球创业观察(GEM)和全球经济自由度年度报告(EFW)等材料,分析了四大洲21个国家样本中制度对新创企业的驱动效应。研究发现,经济自由度更高的国家,其年新创企业数量并没有显著更高。从散点图来看,两者斜率微微偏下,即存在微弱的负向关联。而从回归结果来看,仅有政府规模一项指标与新创企业数量显著正相关,其他自由度指标均不显著。在全球经济自由度年度报告中,政府规模一项指的是经济活动中衡量并分配资源、商品和服务对政治进程的依赖程度,包括政府支出、转移支付、国有企业比例及投资、最高边际税率等,该项指数得分越高,说明经济资源分配对政治进程的依赖程度越小。因此,从他们的研究结果来看,"小政府"是促进创业活力的理想环境。

2012年,另外两位学者的研究也得出了类似的结论。柏杨恩斯科夫和福斯(2012)以23个经济合作与开发组织国家(OECD)报告的自我雇佣率为创业的代理变量,考察了这些国家的经济自由度是否会对其产生差异性影响。意大利受访者报告的自我雇佣率最高,为22.7%;丹麦的最低,为7.6%;其余大多介于10%—20%。以自我雇佣率为因变量进行多元回归,发现政府规模显著正向影响自我雇佣率,同时获得资金的容易程度也与自我雇佣率高度正相关。其他变量中显著的是司法质量,但是其与自我雇佣率存在显著的负相关关系。由此可见,想要得到更高的自我雇佣率(民间草根的创业精神),除了"小政府"之外,还应该大力发展资本金融机构尤其是小微贷款等行业。不过,司法质量与自我雇佣率显著负相关,则可能提示随着司法质量的提高,相对低质量的自我雇佣(如手艺人和杂货店)会受到压缩,只会保留相对高质量的自我雇佣(如事务所等),而这些高质量的自我雇佣数量显然较低。考虑到自我雇佣能很大程度上缓解社会的就业压力,因此,这些研究为政策制定者也提供了非完全经济层面的启示。

(三)经济自由度指标的降维处理

为了解决经济自由度指标过于庞杂、无法得到一致性结论的问题,有学者尝试对自由度指标进行降维处理。加德纳、麦克高万和西索科(Gardner、McGowan & Sissoko,2014)对美国传统基金会发布的经济自由度指数进行主成分分析,提取出两个大于数字1的特征根,分别解释了51.68%和15.77%的变异,合计解释了67.45%的变异。其中,贸易自由、货币自由、投资自由、金融自由、工资和物价、产权、经济制度等载荷为第1因子,而财政健全、政府诚信和劳动自由等载荷为第2因子。进而用上述两个因子为自变量对41个国家的创业活动强度进行解释,发现第1因子显著促进了创业活动,而第2因子与创业活动的关系不显著。整体而言,该回归方程解释了上述41个国家创业活动存在差异的22%变异,说明制度环境的确是导致创业活动不同的有效因素,具体而言,主要受第1因子(经济相关自由度)的影响,第2因子(财政相关自由度)的影响不够显著。

降维处理的另一种办法是进行聚类分析,西蒙-摩雅、瑞委特托和格雷罗

(Simon-Moya、Revuelto-Taboada & Guerrero，2014)选取了全球五大洲具有广泛代表性的58个主要国家或地区，根据世界货币基金组织、传统基金会、联合国开发项目等国际机构发布的相关报告，对经济、制度、文化、教育等四大类共21个指标进行因子分析，提取出主成分之后运用K-MEANS法进行聚类分析，结果发现了三个国家类别：类别1包括39个国家，以发展中国家为主，如中国、巴西、加纳、伊朗、智利、突尼斯、土耳其等；类别2包括13个国家，以英美等盎格鲁-撒克逊国家为主，如澳大利亚、以色列、瑞典、英国、美国等；类别3包括16个国家，以欧洲大陆国家为主，如比利时、法国、德国、希腊、意大利、西班牙、葡萄牙等。上述国家在经济、制度、文化和教育的方式和进程上存在显著差异，组别差异大于组内差异。接着对上述三个类别国家的各项经济自由度进行了比较，发现各项指标都存在显著差异。进一步对比组别之间的创新创业情况，发现如果以创新为指标，组别1、2、3两两均存在显著差异，比较指标是世界知识产权组织(WIPO)公布的各国专利情况；如果以创业为指标，组别1和组别3有显著差异，组别1与组别2不存在显著差异，组别2和组别3也有显著差异。换言之，中国等发展中国家的创业率与美国等盎格鲁-撒克逊国家差异不明显，但与德法等欧洲大陆国家则存在显著差异。出现这一情况，或许提示研究者要进一步对创业形式作分类深入考察。

(四)创业活动的质量和形式

对创业的质量和形式进行区别，不仅有助于探索上述实证结果问题，也能在一定程度上回应鲍莫尔(1997)所指出的非生产性创业精神的问题。通和奎尔沃-卡苏拉(Dau & Cuervo-Cazurra，2014)对104个国家1990—2005年的正式创业活动和非正式创业活动进行了区别，前者是在法律框架下正式注册的新公司项目，后者则是出于避税等考虑而未进行合法注册的私下商业行为。研究结果显示，经济自由度对正式和非正式创业均有显著的正向影响，但对非正式创业的影响要明显更大，估计系数为0.49，远高于对正式创业的影响参数估计值0.08，这说明随着经济自由度的增加，民间创业行为的释放速度显著更快，因此在一定程度上回答了为什么发展中国家的创业率在统计学意义上并不逊色于发达国家的原因。

沿着这一思路，安古罗、佩雷斯和亚比德(Angulo-Gurrero、Perez-Moreno & Abad-Guerrero，2017)进一步讨论各项具体的经济自由度指标的影响。他们将正式创业称为机会型创业,是商业参与者为了追逐市场机会而设立新公司的行为,而将非正式创业称为生存型创业,指创业者进行的自我雇佣行为,多是小型劳动密集型服务。通过对经合组织国家 2001—2012 年的面板数据进行分析发现:(1)政府规模与两种创业活动均没有显著关系;(2)司法系统与产权制度的完善程度越高,机会型创业显著更高,而生存型创业显著更低;(3)银行和融资制度的完善程度与两种创业活动无显著关联;(4)贸易自由度的提高显著降低了生存型创业,但对机会型创业活动没有影响;(5)行业管制程度越高,机会型创业活动越多,而生存型创业活动越少。综合上述发现整体判断,经济自由度的提高显著地提升了机会型创业,同时显著地压制了生存性创业。这说明随着制度环境的改善,企业家精神也逐渐从相对低效率部门转移到相对高效率部门。

上述研究主要以 OECD 国家为例,揭示了经济自由度促使企业家精神从低层次向高层次的转变,但在现实中,有大量欠发达国家往往"卡"在特定的制度环境当中,导致其创业活动的质量不高。为了探索这一问题,卡科茨、伯格尔和姆裴卡(Kuckertz、Berger & Mpeqa,2016)基于模糊集的定性比较研究的方法,识别出了一些创业效率不如人意的国家所处制度环境的不同组态。以 53 个主要国家或地区为样本,研究共识别出卡在高生存型创业活动的国家 4 类,分别是:(1)政府治理能力弱,封闭对外进出口,如伊朗、巴基斯坦等;(2)政府治理能力弱,管制程度高,如加纳、赞比亚和博茨瓦纳;(3)司法系统薄弱,如哥伦比亚、墨西哥、泰国等;(4)司法系统薄弱,政府规模过大,如斯洛伐克。同时,识别出卡在低机会型创业活动的国家 3 类,分别是:(1)司法系统薄弱,管制严重,市场封闭,如厄瓜多尔、阿根廷等;(2)司法系统薄弱,政府行为过多,如波兰、匈牙利等;(3)司法系统薄弱,如希腊、斯洛文尼亚等。该研究发现具有较强的新颖性,整体上发展中国家陷入高生存型创业陷阱的情况比较常见,作者提出四种制度组态加以总结,对我国的创业制度和政策治理有积极的借鉴意义。同时,部分欧洲和南美国家的创新力不高,作者提出了三种制度组态加以总结,这在一定程度上解决了单一制度无法解答的整体性制度困境问题。

(五)个体层面对自由度的考察

虽然美国是世界排名前列的市场化国家,但其各个州内部的情况存在很大差异,有学者以此为背景,试图考察各州的自由状况与该州居民自行创业率之间的关系。豪尔等(2013)根据两项新的指标对上述问题进行了研究,其一是卡夫曼创业活动指数(KIEA),该指数报告了 50 个州中试图开创一个新事业的人群比例,以每周至少投身于该新项目 15 小时为基准;其二是美国 50 个州自由指数报告,该报告从居民个人的角度衡量了各州居民在各类生活活动中的自由程度,包括人身自由(包括教育、枪支管制、婚姻、社团、赌博、酒精、毒品等)、管制自由(包括劳动法规、职业许可、土地使用等)和财务自由(收入情况、支出情况、税收情况等)三个部分。研究发现,总体上自由程度与创业活动指数显著正相关,若分拆来看,则是财务自由与创业活动正相关,其他两项自由则与创业活动并无显著关系。虽然该研究的发现并不算特别,但其从个体层面对自由化程度进行刻画的思路却非常独特,值得思考和借鉴。

布德罗、尼古拉耶夫和克莱因(Boudreaux、Nikolaev & Klein,2019)延续了从个体层面解析制度有效性的思路,建立了一个跨层次的分析模型,个体层面的解释变量包括感知的自我效能、对机会的机敏性、对风险和失败的承受力,国家层面的解释变量是各国的经济自由度。全球创业观察发布的 2002—2012 年度报告中连续报告的包括中国在内的 45 个国家 721 581 个受访者调查数据显示,约有 6% 的受访者处于创业活动之中,自称有足够自我效能、对机会敏感、能承受风险和失败的人分别占受访者的 47%、32% 和 39%。回归结果显示,上述三个个体层面的解释变量均显著提升了创业活动的水平;各国的经济自由度在这一微观因果关系中起到了显著的调节效应作用,即在高经济自由度的国家和地区的人们更会被个体因素所驱动而进行创业活动,这说明经济自由度不仅是创业活动的直接前因,而且也可能是个体因素发生创业行为传导过程中的催化剂条件。在经济自由度较高的国家和地区,创业技能和知识转化为创业实践的门槛更低、效果也更好。值得一提的是,该研究也报告了 45 个国家或地区的经济自由度与创业活动的直接回归结果,参数估计值为 1.290 且在 $p=0.01$ 的检验水平下显著,说明在整体意义上,个体所感知的自由度的提高与个体的自我雇佣现象呈现显著的正相关关系。

3.2.2 特定市场化政策与创新精神

对经济自由化整体与创新活动的实证研究显示,并不存在普适性的市场化改革政策,创新支持政策需要根据不同制度和经济情境进行"量身定制"

(Wagner & Sternberg, 2004), 因此, 有不少研究对特定政策的创新效果进行实证分析。

(一) 市场制度的相关法律法规

阿贡那和卢萨蒂(Ardagna & Lusardi, 2009)考虑了三种公司创立的相关制度法规环境:(1)创业制度法规的完善程度, 衡量企业家在创建新企业时面临的障碍和成本, 包括程序、时间和金钱等;(2)契约相关法规的完善程度, 衡量司法系统在解决商业纠纷方面的效率, 包括流程繁琐性和官僚程度;(3)劳动雇佣法规的完善程度, 衡量企业家调用劳工的难度, 包括聘用和解聘流程、聘用成本、劳动合同刚性等。使用包括中国大陆在内的 50 个国家和地区 2000—2002 年每年 2 000 个随机个体调查数据, 对上述制度法规体系与自我雇佣率的关系进行检验。结果发现上述三个制度法规的确是企业家精神的必要条件, 当这些条件缺乏时, 具备创业知识和技能的人进行创业活动的概率明显更低。此外, 数据还显示了一个有趣的现象:虽然女性在整体上比男性更少进行创业, 但在制度法规缺失的国家, 女性反而具有显著更高的创业率。换言之, 印度或类似发展中国家的女性自我雇佣率要显著地高于欧美发达国家, 这可能说明了男性和女性具有不同的企业家才能, 女性具有独特的生存韧性, 在环境相对恶劣时能进行生存型创业以养家糊口。

由此可见, 完善的制度法规是高质量企业家精神的必要条件, 而这一命题在特洛伊罗(Troilo, 2011)的研究中得到了进一步验证。特洛伊罗专注于分析高质量创业, 即新公司在五年内至少创造了 19 个新就业岗位的创业, 或是新公司使用了全新的行业技术来开拓新市场空间, 这两种创业活动在调查人群中的响应率都是较低的, 前者为 0.7%, 后者仅为 0.4%。该研究使用适龄人群创业调查报告的全球个体随机调查数据, 从 2000 年到 2005 年, 该报告每年在全球 37 个主要国家随机调查 78 000—118 000 名 15—70 岁的适龄工作人群, 以考察其创业活动的频率和质量。结果显示:契约流程法规、创业注册法规、创业平均所需时间都显著地压制了两种高质量创业;司法系统的可靠性则显著提升了创造就业岗位性创业活动, 同时创业平均所需资源显著地与高技术型创业活动正相关。这些结果表明, 一国激发高质量创业活动须减少创业制度和法规的管制程度, 并且逐步地提升本国司法系统的公正可靠性, 才能得到高就业和高技术的创业效果。

（二）产权制度的改革措施

产权制度的改革是第二个受到广泛关注的市场化措施。美国康奈尔大学的著名华裔学者倪志伟(Victor Nee)长期关注中国经济社会转型，其中，倪、康和欧普(Nee、Kang & Opper，2010)考察了中国的私有化进程和国有企业改革对企业创新的影响，实证数据源自世界银行2002—2003年在中国开展的投资环境调查，共涉及中国大陆23个城市3 948家规模以上企业。在研究变量方面，创新包括产品创新、流程创新和质量工艺控制方法创新；私有化进程以城市为单位进行衡量，包括私营部门在该市就业率、GDP和税收的占比；国有企业的改革则以国家或地方政府的控股比例来衡量。研究结果显示，私有化产权进程显著提升了产品创新，国有控股显著压制了产品创新，尤其是国有控股率在25%—50%时产品创新程度最低。此外，私有化产权对流程创新和质量工艺创新的影响不显著，但国有产权显著地降低了质量工艺创新。不过，若以授予专利数来衡量，私有化产权高的城市所获得的专利数量反而有明显下降。所以，从上述结果来看，基本上可以判断，随着市场化的改革，私营企业带来了大量的产品创新，刺激了经济活力，但就2000年年初的时代背景来说，这些私营企业的创新质量还比较欠缺，技术专利的申报可能还主要集中于大型国有企业；又或是当时的技术专利制度不够完善，私营企业的知识产权意识薄弱，没有或较难进行专利申报。由于该研究报告的数据无法区别这些不同的可能性，因此有待继续深入探究。

尹等(2017)的研究很大程度上深化了倪、康和欧普(2010)的部分结论，即国有产权本身并不是创新的对立面，相反，拥有更高社会声誉、平台、资源和人才的国有企业或是创新的主力军。尹等(2017)基于中国国家统计局在2005—2007年开展的经济普查数据，分析检验了共193 506个企业样本中产权制度对创新绩效的影响，以及企业所处制度环境在上述关系中潜在的调节效应作用。他们用近三年新产品销售占总销售额的比重作为衡量创新绩效的指标，以国有产权控股值为解释变量进行回归发现，国有产权显著地提升了企业的创新绩效，同时这种正向效应在市场化程度更高的省份、国家政策倾斜的行业（如石化、生物制药、装备设备等）表现得更加强烈。这些结果说明，产权与创新的关系是复杂和多维度的，在中国的渐进式市场转型过程中，国有企业在1990年代曾经历过低谷但又重新焕发出生机，成了中国重大项目和行业创新的主力军。

(三) 腐败与企业家精神

腐败是行政权力用来寻租的一种主要形式,如果腐败没有得到控制,政府权力将大量掠夺和挤占财富创造,最终导致经济创新活力的丧失,因此,控制腐败应该能够在一定程度上提升一国或地区的企业家精神水平。为了回答这一问题,阿夫尼梅莱克、泽莱哈和萨拉比(Avnimelech、Zelekha & Sarabi,2014)实证研究了一国或地区的政府廉洁情况与企业家精神的关系。他们在流行全球200个国家或地区的职场社交网络领英(LinkedIn)中确认各国的企业家数量,在2010年12月共有0.39%的领英用户(约333 000人)确认为近三年的创业者,这一数据与全球创业观察等其他调查得到的数据基本一致。采用透明国际(transparency international)公布的腐败感知指数①(corruption perceptions index)来衡量国家或地区政府的廉洁情况,每个国家或地区的得分从0(高度腐败)到100(非常廉洁)。结果显示,在控制了宗教信仰、经济发展、人口构成等因素之外,腐败感知指数与企业家数量的相关程度最高达到了0.37,其次是女性的受教育程度(反映出一国的文明程度)为0.22。因此,综合上述发现来看,政府对腐败的惩治力度和政府运行的透明程度能够显著地提升该国或地区的企业家数量。从国家个案来说,作者在领英上识别出企业家绝对数量最多的国家依次是美国(194 000人)、英国(21 000人)、加拿大(13 500人)和荷兰(12 000人),这些国家的腐败感知指数分别是第23名(69分)、第12名(77分)、第12名(77分)和第8名(82分)。

类似地,阿夫尼梅莱克、泽莱哈和萨拉比(Aparico、Urbano & Audretsch,2016)运用世界银行2004—2012年期间公布的全球治理指标(worldwide governance indicators)中的"腐败控制"(control of corruption)一项得分(该得分排名与腐败感知指数高度相似),与全球创业观察同一时期公布的创业者活动进行线性回归,结果进一步验证了腐败控制对创业活动的显著正向促进作用。不过,作者还发现这一促进效应在8个拉丁美洲国家样本中不显著,原因可能是这些国家的民间和地下经济占比很高,创业者普遍认为行贿是一种必要的商业成本,使用行贿等方法填补制度缺口和应对市场失灵,成为一种合理

---

① 该指数问世于1995年,根据13项调查和专家评估来衡量180个国家和地区的公共部门的透明廉洁程度。根据透明国际官方网站(https://www.transparency.org)公布的2019年度报告,政府廉洁程度由高到低排前10名的国家或地区分别是新西兰、丹麦、芬兰、瑞士、新加坡、瑞典、挪威、荷兰、卢森堡和德国。中国大陆近年来的排名提升较快,在2019年国际排名为第80名。

的企业家活动和制度补充解决方案。

（四）财税和融资手段

不少学者都提到了加大创新所需的财务融资手段对创新的支持作用。政府可以通过降低设立新企业的财务限制或增加相关的工具性政策比如共同信贷保证和微融资计划来补充传统的银行贷款，共同信贷保证有利于减少信息的不对称性，而微融资可以选择基于声誉或小圈子执行机制的非财务审计抵押物品（Harrison、Mason & Girling，2004）。然而，对于财务支持的有效性的实证研究发现也是混合的，虽然对微融资的研究发现其往往有正效应（Khoja & Lutafali，2008），其他形式的融资方式则受到较多质疑，如李（2002）发现信贷支持项目（如利息补贴）使得贷款明显地倾向于某些特定的企业，这是以牺牲其他企业的利益来实现的，此外，利息补贴政策使得全社会的创新活动降低了。

另一种创新的支持性政策是对税收的管理，其基本思路是对中小企业倾斜的税收政策可以鼓励更多的个体创业和中小企业创新。坚和哈伯德（Gentry & Hubbard，2000）发现更少的边际税收率对创业进入有负向影响，这与塔克（Takii，2008）的论述相一致，即有一些扩张性的财政政策部分地挤出了私有消费，而企业家活动在收入税较高和政府开支没有反映消费者的偏好时是受到压制的。此外，霍尔茨（Holtz-Eakin，2000）发现不均衡的税收政策对公司创新活动的支持程度也较低。布鲁斯和摩辛（Bruce & Mohsin，2006）通过对美国各种税收与自我雇佣率进行时间序列模型研究，发现大多数税收都对个体的创新精神产生了负面影响。

考虑到国际化扩张也是典型的企业创新精神，一些政府政策专门与企业国际化发展有关。琼斯（Jones，2007）认为贸易壁垒政策对国际化创新的影响很大，在一个更为开放的国际竞争环境中，企业家可以谋求新的市场机会并且与最高的全球标准接轨。类似地，普亚和米尼斯（Puia & Minnis，2007）认为对进入的管制对创业活动非常重要，当政府对企业国际化的政策程序要求更低时，企业进入国外市场进行创投的程度明显上升。还有一些学者对当地政府的创新政策进行了研究，其中最为典型的是建立各种商业和培训项目、公众项目孵化器、建立科学技术和研究产业园区等（Langley、Pals & Ortt，2005；Jacobides、Knudsen & Augier，2006）。

（五）政治和文化的影响

在政治体制方面,奥提和弗(Autio & Fu, 2015)考察了亚太地区18个国家在2001—2010年的政治体制改革情况与其市场化效力之间的关系。亚太地区既包括日本、韩国、中国香港、新加坡等发达国家和地区,也包括巴基斯坦、菲律宾和泰国等发展中国家,各国和地区的政治和文化特征有明显差异,是进行此类研究的理想情境。被解释变量各国企业家数量数据来自全球创业观察,解释变量其一经济市场化采取美国传统基金会发布的经济自由度指数,其二政府机构质量采取西式自由民主式的评价标准,数据来自美国智库"自由之家"(freedom house)逐年发布的政治权利指数(political right index)。实证结果显示,政府机构质量显著地促进了一国或地区的正式创业(高质量创业活动),同时显著地降低了一国或地区的非正式创业(低质量创业活动)。同时,在政府机构质量更高的国家或地区,其经济自由度对正式创业的正向影响也变得更加强烈。作者由此认为政府职能和自由化改革是市场化改革的必要补充,两者之间对一国或地区的高质量企业家精神活动存在额外的交互效应,产生1+1>2的改革效果。不过,因为数据缺乏的原因,该研究中的18个亚太国家或地区并未包括中国大陆,这也侧面反映出国际学术界的一个惯性,即向全球各国倡导和宣传以北美为范式的经济和政治体制改革,但中国作为独特的市场化改革样本却不太受到西方学者的承认,抑或是中国改革的学术价值还在探索之中,需要不断加以总结和提炼。

在社会文化方面,库克茨、伯杰和奥门汀尔(Kuckertz、Berger & Allmendinger, 2015)运用模糊集定性比较研究的方法,对23个全球主要国家的"社会文化-经济自由度-企业家精神"的组态类型进行了聚类分析。聚类结果得到7个不同的组态,男性主义强烈的国家(如德国、希腊、爱尔兰)出现更多的生存型创业活动,女性主义强烈的国家(如丹麦、瑞典、芬兰、挪威)有更多的机会型创业活动。此外,高福利的国家(如比利时)会更多出现机会型创业,而低福利的国家(如韩国和以色列)出现更多的生存型创业。整体而言,该研究发现福利水平高、社会温和和关爱弱势群体的文化传统更容易出现机会型创业,而在福利水平低、强调竞争和功利主义的国家更容易出现生存型创业,这在一定程度上解释了英美法等发达国家每年吸引的大量移民数量成为最可能创业人群的原因。此外,该研究样本并未包括中国大陆,根据霍夫斯泰德研究组织公布的国家文化特征情况,与中国四项指标(权力距离、个人主义、男性主义、不确定性规避)最为接近的组态国家是希腊组,其次是爱尔兰组,此两组均以生存型创业为主,或说明中国大陆的社会文化基本上是鼓励竞争性的、有强烈男性主义的人建立起团队式的高权力距离的创业组织结构,基本上与我国改革开放 40 多年来的企业家创业史一致,具有一定的实践解释力和参考价值。

  总体而言,无论是对经济自由度的整体考量还是对特定市场化政策的单独研究,既有国外文献都已经取得了较为丰富的研究成果,学者们考察了包括司法制度、公司注册法规、行业管制程度、产权制度安排、腐败及其控制、融资和财税政策、国际化相关政策、政治体制和文化传统对企业创新精神的影响,以及对市场化改革效力的权变或交互影响。整体的研究思路采取西方尤其是北美范式的模板,认为更加自由化和宽松的政策有助于一国产生更多的创新或创业活动,研究样本也大多以经济合作组织国家为主。从实证结果来看,大多数研究证实了自由化的改革政策与创新创业之间的正向关联关系,提示出市场化改革在全球范围内的必要性。但这些研究也存在两方面的局限:其一是多数研究未包括中国大陆的样本,其原因可能是一些国际组织公布的报告未及时包括中国,造成数据缺失无法纳入样本;其二是单独以中国为情境的研究得到的结论存在强烈的独特性,例如,倪、康和欧普(Nee、Kang & Opper,2010)以及尹等(2017)都发现在中国情境中,国有产权不仅没有阻碍创新,反而成为创新的主力军,申请了更多专利并推出了更多新产品。国外学者整体上存在较强的思维惯性和结论传统,以西式自由市场经济体制为单一价值指标,而对以中国为代表的具有中国特色的社会主义市场化转型道路缺乏理解和关注,因此,这些研究既提供了基础和思路,其存在的不足也为本课题的研究提供了广阔深入的研究空间。

3.3 市场化进程与企业创新活动的研究进展

  关于市场化进程如何影响企业创新的研究文献颇丰,研究者讨论的核心问题依次是:(1)国有产权促进还是阻碍了企业创新;(2)民营企业作为相对灵活的市场参与者,其对市场化的反应具备哪些特征;(3)市场化进程是否能促进企业的创新效率和提升创新绩效。下面进行详细论述。

3.3.1 国有产权与研发投入

（一）中央和地方国有企业

不少学者关注了市场化进程与企业研发（R&D）投入之间的关系，并且就地方政府或国有企业在其中的作用进行了实证讨论。纪晓丽（2011）基于2003—2005年沪深两市A股市场非金融类公司的实证研究表明：（1）在市场化程度较高的地区，竞争机制作为市场向企业传递的置信承诺，可以有效地规避企业简单或重复的技术模仿，激励企业更加关注R&D的质量与效率；相反，在市场化程度较低的地区，企业创新将更多受到非市场化因素的制约，较难吸引异地企业的技术转移与创新成果外溢，因此，处于市场化进程更快的地区的上市公司，其企业R&D强度更高。（2）就中央企业而言，由于在提高自主创新能力、推进创新型国家的重大经济社会战略中处于核心地位，客观上对其R&D投资强度和效率提出了更高的要求；同时，中央企业在专利保护薄弱的地区可以通过国家的行政力量来保障其技术创新的成果，因此，在相同水平的市场化进程下，中央企业的R&D投资要大于地方国企和民营企业。（3）由于民营企业较少能依赖和借助政府的行政力量来保障其技术创新的专利成果，因此，市场化进程中的法制环境对民营企业R&D影响作用更为显著；而由于地方国有企业的技术创新成果容易得到行政力量的保护，导致其对法制环境改善的需求敏感性降低。

上述研究发现，企业产权对市场化进程的敏感程度呈倒U型关系，即中央企业和民营企业对市场化进程更为敏感，地方国企对市场化进程的敏感程度则更低。郝颖和刘星（2010）运用比较研究法考察了市场化进程对中央企业集团控制、地方企业集团控制、地方国资委直接控制和民营产权控制四类产权企业R&D投资的影响。研究结果表明：整体而言，市场化进程与企业R&D投资强度正相关，其中，央企和民企的R&D投资对市场化程度的敏感性较高，分别为地方国资委所控企业的2.6倍和2.3倍，为地方企业集团公司的2倍和1.8倍。作者认为之所以出现上述结果，是因为：（1）央企上市公司处于国家利益的全局层面，在提高自主创新能力、推进创新型国家的重大经济社会战略中处于核心地位。随着央企国际化与开拓海外市场战略的实施，在中国制造向中国创造的实质性转变过程中，央企将直接面对国际与多边市场的激烈竞争，这客观上对央企的投资强度和效率提出了更高的要求。（2）民营上市公司的产权界定更为清晰,运营体系相对独立,利益目标更为单纯,其控股股东的决策较少受到来自政治和公共目标的规制,因此,其 R&D 投资受市场竞争驱动的可能性较大。(3)对于地方国有企业而言,基于就业、稳定与 GDP 政绩目标的综合权衡,地方政府更倾向于利用上市公司的投融资平台完成劳动力吸纳度高、可视性好、见效快的固定资产项目,因此,企业的创新投资相对受到影响。(4)企业集团控制的上市公司虽然不受控于地方政府,但多层级的控制结构增加了地方政府干预的成本与难度,因此,其 R&D 投资被政府干预(市场化进程)的程度相对亦较弱。

(二)"晋升锦标赛"和高管政治晋升

李文贵和余明桂(2012)基于沪深 A 股上市公司 1998—2011 年的数据发现,国有企业具有显著更低的风险承担水平,并且在市场化进程相对较快的地区,国有企业与民营企业之间的风险承担差异显著更大,即市场化进程反而使得国有企业进行创新的可能性变弱。作者认为在市场化进程更快的地区,政府对民营企业的干预程度更低,因此,其更愿意进行风险性项目的投资。但在分权行政体制下,地方官员为了在激烈的"晋升锦标赛"中实现政治职位升迁,有很强的动机干预辖区内国有企业的投资决策,所以,即使地区的市场化进程比较快,但政府官员为了在相应的经济考核指标中胜出,仍不会放弃在国有企业投资决策中的影响力或控制力,使得国有企业的风险承担水平没有因制度环境的改善而提高。

国有企业高管同样存在政治晋升的可能性,这对其创新投资是否存在影响?李莉、顾春霞和于嘉懿(2018)对 2007—2014 年国有上市公司的高管政治晋升现象进行了研究,统计了 8 年间共 1 051 家国有上市公司的高管共计 5 657 人次,其中,出现政治升迁 156 人次,即由原企业工作单位调任到同级或更高级别的政府行政岗位;有 445 人次离职、退休或调任至其他非上市公司担任职务;有 25 人次因出现疾病、被捕、被双规等突发性问题离职。进一步的实证检验发现,出现政治晋升的公司其创新投资程度显著更低,如果区别所处地区的市场化水平,则发现在市场化进程较快地区的国有企业中,政治晋升对创新投资的抑制作用显著减弱。之所以出现这种结果,可能是因为创新活动资金需求大、回收期长、成功率低、未来收益难以预计,国企高管更愿意塑造较好的经营业绩、承担政府目标、保持良好的政企关系,以达到短期内晋升的目的。朱永明和贾明娥

(2018)的实证研究也发现了类似现象：上市公司对高管晋升的激励程度越大（总经理与其他高管的平均薪酬之差越大），则该公司进行研发投资的意愿越低，这一效应在国有企业和市场化进程较低的地区的企业样本中更为显著。

（三）国有企业的投资目的

考虑到国有企业所承载的社会职能以及地方官员和国企高管的非商业晋升目标，国有企业的创新投资不一定以产品或技术创新为唯一目的。李晶（2008）以上市公司2003—2005年的经验数据为样本，实证分析了地区市场化程度对民营公司和国有公司无形资产投资的差异化影响。无形资产投资指的是公司对专利、专有技术或企业商誉的投资，是衡量企业知识创新的重要指标。结果表明，市场化程度与国有上市公司的投资呈显著的负相关关系，表明在市场化程度更低的地区，国有上市公司的投资行为反而相对越多。进一步发现，国有公司的投资行为并没有显著提高公司价值，这可能是因为国有公司存在预算软约束问题所致，政府不能随意转让国有产权以资本化公司价值，因此，很有可能只在其要实现政治目标时才会支持公司投资于不确定性大、回收期长的无形资产，这种不以公司价值最大化为初衷的支持，最终可能导致公司承担更大的成本。

至此可以基本认为国有产权与企业创新投入之间的关系是正向的，但这种关系并未得到市场化进程的加强。在近期的研究中，潘镇、戴星星和李健（2017）以2003—2014年A股制造业上市公司为样本，实证检验了两类政治基因（国有产权占比、领导人政治关联）对企业创新的影响。领导人政治关联为哑变量，若企业董事长为（或曾为）人大代表或政协委员或曾在政府任职，则赋值为1，否则赋值为0。回归结果表明，无论是国有产权还是领导人政治关联都显著提升了企业创新投入，其中，政治管理的影响力还更大一些。但是，这两个效应都受到了企业所在地市场化进程的负向调节作用，即国有产权和政治关联对上市公司创新投入的影响在经济相对欠发达的内陆地区的上市公司更为显著。

上述实证结果明确地表明，中国的市场化改革是双管齐下的，市场化进程可能主要影响的是非国有产权企业的创新投资意向，国有性质的企业的创新行为则更多地受到地区和产业政策的引导而发生，其对市场化进程的感知和敏感程度都是较弱的。东部沿海地区的市场化程度高，民营企业发达，国家的地区发展和产业中兴政策却不受上述地域的影响,而是在全国范围内较为均衡地铺开,甚至还可能会略微偏向照顾中西部欠发达省份,因此,这些地区的国有产权企业的创新水平得以维持,而不受到市场化进程的影响。

逯东和朱丽(2018)从国家战略产业扶持政策的角度对这一观点进行了佐证。他们以2007—2014年A股上市公司共13 154个观测值为样本,考察上市公司的主营业务若为国家宣布扶持的战略性新兴产业时是否会取得显著的更多的技术专利。结果发现,若上市公司主营业务或主要产品属于战略性新兴产业政策支持行业,则其当年获得的技术专利数显著更高;在该战略性新兴产业政策宣布实施的当年,专利数得到进一步提升。这说明国家的产业政策对企业创新有着重大影响。进一步发现,当区分市场化进程时,国有上市企业受政策的影响程度在市场化程度较低时更加显著,民营上市企业受政策的影响则与市场化进程没有关系。值得一提的是,该研究的政策背景是2010年10月国务院公布的《关于加快培育和发展战略性新兴产业的决定》,国家将节能环保、新一代信息技术、生物、高端装备制造、新能源、新材料、新能源汽车等七大产业作为战略性新兴产业进行培育和扶持,出台了财税扶持、金融支持、人才扶持、知识产权保护、市场培育及深化国际合作等具体政策以推动上述产业的发展。从这个角度而言,对中国市场转型的理解仅停留在市场化进程的层面是远远不够的,国有产权作为中国特色社会主义市场经济的重要参与者和核心角色,其在国民经济发展中的地位是凸显的和难以取代的。当然,从市场化进程的视角,综合上述研究也可以发现,国有产权可以视为市场化进程不足的一种替代性创新驱动制度安排。

3.3.2 市场化与民营企业的创新精神

(一)市场化改革的程度和速度

戴永务、余建辉和刘燕娜(2014)对市场化进程对全国木材加工企业的技术创新投入影响进行了实证研究。木材加工行业包括木、竹、藤、棕、草制品,进入门槛不高,行业管制宽松,有大量民营资本进入,市场竞争激烈,是理想的研究情境。作者采用中国工业企业数据库2007年度数据共7 664家木材加工企业,发现民营企业占比85.8%,外资企业占比11.5%,国有企业占比不足3%,符合研究对象的情境设定。各省份市场化指数采用樊纲、王小鲁等编撰的《中国市场化指数——各地区市场化相对进程2009年报告》省际数据。回归结果表明,市场化进程显著提升了木材加工企业的技术创新投入,同时,规模大的、市场份额占有率高的以及出口海外的企业的技术创新投入也显著更大。

尽管民营企业对市场化进程的敏感程度普遍更高,但也并非所有的市场化改革都促进了民营企业的创新。廖开荣和陈爽英(2011)以2006年的全国民营企业调查数据为样本,实证分析了外部制度环境对民营企业研发投入的影响。回归结果发现,知识产权保护和政府服务对民营企业研发投入有显著促进作用,政府管制对民营企业研发投入则有显著消极影响。出乎预测的是,民营经济的竞争程度也对民营企研发投入负相关,即民营经济竞争程度越高,企业研发投入越少。作者认为可能是技术创新的投资周期长,研发风险大,研发成果不确定,民营企业在中国制度环境下组织合法性较低、生存能力相对较弱,因此,在面临外部激烈的市场竞争环境下,民营企业很可能会选择其他更快捷获取、更容易短期内兑现的手段来提高组织合法性和实现竞争能力。

上述研究显示,民营企业的创新投入意向跟行业竞争强度负相关,这中间可能存在一个合理的中介机制——企业绩效反馈。李婧等(2016)对472个民营上市公司的样本数据进行调查,发现民营企业的创新投资水平受到其上一期绩效反馈的显著影响,绩效高和绩效不好的企业其创新投资意愿都较低,而处于绩效中等水平的上市公司其创新投资意愿最高。经过测算,这一理想绩效水平为-0.9%,即当业绩水平微低于前期业绩水平时,企业有最强烈的意愿进行下一期的创新投资。值得说明的是,该研究还进一步检验了市场化进程潜在的调节效应,发现市场化进程对业绩反馈—创新投资的倒U型关系存在显著的正向调节效应,即当企业处于高度市场化进程的省份时,较差绩效和较好绩效与创新投资的负向关联得到一定程度的治理改善,制度环境的改进提高了企业在既定的经营业绩下的创新投资意愿,抵消了部分因为内部原因导致的创新动力不足的问题。

此外,市场化改革的速度似乎也对企业创新有所影响。林慧婷、何玉润和王茂林(2018)以沪深A股上市公司2009—2014年的研发投入数据与同时期的分省份市场化指数变化趋势进行关联分析,发现市场化进程的速度与上市公司研发投入的关系呈现倒U型关系,0.115是其拐点:当市场化改革速度等于0.115时,企业研发投入强度(研发投入除以期末总资产)达到最大,为0.25%,增长率为8.7%;随着市场化改革速度的继续提高,企业研发投入强度将逐步下降,下降率为4%。此外,如果区别所有权,则发现国有企业上市公司对市场化进程不敏感,其影响不显著;民营企业上市公司的创新投入则更易受到市场化进程的影响,其倒 U 型曲线也更为陡峭。这些结果说明,制度环境改革应该和企业的适应能力相匹配,过快的和离开微观主体的市场化政策的效力将打折扣。

(二) 市场化与家族企业创新

我国的民营企业可以大致分为家族企业和非家族企业两大类,前者主要以家族成员不同辈差之间纵向关联的方式进行创业,后者则主要以合伙成员同辈间横向关联的方式进行创业,因此,相比于合伙制民营企业,家族企业对市场化的反应速度可能更慢。陈凌和吴炳德(2014)基于 2008 年国家工商总局展开的私营企业抽样调查数据分析了共 836 家全国各地的家族企业对当地市场化进程的反应。结果显示,在同等条件下,相比于非家族企业,家族企业的研发投入显著更低。市场化进程显著地促进了非家族企业的研发投入强度,但对家族企业的研发投入没有显著影响。出现这种情况可能是因为多数家族企业创始人年龄偏大且受教育程度较低,因此不愿意进行创新投资。作者进一步将创始人受教育程度纳入回归模型,发现家族企业创始人的受教育程度显著提升了创新投资,且在市场化进程更高的省份这一正向效应变得更加显著。这进一步说明市场化改革的效力受到企业自身因素的重要权变影响,即便在相同或类似的市场化进程区域,不同禀赋和能力的企业其创新精神也会存在显著区别。

为了解决家族企业创新意愿不足的问题,后续学者从公司治理的角度提出了解决办法:有学者认为家族企业应组建更为多元化的高管团队,不能由创始人长期行使权力,实证研究显示高管团队的年龄、任期和学历上的垂直差异程度都能影响企业创新投资,而且这些影响效应在高市场化进程的地区更为显著(张秋萍、盛宇华和陈家伟,2018)。有学者认为家族企业选用 CEO 的时候不要任人唯亲,研究显示家族企业 CEO 与实际控制人的密切关联(常表现为亲人或家属关系)会导致企业创新投资显著不足,而处于低市场化进程地区的企业这一问题会更为显著(戴倩颖和左晶晶,2019)。还有学者建议家族企业的终极控制人须进行两权分离(所有权和经营权分离),家族创业者不要兼任董事长和总经理,这样会导致企业的创新能力下降(杨扬和鞠晓峰,2019)。这些研究表明,当市场化制度进行改革时,企业组织内部也应按照一定规律进行现代治理体系革新。

沿着这一思路,余恕莲和王藤燕(2016)讨论了两种形式的民营企业去家族化方式：第一种是引入职业经理人，更换企业董事长或总经理，经营管理的决策权由非家族成员掌握；第二种是实际控制人更换，企业转让所有权后实际控制人为非家族成员。作者假定这两种方式都可能提升家族企业的创新投入及其对市场化进程的敏感程度。对2005—2014年中国高科技行业的829个家族上市公司样本进行检验，发现这一假设得到了数据的完全支持，引入职业经理人和更换实际控制人的家族企业其研发投入均显著提高。若进一步考虑企业所在区域的市场化进程，则发现处于市场化程度较低地区的家族企业去家族化后的创新效果更佳，而市场化程度较高的地区的家族企业去家族化后对创新的影响较小，因此，处于欠发达地区的家族企业更应采取积极的现代公司治理手段，以提升企业创新。

综合上述研究，可以得出几点主要结论：首先，市场化进程的提升整体上显著地促进了民营企业的创新投资，尤其是知识产权保护和政府服务等制度完善对民企创新意愿提升较大；其次，市场化带来的竞争强度的加剧削弱了企业创新意愿，企业业绩较优或较差都不利于创新投资，当企业绩效微低于期望绩效时，其创新投资意愿最强；第三，家族企业的创新投资不足，处于市场化进程较低地区的家族企业更缺乏创新投资意愿；第四，家族企业应积极进行现代公司治理机制改革，分离经营权和所有权，引入职业经理人并构建多元化的高管团队，这些措施在市场化进程更低的地区取得了更为显著的创新积极效果。

3.3.3 创新绩效与创新效率

李玲和陶厚永（2012）利用359家深市上市企业在2008—2010年的数据，认为良好的制度环境能够引导和激励企业积极从事创新活动，不但能使企业充分有效地利用资源，实现经济资源的最优化配置，而且会促进企业设法争取外部资源为本企业服务，从而提高企业的创新绩效。以企业的新产品销售收入占销售收入总额的比例作为企业创新绩效测度指标，实证支持了制度环境对企业创新绩效的正向显著影响。冯宗宪、王青和侯晓辉（2011）的研究则发现，市场化程度对创新的技术效率具有显著的正向影响，但对规模效率的影响显著为负，这可能是因为大型企业的组织刚性较强，决策时间相对更长，使得它们对技术创新规模的选择有时难免表现得畏首畏尾、摇摆不定，增加了其在最优规模上开展技术创新活动的难度。因此，大型企业更容易受到地方政府干预，可能会带来技术创新的效率损失，凭借现阶段市场机制的自发作用，虽然可以增强企业的创新动力,加大创新投入,却可能难以使企业达到技术创新活动的最优效率点。

陈修德等(2014)采用1999—2011年中国省际高新技术产业层面的研发数据,检验了市场化对企业研发效率的影响效应。研究结果表明,以专利、新产品产值和新产品销售收入分别作为研发产出变量估算的三项研发效率在市场化进程中均呈现稳步提高的动态增进趋势,分别由1999年的0.403、0.523和0.490提升至2011年的0.713、0.766和0.755,同时期的市场化进程均值也从1999年的4.121提升至7.604。实证结果还表明,中国各省份高新技术企业的研发效率呈"滚雪球"式加速区域收敛的空间演进趋势,落后地区的研发效率水平正逐渐缩小与发达地区之间的差距。在这一过程中,市场化改革起到至关重要的作用,无论是固定效应随机前沿模型还是线性动态回归模型,其对企业专利产出效率、新产品产值效率的增长值均存在显著的正向促进效应。

王保林和张铭慎(2015)利用2008—2011年我国科技部技术创新工程数据库当中的375家创新型企业共1125个观测值,探索了市场化水平对产学研合作及创新绩效的影响,实证发现企业从产学研合作中获得正向的创新绩效提升效应,但这一提升效应的边际效果是递减的,换言之,随着企业与大学等科研机构开展科研项目和投入资金的增加,对企业新产品销售的正向影响是边际递减的。如果将地区市场化进程纳入模型,则发现较高的市场化水平可以克服其带来的递减效应,甚至当市场化水平超过一定值后,企业从产学研合作中还能获得递增的正边际效应,即越多的产学研合作带来更快增长的新产品销售绩效。这意味着在开放环境下企业需要积极地开展产学研合作,在市场化进程较高地区的企业将从产学研合作中获得更高的创新回报,进而形成支持创新的有利环境。

综上可以得到以下结论:首先,市场化进程是企业创新投资的推动因素,处于市场化程度更高地区的企业其创新投资程度更大;其次,市场化进程还是创新转化为企业绩效的积极条件,尤其对于开放条件下的合作创新和产学研联合创新行为有更强的支持效应;第三,规模更大的企业受市场化进程的影响相对较弱,它们自身内部建立的行政交易机制能够相对不受市场化的约束而发生作用。这些结果说明了市场化对于创新尤其是以市场机制为基础进行的创新行为的鼓励作用,这对于我国广大的民营企业和科研机构的联合创新有积极的政策意义。

3.4 市场化进程与企业创业活动的研究进展

本节从三个方面归纳市场化进程与企业创业活动文献：其一是市场化与企业的多元化经营，多元化是开辟新业务的主要方式；其二是市场化与企业并购行为的关系，并购是企业对外部股权的投资行为；其三是市场化与个体创业（新创企业）及其绩效的关系，反映出市场化对创立新企业行为的鼓励支持程度。

3.4.1 市场化与企业多元化经营

（一）国有企业的多元化

关健和李伟斌(2011)通过2004—2006年624家中国A股上市公司的数据，发现了两个截然不同的多元化现象：一方面，在相同的市场化程度下，非国有企业比国有企业更倾向于多元化经营，非国有企业是市场机会驱动成长的，凡是有可盈利的机会都可能涉足，国有企业因为受到政策限制导致涉足的业务领域相对较窄。另一方面，随着市场化程度的提高，国有企业相比非国有企业多元化程度的提升更加明显。作者认为这可能是因为市场化带来了财政分权和地方政府之间的竞争，而地方政府直接控制或参控股的上市公司对其政绩有较大的影响，因此，地方政府倾向于主导其控股公司的多元化行为来完成其政治目标。

吴锐和李光义(2009)的研究也跟这一主题相关，他们以我国2006—2008年沪深上市公司为样本，进一步讨论了制度环境与上市国有公司投资之间的相关性。发现上市公司所处地区的投资环境越差、政府效率越低，其越易进行非效率投资。所谓非效率投资，是指为了扩大企业规模、获得各种利益和在职消费而尽量利用自由现金流进行投资、甚至对净现值为负的项目所进行的投资行为。之所以出现非效率投资，是因为国有上市公司的最终控制人是政府，各地方政府之间的竞争可能损害了资源的有效配置，而当受经济利益与晋升激励机制的双重影响时，政府有动机也有较强的干预能力引发公司投资冲动，从而导致非效率投资。

（二）民营企业的多元化

从资本运营的角度，非国有企业特别是中小型企业由于规模歧视的原因，其获取外部融资的难度相对较大，因此有很强的动机建立内部资本市场来缓解其面临的外部融资困境。沿着这一思路，刘凤委、张人骥和崔磊磊（2007）发现，虽然上市公司内部或之间的关联交易一般被认为容易导致交易的价格、方式等在非竞争的条件下出现不公正情况，造成对股东或部分股东权益的侵犯，也易导致债权人利益受到损害，因此在西方研究文献中被广泛批判；但中国上市公司的购销关联交易能显著提高公司绩效，并且位于产品和要素市场越不发达、市场化水平越低的地区企业购销类关联交易越多。这表明在外部市场化水平发育较低的地区，关联购销交易有助于弥补市场不完善所带来的缺陷，节约大量商业谈判等方面的交易成本，从而提高交易效率，降低成本，有助于提升公司的业绩水平。

民企和国企的多元化投资受不同的动机驱使，但这两种动机又受到市场化进程的影响：当外部市场比较完善的时候，民营企业建立内部市场的需求应当降低；国有企业的情况正好相反，市场化程度越高的地区，其地方政府之间的竞争越明显，导致国有企业产生超出原本经营业务范围的战略行为从而导致多元性。关健和李伟斌（2011）的实证研究证明，所在地区的市场化进程越高，国有企业的多元化投资就越多。然而，这些由非完全商业目标所推动的多元化并不能全部转化为投资绩效，吴锐和李光义（2009）的实证研究发现，当所在地的市场化程度越低时，上市国企的非效率投资越多。可见，表面上看市场化进程与国有企业的多元化正相关，而与民营企业的多元化无关甚至负相关，但其背后的机制却是完全不一样的，民营企业出于盈利性机会寻求和替代性制度保护，国有企业则是出于地方政府竞争机制下的行政干预和政策性投资安排。

（三）多元化与企业绩效

在这种局面下，企业多元化的行为不一定不能提升企业绩效。杨兴全和曾春华（2012）以我国 2004—2009 年共 6 051 个上市公司为样本进行实证，发现上市公司的多元化经营程度与公司的现金持有水平和价值显著负相关，而市场化进程的推进进一步强化了公司多元化经营程度与现金持有水平和价值的负相关性。这说明市场化进程越高，企业进行多元化经营的回报就越低，企业越没有必要进行多元化运作。董庆多、张晓妮和曹慧敏(2019)基于2013—2017年的A股上市公司数据得到了类似的结论,多元化程度与企业价值呈显著的负相关。不过,企业规模在一定范围内抑制了多元化对企业价值的负向关联,即大企业实施多元化的损失相对较低,而规模稍小的企业进行多元化则损失较大。王修华和陈文彬(2018)得到了类似发现,他们基于47家商业银行2006—2016年的相关数据进行研究,发现利率市场化强化了多元化经营对国有银行绩效的积极影响,削弱了多元化对股份制银行绩效的消极影响,对城商行多元化绩效无显著调节作用。这其中国有银行的规模最大,股份制银行和城商行的规模则小得多。

(四)国际化受市场化进程的影响

陈伟、林川和彭程(2017)基于"一带一路"倡议背景,运用2008—2015年中国上市公司的数据,实证检验了地区市场化进程对国际多元化经营产生的影响。研究发现,在7 691个上市公司样本中,发生境外经营收入的公司有4 981个,占比64.8%,市场化进程与国际多元化间存在显著的正相关关系,而"一带一路"倡议也成为促进企业国际多元化经营的动力。其中,2014年和2015年为"一带一路"倡议年,在这两年中企业国际多元化的频率明显增加;作为《愿景与行动》重点圈定的上海、福建、广东、陕西、甘肃、海南等18个重点省份中进行国际多元化的企业数量也明显更多。不过,国际多元化与企业的资产收益率(ROA)显著负相关,这可能是因为海外投资增加而导致的年末净利润下降。

至于国际多元化是否导致经营绩效下降的问题,谢洪明和施晓俊(2019)的研究给出了参考,他们以沪深A股137家上市公司2013—2016年的面板数据为样本,实证检验发现国际多元化(海外子公司分布的国家数量)对创新绩效(滞后一年的获得国家知识产权局授予的专利数量)有显著的正向效应,区域市场化程度也与企业创新绩效有显著的正向关系。不过,区域市场化程度和国际多元化程度对创新绩效的交互效应为负,作者认为可能是因为市场化配置资源时并非以创新为导向而是以绩效为导向,因此,出于绩效的考虑会降低企业国际化的倾向;如果地方政府希望企业在国际化中获得先进技术以提高生产力,适当的政府干预或政策引导支持将有助于发挥国际多元化对创新绩效的正向作用。

总结而言,上述研究表明,就国内市场而言,市场化进程与企业的业务多元化程度呈现负相关关系,随着市场化程度的提升,民营企业进行多元化的意愿快速下降,国有企业虽然出于区域政府竞争的关系会提升多元化,但这些多元化投资多为非效率投资,应保持在一定的范围内,不可过度操作。就国际市场而言,市场化的进程能够促进企业进行国际多元化,而且国际多元化的程度与企业的创新绩效有正向关联,不过,国际多元化会在一定程度上拉低企业的经营业绩,导致短期净收益下降等问题,建议政府出台相关政策加以扶持和鼓励。

3.4.2 市场化与公司并购行为

(一)纵向一体化并购

毛慧慧、徐虹和林钟高(2016)基于 2007—2012 年沪深 A 股上市公司共 2 379 个观测到的并购行为样本,发现若纵向并购与企业的客户集中度显著正相关,而与企业所处地区的市场化进程显著负相关。这说明当企业越发依赖于少数分销商时,其收购分销商企业的可能性也就越大,以此来降低其对分销商的依赖和避免被敲竹杠。同时,当所处地区的市场化程度越高,企业与分销商建立有效市场交易机制的规范程度越高,企业对下游分销商的依赖程度越低,其进行纵向并购的意愿也会随之降低。此外,市场化进程与客户集中地的交互性与纵向并购的关系显著为负,即在客户集中度相同的情况下,位于市场化进程较高地区的企业进行纵向并购的意愿显著更低,说明了市场化进程对纵向并购存在抵消作用。

王宛秋和聂雨薇(2016)进一步考察了市场化进程对纵向一体化并购绩效的影响。该研究基于交易成本经济学理论,以我国 1998—2014 年的上市公司间并购事件为样本,证实了纵向一体化对并购绩效(并购后一年的资产收益率增值)产生的积极影响。进一步的分析发现,这种积极影响主要存在于低市场化地区企业并购高市场化地区企业的样本中;如果主并购方是高市场化地区企业,其并购绩效则低得多甚至不显著。这说明低市场化地区的企业更可能通过纵向并购来提升与上下游的交易效率,其纵向并购的市场绩效也会显著更高。

值得一提的是,虽然纵向并购能改善交易成本结构,但市场上更多的并购并不是纵向并购,而是横向并购,即兼并收购处于产业链相同环节的企业,其目的一般是为了扩大企业的产能、扩张产品线和占有更高的市场份额。在毛慧慧、徐虹和林钟高(2016)基于2007—2012年沪深A股上市公司共2 379个观测到的并购行为样本中,只有206个样本为纵向收购,占比约8.66%;在王宛秋和聂雨薇(2016)以我国1998—2014年的上市公司并购事件的整理中,最终仅获得150个纵向并购案例,其余绝大多数为横向并购。

(二)横向一体化并购

相比纵向并购,学界多数对横向并购持谨慎态度,认为其多数情况是企业的盲目投资行为或者是企业治理结构失衡带来的决策问题。陈旭东、杨兴全和曾春华(2014)对2007—2010年我国上市公司共计3 756起扩张性并购事件进行调查,结果发现管理者权力(以董事会任职、股权分散情况、任职时间长短、是否持股等8个指标进行综合评价)越大,并购后企业的股权收益越低。这说明管理者权力越大,其滥用权力的可能性也越大,在过度自信的状态下进行并购,损害了股东权益。进一步对比发现,管理者权力对并购绩效的负面影响在国有企业中更显著;市场化进程能够抑制管理者权力对并购绩效的负面影响,但公司的国有控制性质又弱化了市场化进程的这种抑制作用。

从文献来看,国有企业的并购动机可以分成两种,其一是国企高管为获得职位升迁而进行的政绩型并购,张欣(2016)以2005—2014年A股772个国有上市公司并购行为为研究样本,考察了并购次数对国有企业高管晋升概率的影响。实证结果表明,国有企业并购行为存在明显的"晋升锦标赛"机制效应——高管任职期间通过增加并购次数尤其是重大并购次数可以显著降低高管降职的概率,同时提高其升职的概率。进一步将整体样本划分为市场化水平低和市场化水平高两组对比研究发现,市场化水平高的国有企业具有更低的并购意愿,而且并购次数对高管职位变更概率的影响相对较小,这说明并购行为中的"晋升锦标赛"机制随公司所在地区市场化水平的提高而被逐渐弱化。

第二种并购动机是地方政府为了减轻自身政策性负担而对企业并购进行的干预。汪炜和陆帅(2015)以2009—2013年发生的沪深上市公司1 373次并购事件作为样本,研究了终极控制人、地区市场化程度对企业并购行为和并购绩效的影响。研究结果显示,政府控制企业发生本地并购的可能性更高,且并购绩效较差,这一效应在市场化程度较低的地区变得更为明显;非政府控制企业发生异地并购的可能性更高,且并购绩效较好,这一效应在市场化程度更高的地区更为明显。这说明市场化进程不仅影响了企业的并购动机,也影响了其并购的地理倾向性。稍早的研究中,张志宏和费贵贤(2010)运用国泰安CSMAR数据库考察了 2008 年 10 月 1 日—2009 年 9 月 30 日的资产和股权并购事件中市场化程度与企业的并购行为的关系。结果发现在市场化程度越高的地区,企业更加倾向于进行跨区域并购;在市场化程度更低的地区,企业更多地进行同区域的并购。作者认为这是因为市场化程度与信息不对称程度有关,在市场化程度较低时,实施本地并购的成本相对更低。由此可见,市场化进程能够有效地减少不同地域市场之间的分割,降低创业投资的风险和交易成本。此外,企业也可以利用异地并购来避免或减少政府干预,实现自我保护的目的,这对国有企业和民营企业同样适用。

(三)股权治理与并购行为

考虑到国有企业的并购绩效较低,如何设计合理的股权结构成为研究者关注的问题。陈艳利、高莹和徐亚楠(2019)考察了国有企业的股权结构和市场化进程对并购绩效的影响,发现国企股权可分为三类:(1)高度集中的股权结构,通常指上市的大型央企,其流通股数量有限,大多数股权仍然掌握在国资委等部门;(2)高度分散的股权结构,这类企业是处于完全市场竞争行业的竞争性国企,其股权具备完全的流通性,市场化的程度最高;(3)既不集中也不分散的股权结构,多为地方政府控股的国有企业,股权流通程度比央企要大,但比部委和股份制企业要低。对上述三类企业在 2012—2015 年的 193 次并购活动进行研究发现,股权集中度与国有企业并购绩效呈 U 型关系,央企和股份制企业的并购绩效明显优于地方国企,地方国企的并购行为受政府干预的程度较大,因此,并购的经济效率不高。进一步发现,随着市场化程度的提高,股权集中地与国有企业并购绩效的 U 型关系被弱化,说明市场化进程能够抵消和克服非效率投资,使得企业的并购行为更少地受到非市场因素的影响。

从前述文献可以看出,市场化进程整体上削弱了企业的并购意愿,在市场化程度高的地区,企业更倾向于在单一业务领域中进行深耕;在市场化程度不足的地区,企业更愿意通过并购等外部竞争手段来形成集团优势或规模优势。此外,在市场化程度相对不足的地区,国企在体制优势的驱使下进行并购的意愿更强;民营企业若要进行并购,也离不开对政治资源的诉求,有研究发现,在市场化程度低的区域中,那些雇用了具有政治背景高管的民营上市公司的并购数量显著更多(江若尘、莫材友和徐庆,2013),且并购绩效也显著更好(赵德志和赵曼,2018)。因此,在我国当前市场化程度仍相对不足的情况下,企业可能通过并购的方式来提升竞争力或形成规模垄断保护,而在这一并购的过程中,无论是国企还是民营企业都在积极寻求政治资源的支持和保护。

3.4.3 市场化与个体或新创企业的关系

(一) 市场化与创业数量

在前述的研究中,企业的多元化活动和并购行为(纵向并购除外)多被认为是一种非效率创业行为,在实证研究中整体上与市场化程度呈负向关联关系。不过,个体创业和新创企业则被普遍认为是积极的生产性的创业活动,这些活动能够激发和实现个体的企业家精神和创新创意,创造新的工作岗位以及为经济注入活力,在这种情况下,市场化进程能否提升区域内的个体或新创企业率,就成为研究者关注的热点话题之一。高同彪(2014)考察了我国 30 个省(直辖市、自治区)市场化程度与新创企业数量的关系,以 1997—2009 年各省新增私营企业数量与 15—64 岁劳动人口之比为因变量,发现市场化程度对私营企业创业率具有显著的正向关系,市场化程度越高的省份,其私营企业的创业率也显著更高。如果按年均创业率水平来计算,1997—2009 年排名前 10 的地区依次为上海、北京、江苏、天津、浙江、广东、海南、福建、宁夏和辽宁,这与各省的市场化进程排名基本相一致。胡品平、周林和周怀峰(2018)基于北京大学中国社会科学调查中心 2010 年对 25 个省(直辖市、自治区)开展的"中国家庭动态跟踪调查"问卷数据,对市场化进程与个体创业的关系作了进一步调查。研究发现,在 10 597 个针对个人的问卷调查中,有 6.9% 的人在进行个体创业(自我雇佣),有 1.3% 的人在进行公司制创业(正式注册新公司),市场化进程对农村和城市的个体创业、公司制创业的影响存在异质性,即市场化进程显著推动农村地区的个体创业以及城镇地区的公司制创业。这些结果说明市场化进程整体上能够提升一个地区的个体创业水平,但在城乡地区存在创业形式上的差异。

(二) 市场化与创业过程

在创业数量或创业率之外,既有文献还考察了市场化与创业过程相关行为的关系,例如,在不同市场化程度的地区进行创业可能需要不同的知识基础和工作背景。杨俊、韩炜和张玉利(2014)根据电话访问601个新创业者的相关访谈数据,发现在市场化程度低的地区,有体制内(党政机关、事业单位、国有企业、大学和科研机构)工作经验的人更愿意进行创业;在市场化程度较高的地区,有体制外(外资企业、私营企业、合资企业)工作经验的人更愿意进行创业。说明在市场欠发达地区,体制资源具有明显的转化优势;在市场发达地区,技术产业资源具备更强的商业化空间。考虑到基于体制优势的创业可能是从事与生产性服务无关的套利行为,对社会经济发展是否会产生阻碍作用?实证研究并不支持这一担心,钟惠波和刘霞(2018)运用扩展的柯布-道格拉斯生产函数,结合2002—2014年中国省际面板数据,实证考察了市场化进程中创业类型对中国经济增长的影响及其阶段性差异。结果表明,在不考虑协同效应的情况下,套利型创业对我国经济增长有显著促进作用,创新型创业的影响则不显著。但在市场化协同作用下,创新型创业经济增长效应的显著性和影响系数均大幅提高,套利型创业对经济增长的促进作用则显著下降。这说明不同类型的创业活动对经济增长和社会进步的整体影响是积极正面的,但会在不同市场化阶段发挥不同的作用。

(三)市场化与创业绩效

有研究考察了市场化进程与创业绩效的关系,陈景信和代明(2018)将创业企业定义为成立时间少于42个月的企业,据此选取《中国工业企业数据库》中2010—2013年注册成立的分布在全国31个省(直辖市、自治区)共324个地级市(地区)的56 007家工业企业为基础样本,考察了不同城市间创业企业平均销售利润率和主营业务利润率是否会受到市场化程度的影响。研究结果得到了积极的结论:要素市场、政府与市场的关系、市场中介组织和法律法规制度环境的改善均显著提升了创业企业的平均绩效,不过,非国有经济的发展却与创业企业绩效显著负相关。这说明市场化环境的改善能提升新创企业的存活率,不过随着私营经济部门不断扩大带来的市场竞争一定程度上挤出了新创企业的生存空间,因此可以认为市场化进程是创业活动的双刃剑,整体上对创业持鼓励和欢迎态度,但激烈的竞争也会导致创业活动必然出现优胜劣汰的发展局面。

综合上述研究,得到以下启示:首先,市场化进程能够显著提升各省份的人均创业率,在农村地区体现为个体户经济,在城镇地区体现为新公司的注册创立。其次，在市场化程度较低的地区，体制内的工作经验和相关优势能转化为创业活动，而在市场化程度较高的地区，在外资和私营企业工作过的人具有更高的创业倾向，这两种创业都对经济增长有积极作用。第三，市场化进程能够提升所在地区的新创企业绩效，但私营部门的竞争会迫使新企业优胜劣汰，适者生存。

3.5 市场化进程与其他公司战略行为的研究进展

除企业创新和投资相关研究之外，还有不少研究讨论了市场化进程与企业其他战略活动的影响，尤其集中于考察对公司股权和治理结构的影响，如企业的债务结构、股权集中度、在职消费、经理人薪酬和现金持有等。

3.5.1 市场化进程与企业债务结构

市场化进程与企业的融资成本密切相关，由此影响了企业的债务结构。孙铮、刘凤委和李增泉(2005)以我国上市公司1999—2003年的经验数据为样本，实证分析了地区市场化程度对当地企业债务期限结构的影响。结果表明，企业所在地的市场化程度越高，长期债务的比重越低。较低的市场化程度代表着政府对上市公司的较高程度的关联和干预，政府一方面通过财政补贴降低企业违约的可能，使得企业更容易从银行取得长期借款；另一方面可以直接通过对银行借贷决策的影响，帮助企业获得贷款。在市场化程度较高的地区，由于有效地消除了上述政府影响，导致上述公司的长期债务占比显著降低。

张宗益和陈思秋(2015)考察了2002—2012年沪深上市公司共15 572个观测样本，发现上市公司的长期借款占比24.21%，短期借款占比66.30%，借款总额占资产总额的水平为22.10%，说明整体上我国企业的举债意向不高，或者金融市场化程度不高导致借款成本较高。市场化进程显著促进了短期借款，与长期借款显著负相关。另外，国有企业的长期借款更高，民营企业的短期借款更高，市场化进程同时削弱了这两种效应，换言之，在市场化更高的地区，国有企业的长期借款相对较少，民营企业的短期借款也相对较少，说明市场化改革能够改善银行贷款中的产权歧视，塑造相对公平的信贷环境。

市场化进程很大程度上增强了中小企业获得短期借款融资的可能性，不过对于上市公司而言,市场化带来的股权融资等多元化融资方式则会导致其负债率产生降低趋势。张原和薛青梅(2016)基于信息技术行业上市公司2001—2010年的面板数据,发现市场化程度增高时信息技术行业负债比率有降低趋势。造成这种逆向影响的成因可能有三:其一,为避免向市场传递负面影响企业价值的信息,当企业有融资需求时,优先选择权益融资,即对内实行盈余转增资本或对外发行股票,通过非债务的方式融资。其二,债务融资要求企业有良好的运营状况与发展前景,而高新技术企业经营成果转化具有不确定性与投资风险性,因此在成长期可能不满足债务融资的资信要求。其三,市场化水平的不断提升增强了信息技术行业的经济活力,提高了企业的盈余水平,使其有更多内部盈余转增资本来实现企业规模的扩大。因此,总体来看,市场化改革为企业提供了多元化的融资渠道,为我国经济发展增加了新的活力,是促进我国经济崛起的重要支持因素。

3.5.2 市场化进程与企业股权治理

夏立君和陈信元(2007)以2001—2003年地方政府控制的上市公司为对象,考察了各地区市场化进程对公司最终控制人的政府级别和政府持股比例的影响。研究发现,在市场化进程越快的地区,上市公司更可能由低级别的地方政府控制,且政府持有股权比例更低。由于传统计划经济体制的主要弊端在于缺乏合理的竞争机制,因此市场化改革主要沿着分权化的方向进行。政府间的经济分权调动了各级地方政府发展地方经济的积极性,为了发展地方经济,地方政府有动机放松对下属企业的控制,如将企业的控制权下放到下级政府、鼓励当地的低级别政府投资兴办企业、减少企业控制权的上收、降低企业中的国有股权比例、将政府直接持股改为间接持股等,导致政府对企业股权控制力的降低。

上述研究表明,市场化进程能够释放政府对企业的控制程度,增加企业参与市场竞争的强度和积极性,从而增加经济活力。但是,政府股权一定会损害企业的价值吗? 这一问题的答案也受到市场化程度的权变影响。严太华和王欣(2008)以国有上市公司公布的横截面数据为样本的实证研究结果表明,在市场化进程较快的东部地区,国有股权集中度的减小有助于提高公司价值;对于市场化环境较落后的西部地区,国有股权集中度的提高反而有助于提高公司价值。这可能是因为在市场化较弱时,国有股权有利于政府更好地配置各种资源组织生产、升级产业结构、调控经济走向,但在充分市场化之后,情况则正好相反。

对多数民营企业而言,家族持股是股权治理的一个核心问题。朱沆等(2012)考察了在不同市场化进程的区域中家族持股的利弊。他们考察了三种形式的家族持股:族长是否持股、家族成员合计持股比例、家族股东占全部股东之比。基于609家私营企业样本的研究发现,三种形式的家族持股均与企业的公关招待费用显著负相关,这一效应在低市场化进程的地区更为显著,说明家族持股在低市场化进程地区是一种变相的制度保护。在获得银行借款方面,族长持股显著增强了企业获得银行贷款的数量,市场化进程也显著提升了家族企业获得银行贷款融资的数量,这说明家族连带为民营创业企业低成本获取体制内资源提供了重要支持,也彰显出市场化进程对于保障公平正义经营环境的积极意义。

3.5.3 市场化进程与公司的委托代理问题

(一)市场化与公司治理水平

一般认为,处于市场化程度更高的地区,由于公司受到的市场监管力度更大,因此应当具备更高的公司治理水平。杨有红、何玉润和王茂林(2011)以沪市A股上市公司2008年年报为基础,研究发现上市公司内部控制自我评估报告的披露情况存在阶梯状差异:东部地区上市公司自评报告的披露比例最高,以下依次是中部地区、东北地区和西部上市公司自评报告的披露比例。张丽平和付玉梅(2017)使用董事会规模、独立董事比例、董事会下设委员会个数、董事长和总经理两职兼任、管理层持股比、高管薪酬、最大股东持股比、股权集中度、会计师事务所选择、年报意见类型等10个指标对我国上市公司的公司治理水平进行衡量,发现市场化进程显著提升了公司治理水平,而这些治理水平较高的上市公司,发放现金股利也显著更多,因此说明市场化进程和有效的公司治理共同赋予股东获取现金股利的权利,降低了股东利益被侵占的风险。

(二)市场化与高管薪酬

辛清泉和谭伟强(2009)基于沪深股市2000—2005年的国有上市企业样本,发现市场化进程总体上促进了国有企业经理薪酬之于企业业绩的敏感性,但上述关系在管制型行业和中央政府控制企业情境中都显著变弱。类似地,王素霞、安林丽和张蕾(2020)以2012—2016年的上市公司为研究样本,发现无论是国有上市公司还是民营上市公司,高管薪酬的规模敏感性都非常强,而随着市场化改革的逐步深化,高管薪酬与规模的敏感性显著降低,这表明市场化水平的提升改变了企业高管薪酬结构中各个指标占有的比例,使其薪酬结构更加合理。此外,该研究还发现,市场化进程显著提升了上市公司高管的平均薪酬水平。

胡秀群(2016)对高管薪酬水平对企业绩效的意义进行了考察。基于沪深A股上市公司2006—2013年的数据,发现地区市场化进程对高管与员工薪酬差距(尤其是非国有上市公司高管与员工薪酬差距)的扩大有明显推动作用,即公司高管平均薪酬与普通员工平均薪酬的差距拉大。进一步发现,高管与员工薪酬差距对公司绩效具有显著的正向激励效应,并且随着地区市场化进程的加强,这种激励效应在非国有上市公司更为显著。说明薪酬激励对于民营企业来说是极为有效的,而且跟市场化进程改革的行动趋势相吻合。不过,在国有上市公司,高管与员工薪酬差距对绩效的激励效应较弱。作者认为推进地区市场化进程是发挥公司高管与员工薪酬差距激励效应的必要前提,但国有企业高管与员工薪酬差距的扩大应同地区市场化进程及国有企业的市场化改革进程相一致。

(三)市场化与高管在职消费

据黄娟和向小玲(2016)基于沪深2007—2014年合计10 308个观测样本的研究报告,高管会利用管理层权力获取更高的货币薪酬和在职消费,且在国有企业中,高管更倾向于获取更高的在职消费,而在民营企业中,高管则更倾向于获取更高的货币薪酬。此外,在民营企业中,市场化进程的加快能够抑制高管利用管理层权力获取更高薪酬的行为,在国有企业中这一作用并不显著。类似地,谢获宝和惠丽丽(2015)基于2004—2011年A股共2 409家企业的面板数据,发现企业上期绩效与本期高管在职消费负相关,说明在职消费极可能导致绩效变差,也没有因为绩效变差而得到治理。随着市场化进程的深入,民营企业绩效与在职消费之间的负相关关系显著缓解,但是在国有企业中并未得到有效改善。最后发现,市场化改革促使企业绩效和高管现金薪酬之间的相关性不断提高。这些结果揭示出市场化在提高高管薪酬契约激励有效性发挥的积极作用,同时也说明对国有企业高管过度在职消费应该从包括市场化在内的多个改革措施入手进行治理。值得欣慰的是,也有研究发现,在市场化程度更高的地区,国有企业在职消费水平整体显著更低,这表明竞争环境和监管力量能够在一定程度上推动国有企业经理薪酬契约朝更加市场化的方向演进(辛清泉和谭伟强,2009)。

(四) 市场化与公司现金持有

除在职消费之外,市场化与公司现金持有问题也得到了学界关注。据顾乃康和孙进军(2009)的实证结果报告,与国外相关研究的结论相反,我国上市公司的现金持有量与所在各省市的市场化总体进程呈显著的正相关性。整体上看,我国对投资者尤其是中小股东权利的保护机制还不完善。由于现金资产是一种更能自由处置和更易被侵占的资产,所以,企业的代理人倾向于持有现金而不是支付给股东,这样,代理人就可进行营造企业帝国和进行堑壕性投资,或者具有更大的弹性以追求自身利益。杨兴全、张丽平和吴昊旻(2014)报告了另一种情况,他们基于2006—2010年的上市公司面板数据,发现市场化进程显著增加了上市公司的现金持有水平,但市场化进程也同时显著降低了管理层权力与现金持有水平的正相关性,并弱化高额现金持有的负面价值效应,这说明市场化进程能够抑制管理层利用权力持有大量现金进行过度投资或职务侵占的行为。至于为什么我国上市公司更倾向于持有大量现金,则可能与中西方不同的文化传统有关——西方国家的上市公司进行股权分红的频率更高,而在中国转型经济情境和传统储蓄型社会文化的习俗下,公司更愿意持有更多的现金留存以备各种突发情况,市场化进程显然并没有降低这些突发情况的出现,也不会在短期内改变人们的经营习惯,因此,对现金持有这一现象的研究还值得在未来继续深入考察。

3.6 市场化进程与地区或行业创新的研究进展

3.6.1 市场化与地区创新投入和技术进步

(一) 市场化与地区技术创新

柯忠义和韩兆洲(2007)分析了我国31个省(直辖市、自治区)的市场化程度与科技投入水平的关系,实证结果显示两者的相关系数高达 0.564,这说明市场化程度越高的地区,其科技投入水平也越高。何一鸣和高少慧(2013)运用广州市 1981—2010 年的时间序列数据,以企业科技活动经费支出为因变量,以非国有化程度、贸易自由化程度和政府退出程度作为描述市场化进程的自变量,通过 30 年时间序列数据的 Granger 因果关系检验,发现上述三种市场化进程都与企业技术创新支出正相关。李后建(2013)基于 30 个省级区域 1998—2009 年的面板数据发现,市场化进程更高的地区,其地区创新精神(专利授权量/总就业人数)显著更强。刘华(2015)基于湖北省等中部六省 2004—2011 年高技术产业的数据,发现金融市场化能显著拉升企业的研发经费投入,劳动力流动性显著提升了研发人员投入,对知识产权的保护程度显著提升了创新绩效。综上可见,市场化进程显著地提升了地区的技术投入水平以及以专利为代表的创新绩效。

后续研究进一步考虑了市场化与其他制度改革的混合创新效应。周兴和张鹏(2014)基于 1998—2009 年的省级面板数据,分析了市场化改革进程对技术进步的影响。从纵向来看,市场化能显著推动技术进步,加入 WTO 以后,市场化对技术进步的推动作用明显强化。从横向来看,市场化对技术进步的影响存在着显著的区域差异,经济发展水平和开放程度较高的东部地区,市场化对技术进步的影响最强,中部地区次之,西部地区最弱。韩磊、王西和张宝文(2017)基于中国 1997—2014 年省级面板数据检验了市场化进程对企业家精神的驱动效应,研究表明市场化进程对企业家精神(专利授权数量)有显著的正向效应,考虑到内生性问题亦然;金融、法律、税外负担及政府干预等其他制度环境的改善则进一步提升了市场化进程对企业家精神的正向促进作用。这些发现说明,市场化对地区技术进步的影响不是独立存在的,而是需要与包括经济发展水平、法律法规完善水平、对外开放程度在内的诸多因素共同起协同影响作用。

(二)市场化进程的门槛效应

在一些情况下,市场化可能对技术创新造成负面影响。李洪炼和马春艳(2017)运用 2000—2014 年中部 6 省(山西、安徽、湖北、河南、江西、湖南)的面板数据,对农业技术创新效率及其与政府、市场之间的关系进行了研究。研究结果表明,地方政府的财政支持对科研产出效率(农业发明专利授权数量)和成果转化效率(第一产业增加值)都存在积极影响,但是中央政府对地区的农业支持对科研产出效率有一定负面效应。另外,农业市场化程度尤其是农业投资的市场化程度(农户投资/农村总投资)对科研产出效率存在一定的负面效应。他们认为,在中部地区市场化水平整体不高的情况下,进行以农户自身为主的放任式农业投资并不能提升农业技术进步水平,反而会因为短视和知识不足等问题损害地区的技术进步效率。因此,在经济发展水平不高的地区,实行"政府为主,市场为辅"的策略可能是提高农业技术创新效率的更为有效的方式。

杜雯翠和高明华(2015)报告了另一种形式的市场化门槛效应。他们构建了包括 4 个一级指标、30 个二级指标的指标体系,运用 2013 年年报和媒体公开数据及专家评分的层次分析法来评价沪深上市公司 CEO 的企业家能力,并分别归入 30 个省级行政区(不含西藏),然后检验各省企业家能力与经济增长的关系。研究发现,在市场化进程低的地区,驱动经济增长的是其关系网络能力(CEO 担任军政职务等)和战略领导能力(企业规模、国际化和行业地位等);在市场化进程高的地区,驱动经济增长的则变成了人力资本能力(学历、工作年限、留学经历等)和社会责任能力(慈善、员工权益、股东权益等),这说明因市场化进程的不同,中国各地的产业经济形态和管理者行为都有显著差异。

(三) 市场化进程的调节效应

程锐(2016)报告了市场化进程在促进创新型经济发展中的调节效应。他们利用收入差距函数,结合 1999—2012 年中国省际面板数据实证考察了市场经济条件下企业家精神对地区经济发展差距的影响。研究表明,企业家精神(省级专利发明数量)与市场化对经济增长的协同效应大于企业家精神单项指标的影响,企业家精神只有与市场经济相结合才会真正发挥对经济增长的促进作用,但这一效应边际递减,在经济最发达地区其效应会变得相对较弱。

纪玉俊和周璐(2016)利用我国 30 个省级区域的面板数据,基于门槛回归模型,验证在不同市场化水平下人力资本对产业升级的影响。使用平均受教育年限来表示区域人力资本,用第三产业占国民生产总值的比重来衡量产业升级情况,结果表明,人力资本整体上与产业升级正相关;由于地区之间市场化水平的差异,人力资本对产业升级的作用表现出明显的门槛调节效应,即随着市场化水平的提高,人力资本对产业升级的促进作用会逐渐增强。这主要是因为市场化水平能够提升人力资本在产业间配置的效率,市场化进程快的区域,人力资本的流动性和配置效率更高,由此促进了产业的升级转型。

程小可、李浩举和姜永盛(2017)从区域就业水平的角度考察了市场化的调节效应。他们基于1999—2009年中国工业企业数据库中的企业研发投入和创新相关数据,以及同时期《中国统计年鉴》和国家及地方统计局网站公布的各地就业率水平,实证检验了企业创新对地区就业水平的影响。结果显示,企业创新显著提升了区域就业水平,且随着市场化水平的提升,企业创新对区域就业的促进作用显著增强。进一步考察企业性质发现,企业规模和产权属性对企业创新和区域就业水平具有显著调节作用:相较于大型企业和国有企业,中小型企业和非国有企业创新对就业水平的促进作用更强。市场化进程提升了中小企业创新对就业水平的正向作用,对大型企业创新对就业的正向作用没有额外影响。

综上所述,市场化进程与地区经济社会发展可以得到两个方向性的结论:其一,市场化进程显著提升了企业的研发投入和创新水平,这在省际层面的数据上得到了显著支持,而且随着经济发展水平、法律法规完善水平、对外开放程度的进一步完善,市场化进程与创新投入的关系会变得更为显著。其二,市场化与区域发展和技术进步存在门槛效应:在市场化程度较低的地区,以政府为主导和企业规模化竞争的方式对技术进步和就业水平的刺激作用更好;在市场化较高的地区,以个人才能、技术专长、社会责任等为主导的产业模式对技术进步和就业水平的刺激作用更佳。此外,中小企业创新在社会就业方面有更重要的地位。

3.6.2　市场化与行业发展和技术溢出

(一)市场化与行业技术进步

不少学者从行业发展的角度对市场化进程的作用进行分析。武鹏、余泳泽和季凯文(2010)测算了全国20个省份的高技术产业在1996—2007年的R&D全要素生产率增长情况,发现市场化程度对我国高技术产业R&D全要素生产率的增长有着显著的正向影响,而政府介入程度有显著的负向影响。具体而言,市场化程度每提高1%,将促使高技术产业R&D全要素生产率在1996年的基准上提高0.82%;政府介入程度每提高1%,将促使高技术产业

R&D全要素生产率在1996年的基准上下降0.59%。戴魁早和刘友金(2013)利用中国高技术产业1995—2010年的面板数据发现,市场化程度的提高促进了高技术产业创新效率的提升,且入世后这种促进作用更大。此外,在外向度较高的行业中,市场化进程对创新效率的积极影响更大。杨飞(2017)对1995—2009年33个行业面板数据进行检验,发现中国的技术进步表现为高技能偏向性(高技能劳动相对于低技能劳动的边际产出更高,即高技能劳动的相对工资上升更快),市场化程度的提升显著促进了高技能偏向性技术进步,使得33个行业的平均高低技能劳动供给比从1995年的不足40%提升到2009年的61%。张云、赵富森和仲伟冰(2017)基于高技术产业2003—2016年16个细分行业(医药制造、医疗设备及仪器仪表制造、电子及通信设备制造、计算机及办公设备制造等)的面板数据,发现市场化程度的提升既优化了创新资源的配置效率,又促进了高技术产业自主创新。但市场化程度对产业自主创新的影响存在明显的行业与分布差异性;政府与市场的关系在创新能力较高的行业具有更重要的影响,非国有经济发展和要素市场发育对产业自主创新的促进作用存在一定的门槛值,而产品市场的发育对创新能力不同的高技术行业的自主创新均有正向影响,且对于创新能力高的行业的影响更为显著。这些实证结果表明,市场化与行业技术进步的正向关系是稳健而可靠的。

(二)市场化与技术溢出

近年来,随着中国对外直接投资(outward foreign direct investment, OFDI)现象的兴起,OFDI能否带来产业技术升级以及市场化进程在其中是否起到关键作用引起学界的研究兴趣。夏京文和李景清(2014)利用2003—2012年省际面板数据研究发现以OFDI为传导机制的国际技术溢出存在基于市场化水平的门槛效应,当地区的市场化程度跨越一定的门槛水平时,对外直接投资才能显著促进全要素生产率的增长。具体而言,苏、粤、津、浙、沪、京、豫、鲁、辽、闽、皖、赣、渝、鄂、湘等15个市场化指数高于8.627的省级行政区,OFDI技术溢出的系数为0.173 7,其他低于该门槛值的省份的OFDI技术溢出系数为−0.010 3。阚大学(2014)基于2003—2009年省级大中型工业企业面板数据,发现当市场化指数大于8.69时,OFDI才会对内资企业技术创新带来正效应,我国只有北京、天津、上海、江苏、浙江、福建、山东和广东等东部8个省市的OFDI促进了内资企业的技术创新,中西部地区的OFDI对内资企业的技术创新产生的是负效应。顾雪松和韩立岩(2018)发现 OFDI 与市场化对全要素生产率的影响均显著为正,而且 OFDI 与市场化对全要素生产率的影响具有互补性,随着市场化程度的加深,OFDI 对技术水平和纯技术效率的提升作用超过了对规模效率的降低作用。

市场化进程扮演了技术吸收能力的代理指标,这不仅体现在 OFDI 的技术回流之中,也体现在内资企业之间的 R&D 溢出效应中。孙早、刘李华和孙亚政(2014)基于 2000—2011 年中国内地工业行业的相关数据,根据考察期内各省 R&D 投入占全国的比重将样本分为溢出来源地(12 个,主要为东部沿海省份)和溢出接受地(19 个,主要为中西部内陆省份),对影响 R&D 溢出接受地的技术进步进行分析。结果发现区域开放度和市场化程度显著提升了接受地的技术进步水平,人力资本水平和地方保护主义则显著地降低了接受地的技术进步水平。由此可见,市场化进程不均是造成各区域技术发展水平差异的重要因素,市场化进程较低的地区技术吸收能力弱,难以对接和消化吸收先进技术,实现高技术产业的均衡发展需要加快推进市场化改革,促进落后地区市场化水平的提高。

(三)市场化与产业集聚

产业集聚是影响技术升级的重要因素,各地为了提升技术进步水平,纷纷建设产业集聚园区,提高技术密集型和溢出的空间。在这一背景下,刘飖和孟勇(2020)运用随机效应模型对 2009—2016 年高技术产业平衡面板数据进行了实证检验。研究发现,产业集聚对产业创新绩效(新产品销售占比)存在倒 U 型关系——集聚度加强了区域内的网络关系,促进产业创新;集聚过度产生拥挤、过度竞争效应,导致各类成本增加,阻碍了产业创新绩效。市场化程度对产业集聚和产业创新绩效的倒 U 型影响关系具有显著的正向调节作用,市场化水平既会促进集聚网络的活跃度,又加剧了网络密度过高下的关系不稳定性,但在整体上能够提升产业创新的峰值水平,并促使这一峰值水平更快到来。这说明高市场化区域的产业集群规模应相对小于低市场化区域地区,产业集群不应过度求大,而应该根据各地的市场化进程情况结合本地产业具体分布状况综合决定。

综合上述研究,市场化进程在产业升级和技术进步中有两类效应:首先是直接促进效应,市场化进程提升了产业 R&D 全要素生产率,使得产业的创新效率得以显著提升;还改善了高技能劳动供给的市场回报效率,使得产业的自主创新水平增加。其次是间接门槛效应,市场化进程更高的地区,其技术吸收能力更好,能够从OFDI和内资企业的R&D投入中获得技术溢出,提升了整个产业的技术水平;同时,这种门槛效应还体现在产业集聚之中,在市场化更高的地区产业集聚能够更好地促进产业升级和技术进步。因此,市场化进程既是技术进步的直接推手,也为技术进步因素的发挥提供了有利环境。

3.7 存在的不足和值得深入探究之处

3.7.1 国外研究文献的启示和可能的局限之处

(一) 国外研究文献的启示

第一,国外对市场化进程与创新精神的研究呈现出丰富的研究视角,理论性较强,为学界从创新的角度理解市场化进程或制度环境提供了深刻的理论洞察力。基于制度经济学的视角,将市场化进程概念化为企业行为的经济回报结构,并通过决定企业不同活动的经济成本和预期回报来左右企业家的创新活动选择(Baumol,1996;Campbell & Rogers,2007);根据社会文化的视角,将市场化进程概念化为支持创新创业活动的正式制度法律、社会文化规范和人文价值认知(Busenitz、Gomez和Spencer,2000),更加注重非显性的社会文化制度对创新精神的影响;根据组织理论的视角,将市场化进程理解为影响企业生态体系的制度变化,市场化改变了企业与环境的资源依赖模式和程度,并且决定了生态环境的承载力和生存利基空间,进而对组织的生存和发展行为产生影响(Begley、Tan & Schoch,2005)。上述三个视角均为宏观研究视角,而基于企业创业过程的微观研究视角,将企业家行为过程划分为细致的阶段,在此基础上进一步分析市场化进程在不同阶段产生的作用(Baker、Gedajlovic & Lubatkin,2005)。

第二,以不同的定量分析办法讨论了经济自由度与创新活动之间的关系,得到了颇为丰富的实证研究证据。学者们运用多种经济自由化的测量体系,如美国传统基金会发布的经济自由度指数(McMullen、Bagby & Palich,2008)、全球创业观察组织发布的创业制度环境指数(Gohmann、Hobbs & McCrickard

(2008))、世界经济论坛数据(Bowen & De Clercq, 2008)、世界经理年鉴和世界发展指数(Begley、Tan & Schoch, 2005)对经济自由度与一国或地区的创新活动的关系进行了实证研究,整体而言,认为经济自由度的提升有助于当地创新活动的提升,不过在具体细节上还未得出统一的实证结论。

第三,讨论了许多具体的市场化政策与多种企业家活动的具体关系。例如,许多学者都提到了财务融资手段对创新的支持作用(Harrison、Mason & Girling, 2004);第二个典型的创新支持政策是对税收的管理,其基本思路是对中小企业倾斜的税收政策可以鼓励更多的个体创业和中小企业创新(Bruce & Mohsin, 2006);考虑到国际化扩张也是典型的企业创新精神,一些政府政策专门与促进企业的国际化发展有关(Bowen & De Clercq, 2008);还有许多学者研究了当地政府出台的各种帮助本地企业的创新政策如建立商业和培训项目、项目孵化器、科学技术和研究产业园区等(Storey, 2003)。学者们普遍认为,创新支持政策难以具备普适性,需要根据每个经济地区的不同制度和经济情境进行因地制宜、因势利导的量身定制(Wagner & Sternberg, 2004)。

(二)国外研究文献可能的局限之处

第一,有关研究呈现出宏观研究范式主导的特征,缺乏对应的微观化研究范式的有效回应。一方面,现有的主流研究无论是以经济学为代表的制度经济学流派、以社会学为代表的社会文化研究流派,还是以开放系统研究为代表的组织理论研究流派,都是以制度环境作为研究的出发点,着力刻画制度环境本体轮廓和宏观特征,对于这一类的研究,虽然已经在理论上取得了相当大的进展,但实证结论显示出结论不稳健以及较多与理论预测不相符的地方;另一方面,现有进行微观化研究的主要是创业过程的研究流派,这一类流派能够解开创业过程的各个环节,对于理解市场化的影响过程和机制提供了更为细致的方案。这一类研究尚处于框架分析阶段,由于缺乏有力的理论支持,大多数研究都没有进行实证分析,由此阻碍了学界对此问题的深入考察。

第二,实证研究结果不稳健,甚至有互相矛盾之处。由于研究者采用了多种不同的实证设计办法和测量手段,而且对经济自由度的测算多采用大而全的地区统计数据,导致实证结果复杂多变。麦克穆伦、巴比和帕利奇(2008)发现市场化进程与创新活动之间的正向关联很弱,10 项市场化指标中只有劳动力自由度和产权保护与创新活动正相关,其他在理论上应该促进创新活动的市场化进程(如贸易自由度、投资自由度和金融自由度)都与创新活动没有显著的关系,部分市场化进程指标甚至出现了不显著的负向关联。鲍文和德克里克(2008)分析发现,一国的创新活动活跃程度与资本自由度、教育可获得程度正相关,与腐败程度负相关,但是与政府对经济的管制活动没有关系。戈曼、霍比斯和麦克克里卡德(2008)发现,市场化程度的确显著促进了商业和个人服务业的创新活动,但同时抑制了医疗、社会和法律服务等行业的创新活动。因此,至今为止,学者们对于经济自由化的各个方面在预测企业家精神的作用和影响方面还知之甚少。

第三,相关实证研究存在着一系列情境化挑战。西方情境下的经济自由度或市场化进程研究是以国外相对成熟的市场经济情境设定的,缺乏对中国这样的转型经济体的市场化进程进行的理论分析和测量刻画。出于数据的可获得性和便利性,实证研究多以 OECD 国家为主要样本(Bjørnskov & Foss,2012;Gardner、McGowan & Sissoko,2014;Kuckertz、Berger & Mpeqa,2016 等),对发展中国家尤其是市场转型国家的研究比较缺乏,因此,其得到的研究结论仅适用于西方传统市场经济体。考虑到世界各国的国情和经济状态截然不同、风格各异,应当摸索和建立适合各国的市场化转型理论。基于此,课题组认为,既有市场化进程与企业创新精神的研究需要在管理学的情境化研究方式下得到有益的补充和提升,以帮助从不同国情的角度审视市场化进程及其效应。

3.7.2 国内研究文献的启示和可能的局限之处

(一)国内研究文献的启示

第一,实证研究结论丰富,讨论了市场化进程在公司治理和创新投资多个方面所起的独特作用。发现市场化进程与公司治理、监管和代理成本密切相关,在市场化进程越慢的地区,其公司持有现金的程度越高、在职消费的程度越高(顾乃康和孙进军,2009)、公司经理薪酬之于企业绩效的敏感性越低(辛清泉和谭伟强,2009)、进行非效率投资的可能性越大(吴锐和李光义,2009);有学者讨论了企业应对市场化进程不足的办法,发现市场化程度越低,企业越倾向于进行关联交易(刘凤委、张人骥和崔磊磊,2007)、企业家越愿意成为人大代表或政协委员(邓建平、饶妙和曾勇,2012)、国有持股越多(夏立君和陈信元,2007)且股权的集中度越高(严太华和王欣,2008)以及越倾向于本地并购而不是跨地区并购等(张志宏和费贵贤,2010)。上述研究为理解市场化进程与企业行为提供了可靠的研究证据,特别是在公司治理方面的结论尤为丰富。

第二,在中国情境发现了一些与理论预测不完全一致的实证研究结果。廖开荣和陈爽英(2011)发现市场化进程中民营经济的竞争程度对民营企业研发投入产生了显著的负向影响,即民营经济竞争程度越高,企业研发投入越少。李文贵和余明桂(2012)发现在市场化进程相对较快的地区,国有企业与非国有企业之间的风险承担差异显著更大,即市场化进程反而使得国有企业进行创新的可能性变弱。李晶(2008)发现市场化程度对民营上市公司的投资没有显著影响,但与国有上市公司的投资呈显著的负相关关系,市场化程度越低,国有上市公司的投资行为反而越活跃。这些研究证据,尤其是民企和国企在市场化进程中产生的对比反差,使得市场化与企业创新之间的关系更有深入探索的价值。

第三,多采用公开的上市公司面板数据和逐年发布的区域市场化进程指标,研究结论的可信度较高。多数实证文献均采用沪深上市公司的公开发布数据作为研究材料,因此,研究数据多为具有时序性的面板数据,且覆盖全国多个省份,具有良好的数据质量。在市场化测度方面,大多数文献采用樊纲等编纂的中国市场化指数,该指数具有全面性、逐年发布的特点,比较准确地描述了我国各地区在市场化进程方面的差异。既有研究文献多以上市公司所在地的市场化进程指数作为该公司的市场化环境刻画,具有良好的代表性。

(二)国内研究文献可能的局限之处

第一,国内实证研究的理论化程度略显不足。多数研究以数据驱动为主,研究设计依赖现有数据,分析方式趋于雷同,得到的研究结论也大同小异。由于缺乏新颖和系统性的理论视角分析,对市场化进程影响企业行为机理方面的阐述比较欠缺,总体上认为市场化进程有助于改善资源配置的效率、加强对知识产权的保护并且会受到更多的市场竞争的压力等,缺乏适当的理论新意。

第二,地区化的测量体系呈现出"大而全"的特点,其测度方式虽然有助于整体地理解各地的市场化进程,但联系到对企业创新精神的影响时发现这些指标中包括许多对企业创新没有直接关联或者关联很弱的"类噪声"指标,如非国有经济的投资和就业人数、非国有金融机构的资产和负债情况等,这些弱相关指标进入研究模型将对研究效度产生一定的偏差,干扰了研究结果的可靠性。

第三,企业层面的市场化进程在宏观测度中很少得到体现。市场化改革既包括对要素、商品和金融等外部市场交易机制的改革,也包括对企业战略目标和激励机制的改革以及政府行政干预和政策引导扶持的作用等,但受限于现有二手数据的可获得性,这些研究变量在既有研究中鲜有涉及。

第四,宏观测度指标多以国家或省份为分析层面,多采用统计年鉴中的宏观经济和产业数据作为聚合层面的数据来源,而较少对企业进行直接调查。由于"抹平"了同一省际行政区域内企业所处市场化进程的组内差异,因此,只能比较不同省份之间的组间差异,而不易考察企业个体对市场化认知的差异。

3.7.3 值得深入探究之处

为了回应既有研究中存在的局限性,本书尝试引入企业家的认知图式理论的研究视角。课题组认为,从认知图式理论的研究视角来分析市场化进程与企业创新精神的关系,能够与既有研究形成有益互补,并提供比较新颖的理论洞察,具体体现在以下四个方面:

第一,认知图式视角将企业家行为视为一个主观认知过程,在此过程中企业家会运用其独特的认知结构来从环境中汲取、处理信息再作出决策。企业家在决策过程中对环境的感知和解读均与其他个体有所差异,因此,可以帮助学界从个体微观的角度来深入分析企业家和企业行为的发生过程,在一定程度上补充了以往研究缺乏对创新过程尤其是企业家认知过程的考察的不足。

第二,认知图式视角将企业所处的制度环境视为一个主观感知的制度空间,虽然市场化进程中的制度政策变化是客观发生的,但是企业家和企业对该客观现象的认知却是主观进行的(Shane & Venkataraman,2000)。因此,在创新决策过程中,企业家的主观认知因素可能发挥着更为重要的作用。从认知图式的视角,研究焦点从客观的市场化进程转为企业家的市场化进程感知,这有助于学界从个体微观的角度来刻画并分析市场化进程。

第三,认知图式视角认为企业家的认知能力是有限的,其决策过程也是有限理性的,因此,从认知角度来看,虽然市场化进程的措施可能有许多,但是企业家在感知过程中吸收和注意到的市场化进程却是相对有限的。这启示研究者应该避免在实证研究中引入与企业创新决策无关或关联程度不大的市场化进程变量,而应集中分析最可能影响企业创新的关键市场化进程变量。

第四,市场化进程不仅是要素、资源、人力、产品等市场交易机制的改革,而且是包括企业内部市场化和政府行政改革在内的全面系统工程,尤其在我国独特的中国特色社会主义道路建设上,走的是一条与西方国家截然不同的市场化道路,改革措施和方向也带有典型的中国特色,因此,从企业家认知的角度来刻画和分析市场化进程,能够对中国特色市场化道路进行解读和分析。

综上所述,通过对相关研究进行文献评述,整理出了关于市场化进程与企业创新精神的已有理论视角和研究发现,这为本研究提供了丰富的理论参考和实证分析基础;与此同时,既有文献存在的局限和不足,尤其是缺乏微观理论视角的研究探索,也为本书从认知图式视角切入提供了可行的研究契机。

第四章

研究框架的建构

本章分成5节。第1节介绍认知图式理论,尤其是关于认知图式和启发式决策的相关研究;第2节引入三种主要的认知图式,即安排图式、意愿图式和能力图式;第3节将三种认知图式与市场化进程相结合,从企业对市场化进程的感知的角度将市场化进程划分为要素型、激励型和经营型三种类型;第4节介绍角色图式的概念,作为对任务图式的补充,并在此基础上引入本书基于角色图式考虑的六个潜在调节变量,即企业产权、企业规模、企业所在行业、高新技术企业、家族企业和企业所在地区;第5节建构全文的研究框架。

4.1 认知图式理论视角的引入

4.1.1 认知科学的基础理论

认知理论关注的是个体或组织如何从外界环境中感知并诠释信息的社会化信息处理过程(Salancik & Pfeffer, 1978)。随着对个体和组织现象解释力的不断上升,认知理论越来越多地应用到其他学科领域,如战略管理、组织变革、人力资源管理和创业管理等(Busenitz & Barney, 1997),因此,企业家认知理论(entrepreneurial cognition theory)是认知理论在创业领域的新发展。

认知理论在创业领域的发展主要形成了两类成果,即决策制定的启发法(the decision-making heuristics)和对环境的能动性(the enactment of environment)(Katz, 1992),前者研究的是在信息处理过程中企业家是否具备与常人不同的决策准则和方法,后者关注的是企业家在对环境信息的感知和识别上是否与普通人存在系统性差异。因此,前者又被称为认知过程研究(cognitive process),后者又被称为认知结构研究(cognitive structure)。认知结构负责分辨、吸收和存储知识,认知过程负责如何运用和处理这些知识。因此,企业家认知的研究大体上致力于两个研究问题:第一,企业家是如何从环境中选择性地吸收信息和知识的;第二,这些信息和知识是如何在企业家心智中处理和运行的。

4.1.2 关于认知过程的研究

认知过程也称为启发法(heuristics),指个体或组织在信息处理过程中表现出的非完全理性的决策逻辑。由于决策时间和处理精力等因素的限制,人类的认知活动不是完全理性的,而是容易受到许多错误和偏差的影响,这使得决策者常常会参考不合宜的规律、形成不现实的期望和作出错误的决策(Busenitz & Barney,1997)。当然,认知启发法有时也会成为有用的快速决策机制,即"大拇指法则"(rule of the thumb),比如人们在听到对某个事件的多种不同的描述时,一般会倾向于相信自己最早听到的那个描述,即"先入为主"。这一类的启发法在企业处于极度动态的环境中时常有奇效,甚至能够成为企业在剧烈动荡环境中保持竞争优势的动态能力(Eisenhardt & Martin,2000)。

在企业家决策的过程中,研究者发现了许多与创造性活动紧密联系的独特的企业家式启发法(entrepreneurial heuristics)。比如过度自信(overconfidence),即对自己所作出的判断的一种不切实际的高度相信和坚持,许多研究都发现企业家比其他人更容易形成这种认知偏差;控制幻觉(the illusion of control),即企业家认为自己具备超出实际的、影响或说服别人想法的控制能力;小数定律(the law of small numbers),即企业家常常倾向于并善于从很小的样本观察甚至个案中抽取发现"规律"并以此作为决策指导原则等。

虽然相当部分的启发式决策的效果存在争议,但也有一些启发法被广泛认为具有较强的积极功效。萨拉斯瓦蒂、西蒙和莱纬(Sarasvathy,Simon & Lave,1998)通过对经验丰富的企业家和银行家的决策模式进行比较研究,发现老练的企业家的决策过程和银行家存在显著差异:在相同的决策情境下,银行家先关注目标结果,然后尝试不断地降低成本和控制实现该结果所面临的风险;企业家接受既定的风险,然后尝试在给定损失概率下如何最大化结果的价值。萨拉斯瓦蒂(2001)进一步归纳出企业家的决策直觉,并且称之为效果推理(effectuation)式启发法,包括五个子原则:(1)一鸟在手原则:从手边资源开始来设计可能创造的目标;(2)可承受损失原则:制定可承受损失的范围,在此基础上尽可能地尝试新机会;(3)柠檬水原则:接受并利用突发事件,而不是害怕出现意外情况;(4)缝缝补补原则:找到志同道合的合作者来投入各自的资源承诺;(5)飞行员原则:相信未来不是预测出来的,而是一起创造出来的。萨拉斯瓦蒂认为,效果推理是企业家随着创业经验和技能的增加,在实践中摸索出的一套独特的思维决策模式。从上面的相关研究可以发现,企业家群体在信息处理过程中的确存在比较独特的地方,这与其进行的创新任务固有的高风险性和高度不确定性存在密切关系。

4.1.3 关于认知结构的研究

认知结构也称为图式(schema),是个体或组织对某个特定概念的固定知识结构,这些知识结构既包括对该概念的属性、特征和构成维度的认知,也包括这些属性、特征和构成维度之间的关联关系(Daft & Weick, 1984)。图式能够为作出判断提供认知层面的参考和依据,是个体或组织与环境进行互动的逻辑框架(framework)。简而言之,图式是人们对于某种事物的相关知识背景,当人们具备相关知识背景时,能够比较精准地从事物中提取信息,并作出合适的判断决策;当人们缺乏这样的知识背景时,其在获取关于该事件的信息时就"无从下手",难以作出决策,或作出的决策显得比较"外行"。

举例而言,一位资深的大学教授非常了解学术论文的写作规则、内容构成和评判标准,因此,他在评审一篇学术论文的时候,就能够从选题的重要程度、理论逻辑的新颖性、文献综述的功力、研究设计的可靠性、理论创新和实践价值等方面提取相关信息并进行高效率的分析评价,缺乏学术论文的相关认知结构的人则往往难以对一篇学术文献进行准确的专业评价。因此,图式实际上构成了人们认知事物和从外部环境中提取信息的知识通道(Baron & Ward, 2004)。虽然常常意识不到图式的存在,但人们的确是根据自身的认知图式来了解和判断每一件事物的,因此,这种知识通道对人们的信息吸收、处理过程和决策结果影响都很大。比如,在论文评审的例子中,成功地为评审者的主要认知通道提供了关键实质性内容的论文能够得到更高的评价,没有满足评审者的认知通道的信息需求的论文则难以获得较高的评价。

4.1.4 关于认知图式的研究

本研究主要采用认知过程理论中关于认知图式的研究内容作为理论框架,这主要是因为对启发式决策的研究着重于关心个体或组织在收集信息之后的处理偏差和非理性行为,这个过程主要发生在个体或组织内部,而与其所处的环境之间的关联程度不高;对认知图式的研究则更加关注个体或组织从外部环境获取信息的过程,即对环境的能动性(enactment of environment)(Daft 和 Weick, 1984),这种能动性使得企业并不是完全被动地接受外部信息,而是会根据主观的知识框架来选择性地吸收和解读环境信息,因此,课题组认为该研究范式尤其适用于讨论制度环境对企业创新决策过程的影响。

以往的研究表明,认知图式存在行业专属性或任务专属性,即相同的行业或任务会形成相对稳定的、成员间彼此共享的认知图式,虽然这种任务认知图式本身也会随时代发展而改变,但在短时间内改变幅度一般很小(Mitchell etc., 2000)。企业家作为一个独特的社会群体,其在制定和执行创新创业相关决策和任务时,所具备并运用的独特认知结构被称为企业家的创业认知图式或企业家认知图式(entrepreneurial cognitive schemas)。

认知图式研究的重要性在于其能够帮助了解企业家是如何从外部环境中主观地感知和诠释信息并且进行决策的。由于图式是个体或组织对某个特定领域的结构化的知识结构,因此,企业家图式就是企业家对创新创业活动这个特定任务的结构化的知识结构,该知识结构能够帮助企业家从杂乱的外部环境中厘出清晰的信息和知识获取的通道,在企业家决策过程中扮演了重要角色。

4.2 任务图式:安排图式、意愿图式和能力图式

既有的认知图式文献识别出了多种企业家的创业图式,其中最重要的创业图式是企业家任务图式(entrepreneurial task schemas),即企业家在执行创新和创业等企业家活动任务时所具备的认知结构,这主要与任务本身的特征有关。由于企业家任务是一个充满不确定性的挑战,因此,企业家在执行该任

务之前需要对任务所需的支持条件进行评估和分析,当环境提供了越合理的任务条件支持时,企业家就越可能进行创新活动;当环境向企业家传递的信息中缺乏必要的关键需求时,企业家进行创新活动的可能性降低。

4.2.1 任务图式之安排图式

第一种任务图式称为安排图式(arrangement schemas),由于企业家活动涉及一系列的外部要素安排,要将契约、关系、资源和资产等要素整合到创造性活动中来,因此,安排图式是企业家关于进行某项创新相关活动所必需的包括资源、关系和资产等在内的要素安排的认知结构(Lim etc.,2010)。

具体地,安排图式中的"安排"一词指的是某种创新所需资源的给定情况。米切尔(Mitchell)等(2000)认为,由于安排图式是个体或组织内部关于某项外部安排的特定知识结构,因此,当决策者能够得到这些相关的外部安排时,就可以展示出更强的专家技艺(expert-level mastery)。比如,多数职业运动员都坚持使用自己专用的运动器材(如保龄球、高尔夫球棒和网球拍等),这是因为他们在自己所熟悉的外部资源安排上能够发挥出更强的专家技能。

在创新相关活动中,企业家需要的典型的安排图式的内容有:(1)创意保护,即需要特定的专利、产权、连锁协议、契约和其他安排来预防和保护创新模仿;(2)企业家网络,企业家需要运用合适的社会资本作为非正式契约来执行创新任务;(3)必要的商业资源,指企业家是否掌握或者有机会获取必要的财务、人力和其他创新所需的资产和材料;(4)创新相关的知识,指企业家是否可以获得并维持创新活动的竞争优势所需的相关信息和知识。总而言之,安排图式反映了企业家进行创新活动之前对外部要素的安排情况的评估和分析,比如创新成果的保护要素、企业家网络的获取、商业资源的可获得性和信息的丰裕程度,虽然这些要素可能因创新活动的不同而有所差异,但是整体上具备一定的普适性。

4.2.2 任务图式之意愿图式

第二种任务图式称为意愿图式(willingness schemas),这一类图式主要与企业家对一个创意是否可以实施的感知性判断和对创新活动的持续承诺程度有关,因此,意愿图式是支持企业家对某项创新活动进行意愿性承诺的相关思维和心智认知框架(Baron & Ward,2004)。

具体地,由于创新是一项风险程度较高、对资源和精力的承诺程度要求也较高的任务,需要企业在资金和人力方面进行较大规模的投入,而且一旦选择进行创新投资,往往是"开弓没有回头箭",所以,在决定是否要开展创新活动之前,企业家需要判断组织的当前情况是否支持高程度的风险承担意向。

在企业家活动中典型的意愿图式包括:(1)机会搜寻,指企业家是否认为环境支持了其寻求新的可能性和尝试新事物的开放搜寻;(2)承诺的忍耐力,主要与创新活动的风险和不确定性有关,即企业家是否愿意在明确地知晓创新活动的风险和可能的责任后果的情况下,仍然愿意把资金投资在这些项目上;(3)对机会的追求程度,主要跟企业家对机会的信念有关,即企业家是否会认为错失一个机会比努力去尝试但是失败了要糟糕得多。总而言之,意愿图式反映了企业家在面临创新决策时在内在驱动力方面的评估和分析,当企业家所感知到的组织情形和外部环境支持了这样的内在驱动力时,企业家更倾向于作出积极的创新决策;但是当其所感知到的环境无法支持高水平资源和精力承诺时,企业家就会倾向于作出消极的创新决策。

4.2.3 任务图式之能力图式

第三类任务图式称为能力图式(ability schemas),这一类图式主要跟企业家对自身或组织是否具备开展创新活动所需的相关技能和能力的判断有关,因此可以定义为企业家对支持企业进行某项创新活动的技能、知识和能力进行认知的知识结构或思维框架(Mitchell etc.,2000)。

创新活动的难度和复杂程度较高,对企业家个体或组织都提出了较高的能力要求。在创新活动这个特定的任务情形下,企业家在思考创新能力需求的时候有着比较特定的思维框架,既有研究至少识别出了三种能力图式:(1)企业家诊断图式,指企业家需要判断企业是否能准确评估企业的现状和潜力,并且能够系统化地理解未来创新活动中可能涉及的各种元素之间关系的能力;(2)情境化的知识图式,指企业家需要判断企业是否具备从过去创新活动中不断学习,然后把这些组织学习结果应用到将来的新情境之中的能力;(3)能力与机会匹配的图式,这个图式涉及创新的本质,即企业家需要评估企业是否具备通过对人才、资源和产品进行新组合的方式来实现客户和自身价值双赢的能力。综上所述,能力图式是企业家在进行创新决策之前对自身是否具备创新所需相关能力的评价的思维模式,包括对资源和材料的全局诊断情况、从不断发生的创新活动中进行学习和积累的能力和整合不同生产要素来满足企业和顾客的价值需求的能力。既有研究发现,当企业家所感知到的环境信息加强了上述创新所需能力的评估时,企业家倾向于作出更加积极的创新决策;而当企业家所接受到的支持力度不足时,就会作出相对消极的创新决策(Mitchell etc.,2000)。

总而言之,对认知图式的研究为理解"企业家是如何作出决策的"这一问题提供了比较深入的理论洞察力。由于任何决策过程都可以视为一个基于心智认知的信息处理过程,因此,认知理论可以运用到许多个体和组织的决策分析之中。对于创新活动任务而言,企业家群体在应对该任务时形成了比较独特的与该任务过程和要求密切相关的信息处理过程,包括对创新活动所需资源和要素进行评估的安排图式、对创新活动所需组织承诺和持续投入的倾向性进行评估的意愿图式、对创新活动所需技能和能力进行评估的能力图式。认知图式理论认为,上述认知图式已经内化到企业家脑海和组织惯例之中,在进行决策时他们会在无意识之中运用上述认知结构来从环境中摄取并处理信息(Baron & Ward,2004),因此,认知图式视角可以比较准确地分析企业从其所处的制度环境中摄取信息并进行分析决策的过程(Begley,Tan & Schoch,2005)。

4.3 要素型、激励型和经营型市场化进程感知

在以往研究中,认知图式视角被广泛地运用于多种研究问题之中。布塞尼茨和刘(1996)讨论了个体的社会地位环境对其创业倾向性的系统性影响。米切尔等(2000)分析了不同的国家文化如何通过认知图式的机制影响其国家层面的创新倾向性,由此解释在不同国家之间形成的创新活跃度的差异。奥兹根和拜伦(2007)运用认知图式理论讨论了企业家的社会网络对其创新活动的影响,包括企业家的家庭关系、商业关系、技术关系和是否具有指引导师等。上述研究的共同点是从认知图式的角度分析个体或企业如何从社会环境中获取创新所需的信息和资源,形成了比较丰富的研究结论,为理解个体或企业所处环境与创新决策之间的关系提供了新的洞察力。然而,尚未有研究从认

知视角讨论市场化程度对企业创新决策的影响。课题组认为,由于市场化进程所涉及的一系列经济制度和政策措施都与企业创新所需的要素安排、承诺意愿和创新能力有较大的关系,因此,市场化进程与企业的认知图式过程密切相关。

4.3.1 安排图式与要素型市场化进程感知

根据认知图式理论中关于安排图式的研究,认为企业对市场化制度环境的感知的第一个重要方面是市场化进程是否为创新活动提供了足够的外部资源和要素安排。企业会从环境中评估其进行创新活动所需资源和要素的可获得情况,如财务融资、劳动力和知识产权保护等,而这些要素的获取都与市场化程度息息相关(Szelenyi & Kostello, 1996)。尤其是对于我国这样的转型经济国家,在制度安排和市场建设上还存在诸多不足之处,这些市场制度空缺(institutional void)会释放出信号,让企业产生创新资源不足的感知和判断,由此降低了企业的创新活动(Khanna & Palepu, 1997)。

因此,从安排图式的角度,许多市场化政策措施都与企业的安排感知密切相关,据此建立起市场化进程感知与创新活动之间的逻辑关系,即某些特定的市场化进程——基于安排图式对创新所需资源要素安排的评估——积极的或消极的创新决策——企业最终表现出来的创新精神。对于这一类特定的、通过安排图式来影响创新决策认知的市场化进程,称为要素型市场化进程感知。

市场化进程与企业所感知到的要素与资源的可获得性密切相关。在计划经济中,生产资源由行政指令管控,资源获取和交易的费用高昂,企业家活动受到限制。在市场经济中,资源通过"非人格化的"(arm-length)的市场交易机制来配置,通过市场价格的波动、市场主体对利益的追求和市场供求的变化来调节经济运行,市场协调机制具有更低的交易费用,带来了更高的市场资源配置效率(Nee, 1989)。因此,实施市场经济犹如打开了"潘多拉的魔盒",由于在分配生产要素和组织生产过程上都比计划经济更有效率,市场机制会逐渐替代行政机制成为主导的经济生活秩序。进而,新的代表市场机制的利益集团会应运而生,并在社会舞台上逐渐形成势力,与旧的代表行政科层机制的利益集团进行较量,将导致社会生活秩序发生不可逆的变化(Nee & Cao, 2005)。

因此，本书将要素型市场化进程定义为在企业外部的市场交易中，由于市场机制逐渐替代计划机制，而引起的在创新活动所需的资本、劳动力、原料、技术等要素市场中，企业可以通过市场机制来获取资源的程度。既有研究尤其是经济学文献已经分析过多种要素市场的改革与变迁，塞莱尼和科斯特洛（Szelenyi & Kostello, 1996）提出了三个要素市场的转型模型，其中，商品市场（commodity market）中商品价格越受供求关系决定，商品市场的发展程度就越高；劳动力市场（labor market）中劳动力价格越受供求关系决定，劳动力市场发展程度越高；资本市场（capital market）中国家投资占总投资的比例越少，资本市场发展程度越高。舒和毕按（Shu & Bian, 2003）对上述三个指标进行了一定程度的修改，其测量的商品市场是非国有企业工业产值占工业总产值的比重，劳动力市场是非国有企业雇员占总雇员人数的比重，资金市场是外来投资占总体投资的比重。

全面地考察各类要素市场的市场化进程超出了本书的范畴，本书从验证认知图式中安排图式的角度出发，跟随倪（1992）、戴维斯和沃尔特斯（2004）等研究文献，考察具有典型代表意义的、并且与创新决策过程密切相关的两类要素型市场化进程，即资源市场化和雇佣自由化。其中，资源市场化指就企业进行创新活动所需要素资源的上游市场而言，企业可以通过"非人格化"的市场机制获取各种原材料资源的程度（Nee, 1992）。雇佣自由化指从企业创新活动所需的人力资本的角度来考察，企业所处的市场环境为企业提供生产工人、技术工程师和中高层管理者等人力资源的程度（Davies & Walters, 2004）。

4.3.2 意愿图式与激励型市场化进程感知

根据认知图式理论中关于意愿图式的研究，认为企业对市场化制度环境的感知的第二个重要方面是市场化进程是否为创新活动提供了足够的动机驱动和承诺激励机制。相比起第一种企业家对外部环境中资源和要素可得性的需求分析，企业对创新活动的承诺和持续动机主要来自企业内部，因此，此类市场化改革可以视为组织层面进行的市场化进程。一般而言，组织层面的市场化改革进程可以分成两种，第一种是企业整体经营目标以经济绩效为主要战略导向的程度，第二种是企业内部的激励晋升和考核机制以经济绩效为准绳的程度（Nee & Cao, 2005），对于上述通过企业家意愿图式进行决策认知的特定市场化进程,可以将其称为激励型市场化进程感知。

市场化进程与企业所感知到的创新动机的激励程度和资源承诺的支持程度密切相关。倪(1992)较早地指出,市场化改革进程可以通过企业的经济行为受鼓励或限制的程度进行刻画。在市场改革前,我国的企业组织是国家行政机制的扩展,其生产职能是为了满足全民所有制社会发展的物质建设需求,企业行为主要或完全受行政指令支配。在这种情况下,企业是否进行创新或者如何进行创新都在很大程度上由国家行政机关研究决定(Child & Lu, 1996)。在市场化改革之后,多数企业都逐渐地脱离了计划经济的行政体制,建立了一套符合市场竞争的自负盈亏的商业组织,企业对私有利益的追求逐渐得到释放,基于经济绩效的考核也逐渐成为企业的新管理方式(Zhou & Li, 2007)。

在管理学和社会学的研究中,对中国转型情境下组织层面的市场化变革问题的研究一直是学界关注的热点问题(Tsui, 2006),不少研究都对组织层面发生的市场化变革进行了深入而具体的研究,比如对中国企业的组织文化和员工价值观进行的文化和跨文化分析(Lam & Shi, 2008)和对中国企业中有特色的中国式管理模式进行的探索等(Boisot & Liang, 1992)。相较而言,一些学者更加关注企业组织在硬性制度上进行的改革,如外部董事制度在中国企业情境的建立并扩散(Peng, 2004)和形成具有中国特色的公司治理结构(Young 等, 2008)等,另一些学者则更加关注中国企业组织在更加"软性"的组织文化和价值观上发生的变化(Ralston 等, 2006)。

本书跟随倪(1992)、戴维斯和沃尔特斯(2004)等文献,考察两类具有典型代表意义且与创新决策过程密切相关的激励型市场化进程感知对企业创新精神的影响,即利润重要度和激励绩效化。其中,利润重要度指从创新活动所需的战略愿景激励而言,企业组织从战略导向上建立了以经济效益为核心追求目标且组织生存依存于市场竞争绩效的程度(Nee, 1992)。激励绩效化指从创新活动所需要的员工激励机制而言,企业组织在内部考核机制上对雇员的晋升、薪酬和回报进行以经济产出绩效贡献度为严格考核机制的组织管理制度的程度(Davies & Walters, 2004)。

4.3.3 能力图式与经营型市场化进程感知

根据认知图式理论中关于能力图式的研究,认为企业家对市场化制度环境的感知的第三个重要方面是市场化进程是否为创新活动所需的相关经营管理能力提供了足够支持。市场化进程中地方政府和监管机构在企业生产运营中扮演的职能角色会极大地影响企业的创新能力判断(Zhang & Li, 2007)。相关文献至少启示了两方面的政企关系互动对企业创新能力的影响：第一是政府对企业经营管理行为的干预程度，虽然政府对企业的直接干预在市场改革以后已经大幅度下降，但企业经营仍在诸多方面直接或间接地受到政府意志的影响，这对企业的市场创新能力造成了复杂的影响(Child, Chung & Davies, 2003;夏立军和陈信元, 2007);第二是政府对企业生产经营活动提供相关政策和制度支持的程度，在我国市场支持法规相对不完善的转型背景下，政府往往会应时出台具体政策为企业提供必要的信息和资源，这种政策支持可以提升企业对自身能力的积极感知，进而加强企业进行创新活动的信心(Liu 等, 2013)。对于这一类特定的通过企业家能力图式影响认知决策的市场化进程，由于主要与企业的经营管理过程有关，可以称为经营型市场化进程感知。

已有文献对经营相关的市场化进程进行了丰富的讨论。制度理论认为，由于转型经济中政府积极干预经济、掌控大量经济信息和管制资源，同时政策法规和管制制度处于快速变化之中，因此，企业与政府的关系能够显著地影响企业的战略行为(Peng & Zhou, 2005)。在早期的研究中，柴尔德和卢(Child & Lu, 1996)讨论了政府干预如何影响了企业的战略投资能力，他们发现即便在市场化改革之后，企业的许多行为仍然受到政府直接或间接的影响，而且这种影响使得企业进行战略投资的方向和程度都受到限制。后来的实证研究集中于考察企业高管与政府官员建立的关系对企业创新战略的影响，比如发现政府关系能够为新创企业提供财务和技术支持(Peng, 2001; Li & Zhang, 2007)、为产品创新战略提供资源保障(Li & Atuahene-Gima, 2001)、有助于民营企业打破行政壁垒进入管制行业(胡旭阳, 2006;罗党论和刘晓龙, 2009)和进行不相关多元化战略(李善民等, 2009)等。还有一些研究报告了政府关系对企业创新的负面影响，孙等(2010)对外资汽车企业进入中国市场后形成的政府关系与企业竞争力关系的多案例研究发现，虽然先进入中国市场的外资企业通过政府资源抢先占据了市场并成为行业领导者，但是这种政企关系却制约了其在华公司的本土市场开拓能力和生产效率，导致反被后进入中国市场的其他外资企业所逐渐取代。

跟随李和阿图阿赫内-吉玛(2001),柴尔德、创和戴维斯(2003),戴维斯和沃尔特斯(2004)等研究文献,考察两类具有典型代表意义、且与创新决策过程密切相关的经营型市场化进程感知对企业创新精神的影响,即行政干预和制度支持。其中,行政干预指各级政府和监管部门官员在企业经营决策中起作用的程度,企业与政府官员的连接越紧密和频繁,其经营决策就越容易受到行政机制的影响(Child, Chung & Davies, 2003)。制度支持指政府通过政策方式为企业生产经营提供项目、信息、技术、市场或资金支持的程度(Li & Atuahene-Gima, 2001)。

综上所述,基于任务图式的相关研究将市场化进程划分为三种类型:(1)与企业创新活动所需的资源和要素安排有关的要素型市场化进程感知,这与企业家认知结构中的安排图式的信息感知通道相一致;(2)与企业进行创新活动所需的内部激励和承诺驱动因素有关的激励型市场化进程感知,这与企业家认知结构中的意愿图式的信息感知通道相一致;(3)与企业进行创新活动所需的生产运营和管理能力等因素有关的经营型市场化进程感知,这与企业家认知结构中的能力图式的信息感知通道相一致。根据任务图式理论,企业从上述三个认知通道中获取市场化进程信息,并由此产生对创新活动从市场化进程获得安排、意愿、能力支持的综合判断,进而综合作出决策并进行相关创新活动。

4.4 角色图式与任务图式的交互影响

角色图式是企业家认知图式的另一个重要内容,凸显出处于不同角色类型的企业家在进行认知活动时具有的个体化偏差。在任务图式分析的基础上,本书进一步比较分析三种不同类型的市场化任务图式认知影响企业创新精神的权重程度差异,引入角色图式的相关概念并分析其与任务图式的交互影响。

4.4.1 角色图式相关研究基础

角色图式(role schemas)是对任务图式研究的进一步补充,科贝特和希梅莱斯基将角色图式定义为"个体或组织根据自身的特定工作、职能或角色来调整其关于某项任务的知识框架(任务图式)的认知结构或心智模式"(Corbett & Hmieleski,2007)。角色图式左右了企业家在处理创新问题时运用任务图式的强弱程度和偏好程度,换言之,对于不同类型的个体或者企业,其在执行创新任务认知环境信息时会有不同程度的倚重或偏好,比如某一类企业会尤其注重安排图式的感知,而相对忽视对意愿图式的感知,而另一类企业则正好相反,具体取决于对企业的"角色"设定。

目前学界对角色图式的研究还处于新兴阶段,相关研究不多,科贝特和希梅莱斯基(2007)的研究考察了两种不同类型的企业家对任务图式的不同倚重程度。他们将企业家分成个体创业者和公司创业者,前者在创业活动之前不隶属于任何企业组织,是一个独立的自然人;后者进行创业活动的时候隶属于某个具体组织,这种现象常常见于许多高科技行业的大型企业所进行的分拆式新建企业创业(spin-off entrepreneurship)。

他们的研究发现,在安排图式方面:(1)由于在位企业在已有市场中的竞争意识很强,因此,公司创业者会更加注重知识产权保护相关制度的运用,个体创业者在创新的时候常常是过度激进而较少顾及防御;(2)由于在位企业的人力和物质资源相对丰富,因此,公司创业者会更多地运用正式商业计划书并提前进行缜密的工程师式的资源规划,个体创业者则更多地依靠对手边资源进行"拼凑"来即兴发挥,应对环境中突发的机会或威胁;(3)在网络资源的需求上,公司创业者会更多地考量正式的法律、财务和营销等服务机构资源,个体创业者则会更多地考虑亲戚朋友等非正式的网络资源的可获得性。

在意愿图式方面:(1)由于个体对拥有自己的企业有更强的成就动机和感情因素,因此,相比于公司创业者,个体创业者对成立新企业有更强的承诺投入程度和失败容忍性;(2)由于公司创业者除了创新项目之外还有其他的正式工作,创新项目往往是以一种可行可放的兼职项目来进行的,个体创业者则面临"不成功、便成仁"的风险,他们追逐机会的坚持意愿也会更强。

在能力图式方面:(1)由于公司情境中往往有许多的创新或创业项目的机会,因此,公司创业者有更多的机会从这些以往项目中进行学习,并进一步将这些知识运用到新创企业项目中去,因此,公司创业者在运用情境化知识(situational knowledge)方面会更加擅长;(2)由于在大公司中能够更加便利地接触到大量现有客户的原因,公司创业者能够更加熟练地整合资源,创造新的知识结构。

基于科贝特和希梅莱斯基(2007)的研究可以发现,公司创业者在要素安排和创新能力上占据优势,他们对这些要素的注重程度和敏感程度也会相应更高;个体创业者在要素安排和创新能力上略有欠缺,他们会更加注重影响个体创新承诺驱动的相关因素,而在要素图式和能力图式上相对注重与公司创业者所不同的要素资源类型或能力增强的其他可能性。科贝特和希梅莱斯基(2007)的研究比较清楚地说明了角色图式的作用机制,为本研究提供了理论基础。

4.4.2 基于中国企业创新情境的角色图式分析

在我国的实际商业情境下,课题组认为有六类相关因素可能成为企业进行认知图式时的"角色代入",显著地影响着任务图式的认知通道强度。

第一类是企业的产权角色,国有企业和民营企业因为产权的差异可能导致其在解读和接收市场化进程带来的信息时存在显著的差异性,考虑到战略目标和治理结构上存在的明显差异,可能导致国有企业对企业内部的市场化进程更为敏感,而民营企业对企业外部的市场化进程更为敏感(钱颖一,2003)。

第二类是企业的规模角色,资源禀赋的差异会导致大型规模企业和中小企业在认知市场化进程信息时存在差异,不同规模企业在所拥有的资源情况和行业位势上的明显差异,可能导致大型企业与政府合作的关系更为紧密,中小企业则更加专注于市场竞争态势的变化(Tan & Peng,2003)。

第三类是企业的行业角色,制造业企业和服务业企业由于行业差异可能会导致其进行创新时对市场化进程的感知存在差异,由于产品和服务创新两种不同类型创新在机会来源、员工参与程度、组织方式和对外资源需求方面等存在的差异,因此,制造业企业可能对要素资源的市场化改革更为敏感,服务业企业则对人力雇佣的市场化改革更为敏感(Peng & Luo,2000;原小能,2009)。

第四类是企业的高新角色,高新技术企业和非高新技术企业由于技术密集性的不同可能会导致其在进行创新时对市场化进程的感知和要求强度存在差异,处于政府重点支持发展行业和享受税收减免等诸多优惠政策的高新企业,其对制度支持的敏感程度可能要显著地高于非高新技术企业(包健和蒋巡南,2017)。

第五类是企业的家族角色,家族企业和非家族企业在经营目标和治理机制方面的不同可能会导致其对市场化进程的感知存在差异,考虑到家族企业所具有的独特家族治理机制和经营目标,其进行内部激励型市场化的意愿及其对创新影响的敏感性可能都显著地低于非家族企业(陈凌和吴炳德,2014)。

第六类是企业的地区角色,处于不同地区的企业在市场化进程方面可能存在系统性的差异,参考王小鲁、樊纲和胡李鹏(2018)编撰的分省份市场化指数,考虑处于东南沿海地区、中部地区和西部地区的企业,由于市场化进程的快慢程度和各地经济模式的不同,可能导致这三个地区的企业在感知市场化进程以及创新受市场化进程影响的形式上都存在显著差异,值得深入探究。

综合上述分析,本书基于企业家认知图式的角色图式理论,结合我国企业和地区发展的具体情况,考虑了六类可能对企业感知市场化进程存在潜在重要影响的角色变量,值得一提的是,这些角色变量全部以名义变量的形式进行测量和分析,在实证处理上采取0/1哑变量的形式进入模型,以此来考察不同角色类型的企业是否在市场化进程的感知和创新精神方面存在系统性差异。

4.5 本书的研究框架

综上所述,本书基于认知图式视角建立了一个分析多种市场化进程与企业创新精神关系的研究框架(见图4-1),其基本逻辑是:虽然市场化进程是一个客观发生的制度改革过程,但企业对市场化进程的感知和解读却是一个主观认知的过程,由此将市场化进程从客观政策转化为企业层面的主观感知。基于任务图式的研究,企业通过安排图式、意愿图式和能力图式三种不同的认知通道获取创新的相关信息,因此把市场化进程划分为要素型市场化进程感知、激励型市场化进程感知和经营型市场化进程感知,由此形成了本书的主效应。进一步地,企业对上述三种市场化进程的感知权重取决于企业自身在创新活动中的"角色",根据角色认知图式的研究,结合我国企业的实际情况,考虑从企业产权、企业规模、企业所在行业、高新企业、家族企业和企业所在地区六个方面来分析企业角色差异在上述三种市场化进程感知中对企业创新精神的影响的潜在权变作用。研究模型中还区别考虑了市场化进程对企业创新精神的直接影响和组合影响以及对创新绩效可能存在的权变影响,控制变量如企业年龄、学习能力、资源冗余、竞争强度等则同时进入企业创新精神和企业绩效的影响模型,以剔除企业自身资源能力和行业情况的基础影响效应。

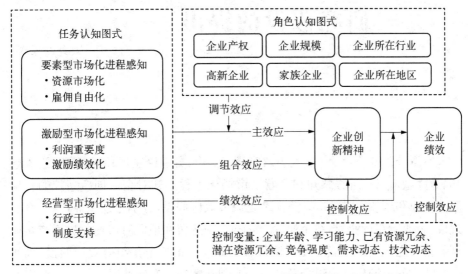

图 4-1　市场化进程感知与企业创新精神关系的研究框架

第五章

研究假设的提出

本章分为6节,1—3节是主效应研究假设,分别论述要素型市场化进程感知、激励型市场化进程感知和经营型市场化进程感知对企业创新精神的直接影响效应和绩效影响效应。第4节是调节效应假设,分别论述企业产权、企业规模、企业所在行业、高新企业、家族企业、企业所在地区对市场化进程与企业创新精神之间关系可能存在的调节影响效应。第5节是组合效应假设,推测存在特定的市场化进程组合及其对企业创新精神的影响情况。第6节对本章提出的全部研究假设进行了汇总。

5.1 要素型市场化进程感知与企业创新精神

5.1.1 资源市场化与企业创新精神

资源市场化指企业可以通过"非人格化"的市场交易机制获取生产运营所需原料资源的程度(Davies & Walters,2004)。中国实施改革开放政策40多年来,市场化改革进程中一个凸显的问题就是存在"不对称"现象,即要素市场的改革滞后于产品市场的改革进程(黄益平,2009)。市场化改革主要集中在产品市场层面以及对经济主体进行的一系列经济激励改革,然而在要素市场领域,最明显的是土地、资本、劳动力以及环境等要素市场,各级地方政府出于对经济发展、稳定经济的引导和干预的战略目的,普遍存在对要素资源的分配权、定价权和管制权的控制(张杰、周晓艳和李勇,2011)。

对要素市场的分析符合战略管理研究的传统,企业的资源基础观理论认为,仅当要素市场的竞争不完全时才存在持续的企业超额利润(Barney,1986)。基于此,要素市场的行政管制程度越高,企业获取资源的经济成本将越高,且有些稀缺资源只能通过政治渠道获得,将在行业中产生垄断企业或竞争寡头,使得行业中企业的创新精神严重受挫。反过来,当要素市场以自由交易机制运行的时候,企业获取资源的范围增大,交易费用降低,从而使企业有更大的要素创新组合的操作空间(Schumpter,1934)。因此,资源市场化程度越高,企业越有可能进行创新活动,具体从认知过程的两个方面进行论述:

第一,要素资源的市场化程度越高,企业家主观感知到的机会空间越大。从表现形式来看,创新是对"各种要素资源所进行的新组合"(Schumpeter,1934)。企业家的职能不是发明(invention)而是创新(innovation),创新不是纯粹意义上的技术原创性,而是将技术、市场、社会、行业和政策的最新发展,通过企业家才能引入商业系统中实现新的生产函数的过程(Schumpeter,1934)。企业家能够整合资源的范围很广,除了传统意义上的生产要素如土地、劳动和资本外,随着社会的发展,技术、专利、产权、政策、渠道、关系甚至商业系统都能够成为创新的要素来源(Zott & Amit,2012)。因此,资源市场化的程度越高,资源的可流动性越大,企业可实现创新的资源组合也越多。

第二,要素资源的市场化程度越高,企业家感知到的创新成本越低。企业家行为的实质是对生产要素的重新组合,但对资源进行创造性整合和重新配置时却面临获取资源的交易成本问题。资源流动的交易成本与企业家的行动空间密切相关:当资源交易高企时,企业家不得不放弃对该资源进行整合的可能性;如果交易成本较低,企业家进行资源整合的可能性就变得更大。例如,移动互联技术的应用极大地降低了商业资源交易的复杂性和成本,由此催生了极大的企业家热情和异常活跃的移动互联创新热潮(蒋学军,2011)。因此,企业所感知到的外部资源环境可支配程度的上升,可以有效地降低企业或个体发动创新活动的门槛,使得企业家才能得到刺激和释放。相反,在资源获取非常困难或者成本很高的情况下,许多企业家不得不通过对有限的手边资源进行"创造性拼凑"(entrepreneurial bricolage)来支持创新活动(赵兴庐和张建琦,2016)。

根据上述论述,提出研究假设:

H_1:在对市场化进程的感知中,企业家或企业的高层管理者所感知到的资源市场化程度越高,企业创新精神的水平越高且创新绩效更好。

5.1.2 雇佣自由化与企业创新精神

劳动力市场是要素市场的重要组成部分,雇佣自由化指市场环境为企业提供通过市场机制雇佣生产工人、技术工程师和中高层管理者的支持程度。由于人力资本的供给对企业创新的作用日益突出,因此,将其从其他要素市场中抽离出来单独论述。整体而言,人力资源可获得程度的提高能够促进企业的创新精神,下面从普通工人、技术工人和职业经理人市场三方面进行论述:

第一,在普通工人供给方面,我国由农村到城市的永久迁移仍然存在一些政策层面限制(如户籍制度和各种城乡就业、公共服务差异),使得城乡劳动力市场处于分离和切割状态,造成了劳动力要素市场的扭曲(张杰、周晓艳和李勇,2011)。近年来多次出现的"民工荒"现象说明制度性和政策性因素仍然在左右着劳动力市场的供给。虽然民工荒可能有助于倒逼产业转型和企业升级(费舒霞,2012),但其负面效应是不仅拖延了地区经济发展,也使很多中小企业由于招聘不到足够的工人,不得不缩减规模甚至关门停业(胡应得等,2006)。考虑到我国多数企业的基层从业人员仍以农民工为主,市场化程度不足的工人供给给企业生产运营造成不少困难,阻碍了企业创新精神。

第二,在技术员工的劳动力市场方面。雇佣的自由程度越高,技术员工在不同公司之间的流动性也随之提升,这种流动性能够为企业提供知识转移的创新机会。尤其是在FDI产业集群的情况下,由外资企业的技术或管理类员工离职创立或进入内资企业的现象越来越普遍,企业间员工流动和知识转移成为内资企业实现知识创新的重要环节(于海云,2012)。反之,当雇佣活动受到政策限制的时候,知识员工的流动性受到限制,技术扩展和知识转移效应随之减弱。在课题组的一次田野调查中,佛山市某陶瓷机械企业根据市场需求计划开展一项全新的全自动瓷砖包装机项目,然而由于这是行业中的全新产品,企业不具备相关人才储备,后来通过市场猎头在广州市某外资企业雇佣到两位啤酒包装线工程师,将啤酒自动包装线知识运用到瓷砖自动包装机的设计和制造中,最终顺利地在行业中率先成功开发出该产品,技术员工转移成为该项目的成功关键。

第三,在职业经理人的市场供给方面,从西方企业的发展轨迹来看,企业的发展离不开职业经理人,企业能否做强做大并在国际竞争中占有一席之地,在很大程度上取决于职业经理人市场的成熟程度(丁富国,2003)。目前,我国经理人市场发育不成熟,并受到诸多因素制约,如职业经理人的相关法律规范缺乏、市场评价机制和资格认证机制不健全、合约执行的交易费用高、行业组织的档案记录和披露制度尚未建立、社会信用基础脆弱和中国乡土社会文化传统限制较多等,制约了职业经理人市场的规模和质量(徐绍峰,2013)。在激励约束机制不完善且与雇主之间缺乏足够信任的情况下,经理人利用企业的信息和资源谋取私利跳槽损害企业利益以发泄私怨等行为时有发生(王哲兵、韩立岩和孙静,2019)。因此,在劳动力市场化发育不足时,企业的创新活动就会受到极大限制。

根据上述论述,提出研究假设:

H_2:在对市场化进程的感知中,企业家或企业的高层管理者所感知到的雇佣自由化程度越高,企业创新精神的水平越高且创新绩效更好。

5.2 激励型市场化进程感知与企业创新精神

5.2.1 利润重要度与企业创新精神

利润重要度反映了企业对经济盈利目标的重视程度(Davies & Walters,2004)。作为一个社会组织,企业不仅有为股东创造财富的盈利性经济目标,也有为社会维持福祉(如环境保护和慈善捐赠等)的社会目标,还有为政府利益服务(如创造就业岗位和维持社会和谐等)的政治目标(Greve,2008)。制度环境与企业目标密切相关,当制度中行政力量的控制力较强时,企业的战略目标就会朝政治目标偏移。在我国的转型环境中,企业的战略选择主要受新兴市场机制和原有制度力量的双重影响(Li & Peng,2008)。一方面,市场化改革加剧了行业的竞争强度,以产品和市场为导向的创新战略逐渐成为企业的重心(Zhou & Li,2007);另一方面,政府依然保持了对经济活动的控制力并掌控关键稀缺资源,因此,无论是国企还是民企,它们的战略目标都必须在市场经济和行政体制间寻找平衡。

利润重要度与企业能够从政府那里得到的经济租金有很大关系,经济学中将政府通过追加投资、减免税负、提供补贴或其他援助以帮助或扶持企业的现象称为软预算(soft budget)(林毅夫和谭国富,2000)。改革之后,大多数企业已经逐渐通过市场竞争机制自负盈亏,但无论是国有企业还是民营企业的生存都与政府存在千丝万缕的关系。软预算约束加剧了道德风险、管理松懈、在职消费及其他代理问题,可能会使企业陷入对行政资源的依赖之中而怠于创新(Sheng, Zhou & Li, 2011)。反之,以经济利润为核心的企业战略目标能够为创新活动提供更为充分的激励机制,具体从机会搜寻和承担风险两方面进行阐述:

第一,企业的利润重要度程度越高,企业家或高管就越倾向于去进行创新机会搜寻。创新机会是蕴藏在信息不对称之中的新产品、服务、原料、工艺或管理方法能够以高于成本的价格问世或出售的潜在情形(Eckhardt & Shane, 2003)。柯兹纳(Kirzner, 1997)认为对上述创新机会进行识别的关键在于企业家是否有企业家警觉性(entrepreneurial alertness)。据此认为,当组织的核心目标是实现利润和市场盈利的时候,会不断地触发和加强企业家进行机会识别的警觉性;如果一个企业组织的目标是偏政治化和社会服务方面的,企业家就会将其精力和努力放在与创新无关的其他策略上,从而阻碍了机会识别的可能性。

第二,企业的利润重要度越高,企业家或高管就越倾向于去承担一定的创新活动的风险和不确定性来开发机会。对机会的开发需要组织投入相当的人力物力,而且得到的结果常常是未知的,不成功的机会开发有可能使得企业陷入生存困境。因此,当企业有更为强烈的利润竞争导向的战略愿景时,就会更大程度地激励企业进行机会开发。已有研究表明,当企业"同类相食"的竞争意愿较高时,其行为会表现出更强的探索性倾向(Danneels, 2008)。马迟(March, 1991)的研究指出,大多数探索性行为都是高风险性且回报是不可预知的,但探索性活动具有较高的创新性且对组织长期生存有利。反之,当企业盈利性目标减弱时,企业往往选择进行利用开发性质的保守型企业活动,从而减弱了公司创新的可能性。

根据上述论述,提出研究假设:

H_3:在对市场化进程的感知中,企业家或企业的高层管理者所感知到的利润重要度程度越高,企业创新精神的水平越高且创新绩效更好。

5.2.2　激励绩效化与企业创新精神

激励绩效化指企业在内部考核机制上基于经济绩效对雇员实行晋升、薪酬和回报考核机制的程度。经济改革中,虽然劳动报酬分配方式已经逐渐从平均分配的计划经济模式转化为按劳分配或按生产要素分配的市场经济模式,但由于行政体制和社会文化的原因,在国有企业中"吃大锅饭"和论资排辈的制度传统、在民营企业中"任人唯亲"和"血浓于水"的思想观念仍然深刻地影响着员工的晋升、福利和薪酬所得(祝志勇,2011)。

经典的企业理论认为,企业是市场的替代物,其发挥经济协调职能的机制是行政官僚机制,但很容易成为非市场效率的庇护所,因此,对企业内部的市场化改革也成为研究者关注的重要问题。比如,李海舰和郭树名(2008)认为对企业运行机制进行的市场化改革措施包括在部门市场中把流程做成市场、把部门做成公司,在员工改革中把员工做成市场、把员工做成公司和把员工做成经理,这些机制无一不是运用独立核算的经济动机激励方式来激发部门和员工的工作积极性,以促进创新活动。因此,企业家或高管所感知到的激励绩效化程度与企业进行创新的程度是积极正相关的。

第一,企业的激励绩效化程度越高,员工越倾向于进行机会搜寻活动。在当前的市场环境中,企业越来越依靠中层管理者和基层员工进行自下而上(bottom-to-up)的创新实践(韩雪亮和王霄,2015)。中层管理者往往擅长提供管理和技术创新方面的建议,基层员工则能够根据顾客的消费体验来进行产品或服务创新。郑晓明、丁玲和欧阳桃花(2012)对海底捞的案例研究发现,对加盟店长和服务员的充分授权和绩效激励,促使学习和创新能力从上往下、平级之间、从下往上多层次流动,使海底捞的服务具有高度的敏捷性和创造性,促进了企业创新,获得了快速发展的良好竞争态势。因此,充分的绩效激励会激发组织各层次员工在工作场所中的机会识别,促进企业创新精神。

第二,企业的激励绩效化程度越高,员工越倾向于去承担一定的风险和不确定性来开发机会。开发机会总是存在一定的风险,而人们一般来说对于风险和不确定性都有正常的规避反应。因此,当组织能够提供有效的绩效激励机制时,这种对预期经济回报和职位晋升的期许使得中高层管理者或基层员工有经济动机承担一定的风险进行初步的机会开发尝试。反过来,如果组织缺乏预期激励机制,出于对风险和不确定性的担忧,组织成员不愿意冒着牺牲自身精力和财力的风险进行创新尝试,阻碍了企业创新精神。

根据上述论述,提出研究假设:

H_4:在对市场化进程的感知中,企业家或企业的高层管理者所感知到的激励绩效化程度越高,企业创新精神的水平越高且创新绩效更好。

5.3 经营型市场化进程感知与企业创新精神

5.3.1 行政干预与企业创新精神

行政干预指企业生产经营活动受到政府和监管部门影响的程度,企业与政府官员的连接越紧密和频繁,其经营决策就越容易受到行政机制的影响(Child, Chung & Davies, 2003)。既有理论中关于政府扮演角色存在"掠夺之手"和"扶持之手"的争议,前者指官员出于自身利益目的,追求资源效率分配以外的其他目标,导致企业经营状况紊乱和股东权益受损;后者指通过与政府官员建立非正式的人际纽带,政府行为可以作为一种替代性的非正式制度和契约补偿,有助于保护企业权益(Shleifer & Vishny, 1994)。

结合既有研究中中国情境下的政府行为得到的多数判断,本研究假设政府对企业经营活动的干预主要扮演了"掠夺之手"的角色。既有研究识别出多种基于社会目标或政绩动机促使政府干预企业的行为,包括:(1)将公共事业管理者的目标内在化于企业经营决策之中,造成公司决策目标多元化,易导致过度投资或无效投资(古志辉和李玆,2012);(2)在政府干预高的企业中,企业高管的人事任命往往与政府官员的意志密切相关,使得企业的市场导向活动受到干扰(余明桂和潘红波,2009);(3)政府可以利用行政权力直接或间接地扭曲市场需求,改变市场竞争带来的正常风险导向,左右了企业经济活动的动机,使得企业朝政府意愿方向行动(王勇、刘志远和郑海东,2013)。综上所述,政府干预会极大地干扰企业的市场运作能力,应尽量克服和降低行政干预水平。

第一,政府对企业生产运营的干预程度越低,企业感知判断其创新机会搜寻和识别的能力越强。机会的识别需要企业集中精力在市场中寻找新的技术与市场需求变化,而当政府对企业的生产运营过程干预较多时,会引导企业精力发生偏离(Li & Atuahene-Gima,2001)。这种精力分散使企业不得不设法处理与政府行政安排相关、但与生产运营过程无关的非经营性行政事务,由此阻碍了企业对市场机会的敏感性感知。相反,当政府对企业的干预程度较低时,企业能够把大部分精力都集中在对市场机会的识别和捕捉过程之中。

第二,政府对企业生产运营的干预程度越低,企业感知判断其创新机会的把握和占据能力越强。对机会的把握和占据需要企业快速而精确地将资源投入到最符合市场机会的活动中去,但是政府部门对企业生产活动的干预会使得企业在资源配置上存在刚性,因此贻误占据机会的商机。机会的时效性非常强,多是稍纵即逝,而且随着时间的发展,即便是非常宝贵的机会,也会因为时间的耽误而变得无利可图(Eckhardt & Shane,2003),因此,企业在面临政府行政干预的情况下会感到对市场机会的把握能力偏弱。相反,当政府对企业没有干预或干预较低时,企业运用资源来占据机会的时效性和准确程度都得到了提升。

第三,政府对企业生产运营的干预程度越低,企业感知判断其机会开发过程中的战略资产重组能力越强。创新过程中企业往往要根据新的市场机会来大规模地战略重构,将以往适用于旧业务的资源和能力类型配置成为适合当前新的业务的资源和能力类型(张建琦、吴亮和赵兴庐,2015)。如果政府干预企业的生产经营活动,就会导致企业资源灵活性下降,整合难度和成本提升,阻碍了企业在后续过程中的持续变革。相反,当企业没有受到政府干扰时,可以按照市场规律要求来整合并重构自身资源,以适应新的创新活动需求。

根据上述论述,提出研究假设:

H_5:在对市场化进程的感知中,企业家或企业的高层管理者所感知到的行政干预程度越低,企业创新精神的水平越高且创新绩效更好。

5.3.2 制度支持与企业创新精神

制度支持是政府部门和行政机构为降低不完善的市场制度的负面影响而为企业提供的各种支持性制度或政策。这种支持并不是针对单个企业的额外照顾,而是有章可循的、不带有政府官员个人感情色彩的政策法规文件(Li & Atuahene-Gima,2001)。虽然国外也有许多支持企业创新的相关政策,比如知识产权保护、针对研发的政府补贴和税收减免、倾向于创新产品的政府采购、对产学研联盟的促成等，但在市场制度建设不完善的转型经济国家，政策"扶持之手"的范围更宽且对企业的影响作用也更大(Tellis, Prabhu & Chandy, 2009)。

既有研究识别出了多种针对企业创新的正式制度支持，比如：(1)通过政府补贴、创新基金支持和税收减免等克服创新投入的高成本困难；(2)通过国家研发工程、科研机构对企业的技术帮助等克服高技术风险；(3)通过政府采购帮助创新产品克服创新收益的滞后性和晚期性问题；(4)通过知识产权保护维护企业创新收益、克服技术等公共产品外部性特性困难。近来的实证研究发现，制度支持有助于企业进行自主原始创新(高山行、蔡新蕾和江旭, 2013)，还可以帮助企业克服技术劣势进行国际扩张(Liu etc., 2013)。因此，政府提供的制度支持能够提升在认知图式过程中企业关于自身能力的正面判断。

第一，制度支持程度越高，企业感知判断其创新机会搜寻和识别的能力越强。政府为企业提供的信息和资源能够帮助企业识别更多机会，因为这种信息支持往往是企业自身不具备的，比如关于行业的整体发展规划信息、国家在技术引导方针上的新动向以及高校科研院所的基础性科技发明和专利等(张建琦、赵兴庐和安雯雯, 2015)。上述信息为企业识别机会提供了新的信息资源，由此提升了企业对自身创新机会能力的评估水平。相反地，当企业缺乏制度支持时，其获取的资源和信息往往缺乏新颖性和独特性，对企业机会识别的帮助程度有限。

第二，制度支持程度越高，企业感知判断其创新机会的把握和占据的能力越强。在企业运用资源对新机会进行投资的过程中，适当的制度支持可以有效地加速该过程，比如创新往往需要大量且快速融资和对新产品或技术进行试生产的中间试验基地等，制度支持为企业提供的金融协助政策可以帮助企业快速融资，而公共技术平台和中试基地能够为企业的技术和产品创新提供企业自身不具备的技术实验条件，由此提升了企业在认知图式过程中对能力的正面评价。相反地，当企业缺乏这方面的政策帮助时，企业在进行机会把握的时候往往就会遇到资金不足或技术设备欠缺等问题，降低了对能力感知水平的评价。

第三，制度支持程度越高，企业感知判断其创新过程中的战略资产重组能力越强。在企业根据机会开发过程来不断地提升变革和重组资源的过程中，政府提供的政策协助可以帮助企业加速这个过程。战略重组往往需要增加一些新的资源、释放或排出一些比较陈旧的资源,或者对现有资源进行升级和换代(Teng,2007),基于地区和行业的制度支持可以帮助企业寻找到新需资源,为企业释放资源找到合适的交易者,也可以为企业的现有资源进行升级换代提供帮助和信息支持,由此提升了企业对自身创新实施能力的正面感知程度。相反,当企业缺少制度支持时,往往需要费更大的财力物力才能找到这些资源,增加创新的成本和困难,减弱了企业对自身条件的认知水平,降低了其能力评价。

根据上述论述,提出研究假设:

H_6:在对市场化进程的感知中,企业家或企业的高层管理者所感知到的制度支持程度越高,企业创新精神的水平越高且创新绩效更好。

5.4 角色图式对市场化进程作用的调节效应假设

5.4.1 企业产权的调节效应假设

企业产权是公司战略和成长的核心约束条件之一,并集中地反映出企业与环境的关系和企业主导经营理念的差异(Tan,2005)。改革开放40多年来,产权结构变动的总体趋势是"国退民进"。然而,随着国有企业在上游行业垄断地位的增强和利润的持续增长,以2004年为分水岭,一些国有企业开始重新在各个行业扩张(杨正东和甘德安,2011)。2008年金融危机爆发后,政府推出了四万亿元的政府投资计划和宽松的信贷政策刺激内需,以大型央企为主的国有企业成为主要受益者。国有企业重新向下游竞争性行业扩张和兼并收购民营企业,形成了备受关注同时饱受争议的"国进民退"现象(李中义,2014)。

企业产权是认知过程中重要的"角色图式",由于民营企业和国有企业产权制度不同,其对市场化进程的感知和敏感程度也可能存在明显差异,下面从要素型市场化、激励型市场化和经营型市场化三方面展开论述和比较。

首先,从要素型市场化的角度,预测民营企业对资源和要素市场的开放或更为敏感。尽管国企已经逐渐从行政体系中脱离出来,但可以通过其产权优势便利地获取土地、原料、资金等资源；民营企业不具备与政府的制度关联性，在资源配置格局中处于边缘地位。此外，国企资源丰富，能够通过采购更先进的设备和相关技术，建立行业规模或制度壁垒等方式与民营企业和外资企业竞争，降低了国有企业对创新的追求意愿，往往采取防守者的姿态（Tan，2005）。就人力资本而言，国有企业具有更为优厚的经济待遇和福利水平，加上社会素来具有"金饭碗""铁饭碗"的传统观点，因此，人们对于进入国企工作更有热情。综上所述，民营企业对市场化改革中包括要素和人力资源的释放将更加敏感。

其次，从激励型市场化的角度，预测国有企业对市场化进程中关于组织盈利目标和晋升绩效化的改革或更为敏感。根据委托代理理论，不同产权企业的内部治理结构不同（周雪光，2008）。国有产权治理机制对代理人的激励和监督不够，民营企业产权界定明晰具有更好的激励作用。研究发现国有企业的经济产出效率比民营企业低，但是社会责任绩效比民营企业高（王勇、刘志远和郑海东，2013）。国有产权企业作为重要的体制存留，在"和谐"文化思想下"吃大锅饭"和平均主义的传统仍然存在，论资排辈和选边站队仍然是不少国企员工的升迁之道。在这种情况下，判断组织层面的市场化改革可以更有效地激发国有企业的创新动机的风险承担影响，因此，国有企业对激励型市场化更为敏感。

最后，从经营型市场化的角度，预测国有企业对市场化进程中关于行政干预和制度支持的敏感程度或更高。不同产权企业的战略目标与经营理念有所不同，国有企业具有更深层次的任务和社会稳定使命，要顾及社会目标和责任，因此，政府对国企运营的干预程度比民营企业普遍更高（Child & Lu，1996；Sun etc.，2011）。就制度支持而言，由于天然的行政关联，政府对国有企业经营中遇到的困难和需求都比民营企业更为清楚（武常岐和李稻葵，2008），其出台的支持性政策对国有企业的支持程度更大、范围更广且更为精确。综上所述，判断预期相比于民营企业，政府对国有企业的减少干预和对其提供的制度政策支持能够更为显著地提升其创新能力的自我认知水平，由此更为显著地提升企业创新精神。

根据上述论述，提出研究假设：

H_{7a}：要素型市场化进程（资源市场化和雇佣自由化）对企业创新精神的影响，民营企业样本强于国有企业样本。

H_{7b}：激励型市场化进程（利润重要度和激励绩效化）对企业创新精神的影响，民营企业样本弱于国有企业样本。

H_{7c}：经营型市场化进程（行政干预和制度支持）对企业创新精神的影响，民营企业样本弱于国有企业样本。

5.4.2 企业规模的调节效应假设

战略管理文献一般把企业划分为大型企业（corporation）和中小企业（small-and-medium enterprise），并认为其在创新方面具有各自的优势和不足（Lu & Beamish，2001）。中小企业的创新体现出反应快、动力强、体制活和贴近市场的特点（潘金刚和杜鹏程，2006），但也存在明显的不足：(1) 缺乏融资渠道，企业技术创新资金来源不足；(2) 技术人才短缺，无法承担自主创新甚至外部技术转移；(3) 对市场控制力弱，较难将技术成果大规模推向市场；(4) 创新信息有效供给不足，尤其是技术信息和市场信息严重缺乏（赵亮和于琼，2012）。

大型企业的创新活动具有更丰富的冗余资源和技术人才，对市场和行业的控制力也更强，但却存在更多的能力刚性和结构性惯性阻碍，包括：(1) 股东与管理决策者之间存在利益冲突和信息不对称，机会主义现象突出，代理成本较高；(2) 既有的企业成功思想和官僚化的科层式组织结构固化了创新性思维的提出和承受创新风险的倾向性；(3) 沉没成本较大，导致企业倾向于维持资源现值和从已经形成的产品或技术中小幅度改进稳固和扩大市场利润（任荣伟，2004）。上述问题使得许多大公司创新节奏变缓，往往被新创企业赶上甚至颠覆，因此，创新对大企业而言也是严峻的战略挑战（Camelo-Ordaz etc.，2012）。

基于上述分析，本书认为企业规模是认知过程中重要的"角色图式"，大型企业和中小企业对市场化进程的感知和敏感程度可能会存在显著差异，下面从要素型市场化、激励型市场化和经营型市场化分别展开论述和比较。

首先，从要素型市场化的角度，预测中小企业对外部要素和人力资源市场的开放或更为敏感。大型企业自身的资源更为丰富，当资源从要素市场中释放时，其交易成本的降低和交易资源类型的丰富对大型企业的机会感知增量相对较小。对中小企业而言，当要素市场的正式制度建设不完善时，企业多依靠有限的私人关系来建立彼此交易信任，借此降低获取资源的成本并防范机会主义行为(Li,Zhao & Zhang,2011);当外部要素市场随着市场化改革变得愈发便利时,中小企业进行创新的成本显著减少,而可进行的创新的机会明显增多。

其次,从激励型市场化的角度,预测大型企业对组织盈利重要性和晋升绩效化的改革或更为敏感。大型公司中所进行的创新活动主要是由其中层管理者或技术工程师所发起的,可以称为"内部企业家"(intrapreneur)(Gapp & Fisher,2007)。在这种情况下,企业内部所建立起的市场化绩效激励机制对大型企业就显得更为重要,因为其需要建立更为有效的代理人和内创业激励治理机制;而多数中小企业家无须对自己进行绩效激励,同时中小企业内部又相对缺乏合适的激励对象,因此,激励型市场化对中小企业的作用相对较为有限。

最后,从经营型市场化的角度,预测中小企业对制度支持的敏感程度或更高。大型企业的物质资源、人力资源和组织资源更为丰富,因此,政府所提供的制度支持对其资源影响程度较小;对于中小企业而言,由于其自身资源和能力相对缺乏,政府所提供的公共服务和扶持项目对企业创新能力就产生更大的影响。此外,就行政干预而言,大型企业由于企业规模大,产业链带动能力强,更容易受到政府的行政干预;而中小企业资产规模小,对地方经济贡献度小,受到的行政干预程度和对创新的影响强度均应显著地弱于大型企业。

根据上述论述,提出研究假设:

H_{8a}:要素型市场化进程(资源市场化和雇佣自由化)对企业创新精神的影响,中小企业样本强于大型企业样本。

H_{8b}:激励型市场化进程(利润重要度和激励绩效化)对企业创新精神的影响,中小企业样本弱于大型企业样本。

H_{8c}:经营型市场化进程中,行政干预对企业创新精神的影响,中小企业样本弱于大型企业样本;制度支持对企业创新精神的影响,中小企业样本强于大型企业样本。

5.4.3　企业所在行业的调节效应假设

制造业活动与服务业活动具有本质性区别,其创新也表现出不同的特征:(1)制造业创新有明确载体如新产品或工艺,但服务创新往往表现为一个概念、过程和标准,因此,员工与顾客的互动更为重要;(2)制造业创新中技术占据主导地位,创新或是应技术创新而进行的,或是由技术创新推动的,服务业创新中多为组织创新、流程创新和重组创新等;(3)制造业创新中研发部门和研发投入占有举足轻重的地位,但服务创新对研发的依赖性相对较小。实证研究发现,在制造业中研发投入与创新绩效密切相关,但在服务业中这种相关性较弱,且服务业的研发支出水平一般不超过制造业的10%(原小能,2009)。

基于上述分析,认为行业是企业创新认知过程中重要的"角色图式",对于企业的任务图式认知权重可能产生重要影响,下面分别从要素型市场化、激励型市场化和经营型市场化展开论述和比较。

首先,从要素型市场化的角度,预测制造业企业对外部资源和要素市场的开放或更为敏感。制造业企业进行创新时所需资源(如实物资源、专利技术和生产设备)的交易成本相对更高,当外部环境中要素可获得性上升时,制造业企业更为明显地感知到因整合成本和交易费用下降而产生的创新潜在机会。服务创新一般是基于流程、程序和工作人员的改变,需要实物要素资源的程度更低,因此,对于服务业企业而言,外部要素的资源释放对企业创新精神的影响相对较弱,而人力资源的雇佣自由化释放则对企业创新精神的影响相对更强。

其次,从激励型市场化的角度,预测服务业企业对组织中盈利重要性和晋升绩效化的改革或更为敏感。服务业创新主要来自对市场需求的分析,建立起市场化程度更高的激励机制有助于激发员工在服务过程中与顾客互动,并且尝试性地开展新创意实施试验,对企业创新有利(Tellis, Prabhu & Chandy, 2009)。而在制造企业中,大多数创新机会与技术发展和产品改进相关,虽然企业员工也能够在技术生产过程中识别新机会,但这种活动需要较高的组织职位、精通的技术水平和承担更大的调试风险,因此,绩效激励方式影响相对较弱。

最后,从经营型市场化的角度,预测制造业企业对行政干预和制度支持的敏感程度更高。当政府干预程度较低而且制度支持程度较高时,制造业企业可以通过参加政府部门组织的展销会、产学研合作项目、科技攻关和公共技术平台等多个方面来识别新的机会,而且制造业企业的固定资产占企业资源的比重较大,因此,政府对企业提供及时的融资和信贷帮助可以帮助企业快速和更加灵活地配置资源。对于服务类企业而言,其创新活动的开展过程更多是体现在组织内部,并且服务类企业的固定资产和专用型投资相对较低,自身有更为灵活的资源配置可能性,制度支持对服务业企业的创新能力的提升相对较弱。

根据上述论述，提出研究假设：

H_{9a}：要素型市场化进程中，资源市场化对企业创新精神的影响，制造业企业样本强于服务业企业样本；雇佣自由化对企业创新精神的影响，制造业企业样本弱于服务业企业样本。

H_{9b}：激励型市场化进程（利润重要度和激励绩效化）对企业创新精神的影响，制造业企业样本弱于服务业企业样本。

H_{9c}：经营型市场化进程（行政干预和制度支持）对企业创新精神的影响，制造业企业样本强于服务业企业样本。

5.4.4 高新技术企业的调节效应假设

高新技术企业指在电子信息技术、生物与新医药技术、航空航天技术、新材料技术、高技术服务业、新能源及节能技术、资源与环境技术、高新技术改造传统产业等《国家重点支持的高新技术领域》①内的创新型企业。通过国家认证的高新技术企业所得税优惠10%，研发费用按照实际发生额的75%抵税，同时享受其他地方优惠政策。研究表明，我国高新技术企业明显获得了显著更多的政府补助（逯东、林高和杨丹，2012），且研发投入与盈利能力之间存在明显的正相关关系，但研发投入与企业成长和市场价值的关系尚不确定（杜勇、鄢波和陈建英，2014），市场化进程是否对其造成了影响也有待探究。

高新技术企业是认知过程中重要的"角色图式"，高新技术企业和非高新技术企业对市场化进程的感知和敏感程度可能存在明显差异，下面从要素型市场化、激励型市场化和经营型市场化三方面展开论述和比较。

首先，从要素型市场化的角度，高新技术企业作为知识密集、技术密集的经济实体，具备核心自主知识产权并持续进行研究开发和成果转化工作，因此，其对要素资源和人才资源的需求程度应显著高于非高新技术企业。研究显示，我国的高新技术企业主要分布在沿海和中东部地区，且2011年以来高新技术企业数量区域不平衡的程度在不断扩大，出现越来越趋向于少数城市和区域聚集的迹象（肖凡等，2018）。高质量的要素市场和人才流动有利于高新技术企业的发展创新，促使高新技术企业不断朝优良的市场化地区聚集。

---

① 资料来源：中华人民共和国商务部办公厅2008年5月15日公布的《国家重点支持的高新技术领域》文件。

对于非高新技术企业而言,由于其技术含量相对较低,对要素和人才需求的敏感性相对较低。

其次,从激励型市场化的角度,预测高新技术企业对盈利重要性和晋升绩效化的改革或更为敏感。高新技术企业具备更高的技术转化能力,通过新技术开发的产品能为企业带来丰厚的经济回报,因此,建立以盈利为目标的企业愿景完全符合实际。同时其人员大多为知识型员工,人才内部的市场竞争意识更为强烈,更希望通过强有力的经济激励方式进行管理。研究发现,高技术知识型员工不满足于固定薪酬待遇,而是希望得到基于绩效的晋升、奖金和股权激励(于林、赵士军和李真,2010)。对于非高新技术企业而言,企业产品的技术含量相对较低,从事生产和服务的员工数量较大,大多数员工更倾向于接受固定或相对固定的薪酬待遇,对内部激励市场化的敏感性相对较弱。

最后,从经营型市场化的角度,预测高新技术企业对行政干预和制度支持的改革或更为敏感。在行政干预方面,高新技术企业是高度市场化运作的经济实体,行政干预带来的影响可能是致命的,导致企业无法遵循完整的技术路线和商业化逻辑开展生产经营活动。对于非高新技术而言,企业年龄相对更长,对政府行为有一定的预期性和适应性,因此受到的影响相对较小。在制度支持方面,企业申报成为高新技术企业的主要目的是享受国家优惠政策,因此密切关注政府政策变化并据此采取跟随式的战略行动。研究发现,当政府采取积极的扶持政策时,高新企业的研发积极性和创新绩效将会得到显著提升;政府采取单一和迟缓的扶持政策时,会对高新技术企业的创新绩效产生消极影响(郑春美和李佩,2015)。

根据上述论述,提出研究假设:

H_{10a}:要素型市场化进程(资源市场化和雇佣自由化)对企业创新精神的影响,高新技术企业样本强于非高新技术企业样本。

H_{10b}:激励型市场化进程(利润重要度和激励绩效化)对企业创新精神的影响,高新技术企业样本强于非高新技术企业样本。

H_{10c}:经营型市场化进程(行政干预和制度支持)对企业创新精神的影响,高新技术企业样本强于非高新技术企业样本。

5.4.5 家族企业的调节效应假设

家族的特殊性质对企业战略决策和行为逻辑有较大影响。研究表明,家族企业具有更强的生存韧性,对企业的心理所有权承诺更深,尤其在面临恶劣环境和环境剧变时,家族企业往往能够百折不挠地持续存活(王重鸣和刘学方,2007)。不过,由于家族企业内在的家族传承特色,其在现代化治理改革方面举步维艰,代际传承对企业经营造成重大影响(何轩、陈文婷和李新春,2008),企业的创新投入不稳定且通常更愿意持相对保守的战略姿态(李靖和贺小刚,2012),这些特点都可能导致家族企业对市场化进程有其独特的认知和回应方式。

因为认为家族企业是认知过程中重要的"角色图式",家族企业和非家族企业对市场化进程的感知和敏感程度可能存在明显差异,下面分别从要素型市场化、激励型市场化和经营型市场化三方面展开论述和比较。

首先,从要素型市场化的角度,预测家族企业对外部资源和要素市场的开放更不敏感。研究表明,家族本身在一定程度上能够替代市场机制的交易网络,在市场化欠发达的国家和地区,家族成员之间的连带关系为交易者建立了基本信任关系,使得家族企业成为在市场化最不发达地区的有效企业运行机制之一(Khanna & Palepu, 1997)。相比于非家族企业,家族企业从外界市场获得要素资源和人才资源的需求程度较低。对于非家族企业而言,由于其缺乏家族网络作为资源获取的渠道,其对要素安排的依赖程度显著更高,当要素市场安排发生变化时,其对非家族企业的影响应该更为明显。

其次,从激励型市场化的角度,预测家族企业对盈利重要性和晋升绩效化的改革更为敏感。在传统的族长制度下,盈利并不是家族企业的唯一目的,族长管理者的重要目标是为下一代提供可继续发展的家族产业(焦康乐、李艳双和胡望斌,2019),这种生存导向的倾向压制了家族企业承担风险创新的可能性。此外,家族企业内部主要由家族成员进行管理,即便是在引入职业经理人的情况下,家族的主要业务仍然控制在家族成员手中(李靖和贺小刚,2012)。考虑到家族企业相对保守的经营目标和管理机制,进行内部市场化改革更加必要,且带来的效力可能更加明显。对于非家族企业而言,以盈利为目标和以绩效为考核机制来得更加自然,因此,其对企业创新的边际激励效果则相对要弱一些。

最后,从经营型市场化的角度,预测家族企业对行政干预和制度支持的改革更不敏感。第一,家族企业具有更加集权式的决策机制,除族长和核心成员之外,其他人很难对经营决策造成影响,在机制上阻止了外部力量对家族企业战略的影响。第二,整体而言,家族企业规模相对较小,经营时间较长,经营方式相对固定,对地方经济的带动作用也相对较小,一般不是政府希望去影响的企业对象。第三,家族企业通常采取更为保守和长期导向的战略姿态,不太可能跟随临时性的扶持政策而改变经营策略和方针。

根据上述论述,提出研究假设:

H_{11a}:要素型市场化进程(资源市场化和雇佣自由化)对企业创新精神的影响,家族企业样本弱于非家族企业样本。

H_{11b}:激励型市场化进程(利润重要度和激励绩效化)对企业创新精神的影响,家族企业样本强于非家族企业样本。

H_{11c}:经营型市场化进程(行政干预和制度支持)对企业创新精神的影响,家族企业样本弱于非家族企业样本。

5.4.6 企业所在地区的调节效应假设

根据文献评述情况,企业所在地区对市场化进程的效力的影响可能体现在两个方面:其一是市场化进程的门槛效应(如杜雯翠和高明华,2015;程锐,2016;程小可、李浩举和姜永盛,2017),即市场化进程存在某个阈值——当低于该阈值时,市场化进程对企业创新精神的影响很弱或不显著;当高于该阈值时,市场化进程对企业创新精神的影响变得显著。其二是相对落后地区的政府干预效应(如李文贵和余明桂,2012;李莉、顾春霞和于嘉懿,2018;朱永明和贾明娥,2018),政府干预和市场机制是彼此替代的——在市场化进程水平较低的地区,政府干预不仅不会损害反而会提升企业创新精神;在市场化进程水平较高的地区,政府干预则会对企业创新精神造成负向影响。出于对地区效应的考虑,本研究对陕西、湖北、广东三个处于不同市场化进程的省份的企业进行调研,并分析地区差异可能对市场化改革效力所造成的调节影响。

因此,企业所在地区是认知过程中重要的"角色图式",处于不同地区的企业对市场化进程的感知和敏感程度可能存在明显差异,下面分别从要素型市场化、激励型市场化和经营型市场化三方面展开论述和比较。

第一,从要素型市场化的角度,认为资源和人力市场的改革存在门槛效应,即在市场化进程水平较低的地区,要素市场的改革对企业创新精神的提升作用比较有限;在市场化进程水平较高的地区,资源和人力的充分自由流动能够显著地提升企业创新精神。要素和劳动力市场均属于典型的宏观环境市场，其在低水平运行的小幅度变化对企业而言难以感知且影响不大；但宏观环境市场具有良好的改革累进性，当要素市场和劳动力市场高度充分发达的时候，各种支持要素和劳动力自由流动的中介组织、行业协会、交易平台等加速涌现，为单个企业尤其是小微企业提供充分有效的市场服务，能够显著提升企业创新精神。

第二，从激励型市场化的角度，认为企业内部的利润重要度和激励绩效化改革存在反向的门槛效应，即在市场化进程水平较低的地区，企业内部市场化改革对企业创新精神的提升作用更为明显；在市场化进程水平较高的地区，企业内部的利润和激励改革不能够显著地提升企业创新精神。与要素型市场化相反，激励型市场化主要发生在企业内部，是企业内部关于经营目标和管理机制的市场化改革，这种微观环境的市场化机制可能在市场化进程相对更低的落后地区带来的创新反应更为显著；在市场化进程相对发达的地区，企业整体的内部市场化水平均相对较高，因此，较难通过边际提升来促进企业创新精神。

最后，从经营型市场化的角度，认为行政干预和制度支持存在相对落后地区的政府干预效应，即在市场化进程水平较低的地区，行政干预和制度支持能够对企业创新精神造成积极影响；在市场化进程水平较高的地区，这种积极影响会消失甚至变成负向影响。市场"看不见的手"和政府"看得见的手"是彼此补充的：对于经济高度发达的地区，应更加注重发挥市场机制的作用，通过引导有序的市场竞争来获得创新发展；在经济相对落后的国家和地区，盲目地实行自由主义实际上对经济会造成伤害，需要政府在经济和生产中进行积极调配和协调，并辅以市场机制的作用，才能逐步使得落后地区的经济得到增长。

根据上述论述，提出研究假设：

H_{12a}：要素型市场化进程（资源市场化和雇佣自由化）对企业创新精神的影响，沿海地区企业样本强于中西部地区企业样本。

H_{12b}：激励型市场化进程（利润重要度和激励绩效化）对企业创新精神的影响，沿海地区企业样本弱于中西部地区企业样本。

H_{12c}：经营型市场化进程（行政干预和制度支持）对企业创新精神的影响，沿海地区企业样本弱于中西部地区企业样本。

5.5 市场化进程对企业创新精神的组合效应假设

前期相关既有研究表明,市场化进程对企业创新精神的影响既是线性的,也呈现出特定的组合影响(如 Gardner, McGowan & Sissoko, 2014; Simon-Moya, Revuelto-Taboada & Guerrero, 2014; Kuckertz, Berger & Allmendinger, 2015),单个市场化进程指标对企业创新精神的解释力是有限的,同时考虑多个进程指标的整体变化对企业创新精神有更为深入和系统的理解。为了对潜在的组合效应进行分析,本研究根据既有文献,提出三个方向性的研究假设,并在后续的实证研究中以市场化进程变量聚类方式进行验证,作为线性研究的补充。

5.5.1 理想的自由市场化组合情境

国外研究文献大多对经济自由化持完全认可甚至奉为圭臬的推崇态度(如 Baumol, 1996; Campbell & Rogers, 2007; Bjørnskov & Foss, 2016),无论是传统基金会发布的经济自由度指数,还是弗雷泽研究所发布的《世界经济自由度报告》,都将经济自由度视为经济增长和社会福利的正向推手,认为理想的自由市场化应该在政府规模控制、法规系统规范性、产权保护、资本可获得性、国际贸易自由度和解除管制等各方面建立起对市场自由交易和资源流动性的支持、保护和维系体系。根据这些国际组织发布的自由度排名,经济自由度位居前列的国家或地区如新加坡、新西兰、瑞士、澳大利亚、加拿大、爱尔兰、英国、中国香港等均为经济发达国家或地区,人均 GDP 和社会发展水平位于世界前列,在一定程度上支持了经济自由度和社会经济发展水平之间的密切关系。

基于这些学者的理论思路,本研究推测在我国的转型经济情境中,可能也存在类似发达国家情境的高度自由市场化组合情境,具体地,结合本书研究的六个市场化进程指标,这种高度自由市场化组合情境应包括:(1)高度发达的要素市场化环境,资源和人力能够在市场中完全自动流动,不受到非市场主体的阻碍或限制;(2)高度发达的内部市场化环境,企业建立起高度市场化的内部竞争机制,以维护股东权益为核心目标,对人员考核实施严苛的绩效晋升和淘汰机制;(3) 政府的行政干预水平降到最低,在任何可能的情况下均不受行政干预的影响,企业与政府官员不需建立私人关系,同时,政府对企业的制度支持也维持在较低水平,企业通过市场竞争的方式优胜劣汰、适者生存,政府不干预企业之间的竞争结果,也不刻意左右行业和技术的发展趋势。综合上述三方面的情境特征,认为这类处于理想的自由市场化组合情境的企业应表现出更高的企业创新精神,这是市场化自由改革和相关机构简政放权带来的积极效果。

根据上述论述,提出研究假设:

H_{13a}:调研企业样本中存在特定的企业案例聚类,其资源市场化、雇佣自由化、利润重要度、激励绩效化得分均高于全样本均值,而行政干预和制度支持的得分低于全样本均值;该类企业表现出较高的企业创新精神。

5.5.2 政府和市场双主导的组合情境

与西方学术界主导的自由主义"休克疗法"不同,中国的市场化改革走的是一条渐进式、双元制的道路,在保持社会主义主体制度的前提下,对经济活动进行市场机制改革,国家逐步退出工商业主导地位,鼓励经济主体进入并通过自由市场的价格机制进行交易。改革开放 40 年来,中国经济取得了举世瞩目的伟大成就,这不仅归功于我国坚定不移的对外开放国策,也得益于党和政府对全国经济的合理引导和正确调控。以政府投资基建带动经济增长已成为经济"三驾马车"之一,"一带一路"倡议的提出为中国投资走出国门开启了新的时代篇章,在政府的积极提倡和引导下,信息技术产业在我国高速发展,成为全球移动支付和 5G 等前沿技术最大的应用市场和最前沿科技阵地,这些事实足以反映出我国存在着政府和市场双主导的市场化组合情境,且对企业创新和技术进步产生了积极影响。

因此,基于中国特色的转型道路思路,本研究推测在我国的转型经济情境中,可能存在类似政府和市场双主导的组合情境,具体地,结合本书研究的六个市场化进程指标,这种双主导的组合情境应包括:(1) 较高水平的要素市场化环境,生产资料和人力资源的流动性得到保障,企业能够基于市场机制获得绝大部分所需的物质和人才资源;(2) 较高水平的内部市场化环境,企业以股东权益为主要的经营目标,内部管理机制方面也基本建立了"用人以能"的市场化竞争机制;(3)高水平的行政干预和制度支持,企业重大决策受政府规划和各级官员的影响较大,企业的生产经营也得到政府出台的各种支持性政策的扶持。综合上述三类特征,认为这类处于政府市场双强的企业聚类是中国市场特色情境,由于同时受到市场机制和政府行为的驱动,其企业创新精神处于较高的水平。

根据上述论述,提出研究假设:

H_{13b}:调研企业样本中存在特定的企业案例聚类,其资源市场化、雇佣自由化、利润重要度、激励绩效化得分均高于全样本均值,行政干预和制度支持的得分也显著地高于全样本均值;该类企业表现出较高的企业创新精神。

5.5.3 政府主导创新的组合情境

许多中国经济研究者都得出了一个共同的结论,即中国情境下的政府行为和企业的政治连带不仅没有损害企业创新,反而一定程度上显著地促进了企业创新,而且这一效应在整体市场化进程相对较低的内陆地区更为常见(如 Nee, Kang & Opper, 2010; Yi etc., 2017;潘镇、戴星星和李健, 2017;逯东和朱丽, 2018)。许多公司都倾向于聘用曾任职于政府部门或曾担任人大代表或政协委员的高层管理人员,这些人员带来的政治资源为企业的生产运营保驾护航,还能获得一手的政府规划信息和体制改革红利,因此,显著地提升了企业的创新水平。说明在我国独特的政商环境中,企业的生产经营离不开政府,政府也需要企业来拉动地方经济发展,因此,地方政府和主要企业之间形成了良好默契的政企合作关系。

基于中国特色的政商合作机制,本研究推测在我国的转型经济情境中,可能存在政府主导创新的市场化组合情境,具体地,结合本书研究的六个市场化进程指标,这种政府主导创新的组合情境应包括:(1)较低水平的要素市场化环境,生产资料和人力资源开始出现流动性,但地区改革进程较慢,要素流动性相对较低;(2)较低水平的内部市场化环境,由于决策和经营受政府目标的影响较大,因此,企业经营目标并不以营利和股东利益为核心目标,企业的人员晋升也不完全受绩效所激励;(3)高水平的行政干预和制度支持,企业决策受政府规划和各级官员的影响较大,企业的生产经营也紧跟政府出台的各种支持性政策的扶持方向。综合上述三类特征,认为这类处于政府主导创新的企业类型由于政府力量的强力拉动和资源支持优势,其企业创新精神处于相对较高的水平。

根据上述论述,提出研究假设:

H_{13c}:调研企业样本中存在特定的企业案例聚类,其资源市场化、雇佣自由化、利润重要度、激励绩效化得分均低于全样本均值,但行政干预和制度支持的得分显著地高于全样本均值;该类企业表现出较高的企业创新精神。

5.6 全部研究假设的提出情况汇总

综上所述,本书提出 13 组共 27 个研究假设,其中,H_1—H_6 是主效应假设,以认知图式理论的任务图式为视角,系统地假设了市场化进程对企业创新精神的直接促进影响以及创新绩效权变影响。这些假设都秉持一个基本的逻辑,即认为市场化进程是对创新友好的制度环境改善,在市场化进程更高的情境,企业的创新精神及其产生的绩效都应显著地高于市场化进程更低的情境。

H_7—H_{12} 是调节效应假设,以认知图式理论的角色图式为视角,系统地假设了企业产权、企业规模、企业所在行业、高新技术企业、家族企业、企业所在地区等六类角色图式对企业感知和反应各个市场化进程所造成的差异,不同角色的企业可能对不同类型的市场化进程敏感,进而导致创新精神存在系统差异。

H_{13} 是组合效应假设,以既有研究中发现的可能存在的特定的市场化进程组合为思路,结合我国的市场改革实际提出三种可能的市场化进程组合,即理想的自由市场化组合情境、政府和市场双主导的组合情境、政府主导创新的组合情境,认为这些组合情境下的企业可能具备更高的企业创新精神。

本书的全部研究假设详见表 5-1。

表 5-1 本书提出的研究假设汇总

序号	内容
H_1	在对市场化进程的感知中,企业家或企业的高层管理者所感知到的资源市场化程度越高,企业创新精神的水平越高且创新绩效更好
H_2	在对市场化进程的感知中,企业家或企业的高层管理者所感知到的雇佣自由化程度越高,企业创新精神的水平越高且创新绩效更好

(续表)

序号	内　　容
H_3	在对市场化进程的感知中,企业家或企业的高层管理者所感知到的利润重要度程度越高,企业创新精神的水平越高且创新绩效更好
H_4	在对市场化进程的感知中,企业家或企业的高层管理者所感知到的激励绩效化程度越高,企业创新精神的水平越高且创新绩效更好
H_5	在对市场化进程的感知中,企业家或企业的高层管理者所感知到的行政干预程度越低,企业创新精神的水平越高且创新绩效更好
H_6	在对市场化进程的感知中,企业家或企业的高层管理者所感知到的制度支持程度越高,企业创新精神的水平越高且创新绩效更好
H_{7a}	要素型市场化进程(资源市场化和雇佣自由化)对企业创新精神的影响,民营企业样本强于国有企业样本
H_{7b}	激励型市场化进程(利润重要度和激励绩效化)对企业创新精神的影响,民营企业样本弱于国有企业样本
H_{7c}	经营型市场化进程(行政干预和制度支持)对企业创新精神的影响,民营企业样本弱于国有企业样本
H_{8a}	要素型市场化进程(资源市场化和雇佣自由化)对企业创新精神的影响,中小企业样本强于大型企业样本
H_{8b}	激励型市场化进程(利润重要度和激励绩效化)对企业创新精神的影响,中小企业样本弱于大型企业样本
H_{8c}	经营型市场化进程中,行政干预对企业创新精神的影响,中小企业样本弱于大型企业样本;制度支持对企业创新精神的影响,中小企业样本强于大型企业样本
H_{9a}	要素型市场化进程中,资源市场化对企业创新精神的影响,制造业企业样本强于服务业企业样本;雇佣自由化对企业创新精神的影响,制造业企业样本弱于服务业企业样本
H_{9b}	激励型市场化进程(利润重要度和激励绩效化)对企业创新精神的影响,制造业企业样本弱于服务业企业样本
H_{9c}	经营型市场化进程(行政干预和制度支持)对企业创新精神的影响,制造业企业样本强于服务业企业样本
H_{10a}	要素型市场化进程(资源市场化和雇佣自由化)对企业创新精神的影响,高新技术企业样本强于非高新技术企业样本

(续表)

序号	内　　容
H_{10b}	激励型市场化进程(利润重要度和激励绩效化)对企业创新精神的影响,高新技术企业样本强于非高新技术企业样本
H_{10c}	经营型市场化进程(行政干预和制度支持)对企业创新精神的影响,高新技术企业样本强于非高新技术企业样本
H_{11a}	要素型市场化进程(资源市场化和雇佣自由化)对企业创新精神的影响,家族企业样本弱于非家族企业样本
H_{11b}	激励型市场化进程(利润重要度和激励绩效化)对企业创新精神的影响,家族企业样本强于非家族企业样本
H_{11c}	经营型市场化进程(行政干预和制度支持)对企业创新精神的影响,家族企业样本弱于非家族企业样本
H_{12a}	要素型市场化进程(资源市场化和雇佣自由化)对企业创新精神的影响,沿海地区企业样本强于中西部地区企业样本
H_{12b}	激励型市场化进程(利润重要度和激励绩效化)对企业创新精神的影响,沿海地区企业样本弱于中西部地区企业样本
H_{12c}	经营型市场化进程(行政干预和制度支持)对企业创新精神的影响,沿海地区企业样本弱于中西部地区企业样本
H_{13a}	调研企业样本中存在特定的企业案例聚类,其资源市场化、雇佣自由化、利润重要度、激励绩效化得分均高于全样本均值,而行政干预和制度支持的得分低于全样本均值;该类企业表现出较高的企业创新精神
H_{13b}	调研企业样本中存在特定的企业案例聚类,其资源市场化、雇佣自由化、利润重要度、激励绩效化得分均高于全样本均值,行政干预和制度支持的得分也显著地高于全样本均值;该类企业表现出较高的企业创新精神
H_{13c}	调研企业样本中存在特定的企业案例聚类,其资源市场化、雇佣自由化、利润重要度、激励绩效化得分均低于全样本均值,但行政干预和制度支持的得分显著地高于全样本均值;该类企业表现出较高的企业创新精神。

第六章

研究方法设计

本章内容有 4 节。第 1 节介绍调查问卷的设计和开发过程;第 2 节介绍研究构念的量表来源和指标构成;第 3 节阐述调查样本选取和问卷的发放回收过程;第 4 节说明所用到的主要统计研究方法和实证计量分析软件。

6.1 问 卷 设 计

问卷调查法是管理学定量研究中最为普及的研究方法(陈晓萍等,2008)。本研究的问卷设计主要是在文献梳理的基础上,根据国内外高水平学术型研究刊物上的成熟量表进行修正调整而来。主要包括以下几个阶段:

第一阶段,从文献中收集整理出相关构念的量表。在研究文献的回顾和梳理过程中,结合本书的研究思路,从中整理出有关的各个研究变量的测量量表。并根据文献的最新发展情况和本书的具体研究情境,选择发展更为成熟、更适合中国情境的有效量表,作为问卷设计的基础。

第二阶段,量表的双向翻译。由于本书的构念测量量表多来自英文研究文献,翻译的准确性是面临的一个严峻考验。为此,跨文化研究的方法论专家提出了可以采用反向翻译(back-to-back translation)的方法在一定程度上避免这个问题(Brislin,1980)。为此,课题组首先由中山大学岭南学院战略与竞争力研究中心的 3 位管理学博士生同时并行地将英文量表翻译为中文,然后共同讨论一个最为妥当的译法;其次,再由另外 2 位管理学博士生、1 位博士后和 1 位研究员同时双盲地将翻译的中文反向译回英文,如果发现有些新的英文译句和原来的英文量表存在明显差异,则进行相互讨论,并对中文翻译进行修订;最后,两个翻译小组和研究中心的管理学教授和研究员根据这些中英文的翻译共同进行多次汇总讨论,对每个字句逐项斟酌推敲,力求使翻译的中文表述臻于完善。

第三阶段,咨询企业家对量表的意见。前面的量表翻译和整理都是由理论方面的研究者进行,为使量表能够在实际调研时能更加"接地气",更易于理解,达到更好的预期效果,课题组就近访谈了5位企业家,听取他们对问卷的改进意见,对不易为企业界所理解的专业术语进行适当调整或者进行附注,使之既能体现理论本意,又通俗易懂。最后进行了小范围的样本预调研,在中山大学EMBA中的企业家学员里选取20位进行预调研测试,观察他们问卷的填写过程,听取他们对问卷的感受和建议,并根据企业家学员的反馈意见,对问卷的遣词造句再次斟酌,对部分内容进行增删修改,对问卷的结构安排进行适当调整,形成最后确定的调研问卷,进而开始正式的大规模样本调查。

6.2 变量的测量

6.2.1 市场化进程感知的测量

本研究采用企业层面的研究数据,自变量为企业所感知到的市场化进程。根据米歇尔等(2000)和林等(2010)关于企业家任务图式的研究,研究三种任务图式所对应的市场化进程,分别为与安排图式对应的要素型市场化进程感知,包括资源市场化和雇佣自由化两个具体构念;与意愿图式所对应的激励型市场化进程感知,包括利润重要度和激励绩效化两个具体构念;与能力图式相对应的经营型市场化进程感知,包括行政干预和制度支持两个具体构念。因而,本研究的自变量包括资源市场化、雇佣自由化、利润重要度、激励绩效化、行政干预和制度支持共6项。

资源市场化(free resource market)的量表采用倪(1992)、戴维斯和沃尔特斯(2004)关于企业是否能够自由地从上游要素市场通过市场机制获取资源的测量量表。资源市场化的测量共有3个条目,具体的测量条目包括"本公司可以在开放市场中购买所需的原料和部件""本公司购买设备和原料的价格由市场机制决定"和"本公司采购原料时可以在市场中自由选择供应商"。

雇佣自由化（autonomy in hiring）的量表采用倪（1992）、戴维斯和沃尔特斯（2004）关于企业是否能够自由地从人力资源市场雇佣到所需人才的测量量表。雇佣自由化的测量共有3个条目，具体的测量条目包括"本公司可以在劳动力市场中自由地雇佣生产工人""本公司不需要借助行政部门的帮助就可以雇佣到技术人员和管理者"和"本公司的中高层管理者的任命与政府和行政监管部门无关"。

利润重要度（importance of profit）的量表采用倪（1992）、戴维斯和沃尔特斯（2004）关于企业组织内部对经济利润目标追求程度的测量量表。利润重要度的测量共有3个条目，具体的测量条目包括"本公司的产品都是要获利的""利润是本公司最主要的目标"和"盈利率是本公司的主要绩效考核指标"。

激励绩效化（incentive intensity）的量表采用倪（1992）、戴维斯和沃尔特斯（2004）关于组织是否建立起基于经济绩效激励机制的测量量表。激励绩效化的测量共有3个条目，具体的测量条目包括"员工如果提高了公司的运营绩效就可以得到升职""如果盈利水平高，高管可以得到更高的薪酬或收益"和"如果员工更努力地工作，他就可以得到更高的薪酬"。

行政干预（government intervene）的量表采用柴尔德、张和戴维斯（2003）、柴尔德和穆勒润（2003）关于政府对企业经营活动干预程度的测量量表。行政干预的测量共有3个条目，具体测量条目包括"当地政府官员在本公司的决策制定中有很重要的作用""省级或是中央政府官员在本公司的决策制定中有重要的作用"和"行业管理机构和政府部门官员在公司决策制定中有重要的作用"。

制度支持（institutional support）的量表采用李和鸿蠹吉马（2001）、刘（2013）等关于政府为企业提供信息和技术帮助政策的测量量表。制度支持的测量共有4个条目，具体的测量条目包括"政府实施了有利于我公司运营的政策和项目""政府为我公司提供了重要的技术信息或技术支持""政府为我公司提供了重要的市场信息"和"政府为我公司提供了重要的财政支持"。

6.2.2 企业创新精神和绩效的测量

对企业层面的创新精神进行测量的方法有很多，大致可以成为两类：第一类测量办法偏具体化，通常是用创新相关数据作为刻画企业创新精神的代理变量,比如研发投入强度、取得专利数量、每年推出新产品数量等;第二类测量办法偏综合化,通过对创新精神的几个方面分别进行调查再给出一个综合计算指标。由于本书所考察的研究话题焦点在市场化进程是否影响了企业创新精神,如果采用具体化的测量办法可能导致代表性不够或有偏差等问题,因此采用综合性的测量办法,包括三个方面:(1)产品或服务创新(innovation),产品或服务创新属于技术层面的创新,包括新技术、新产品、新服务、新制造工艺的引入;(2)投资其他企业或直接设立新企业的行为(venturing),包括企业对其他新企业进行投资持股、直接设立新企业和在主营业务之外进行的项目投资和开发等;(3)组织和管理创新(strategic renewal),组织与管理创新是管理层面的创新,比如引入新的组织办法、新的产业组织形式、对既有企业组织进行战略重组等。

具体而言,企业创新精神(corporate entrepreneurship)的量表采用斯梅克、维加和卢巴特金(Simsek,Veiga & Lubatkin,2007)的测量量表,测量企业在产品和服务创新、对外新投资和组织层面的战略革新等方面活动的进行情况,并将企业创新精神视为包括创新、投资和革新这三个一阶因子的二阶反映型构念。

创新(innovation)测量共有 4 个条目,具体的测量条目包括"大力投资于产品导向的领先技术研发""大力投资于制造导向的工艺流程研发""本公司已经引进许多新产品和服务""倡导产业的突破性创新发展",这些条目反映了企业在产品和技术创新方面的投入情况和实际创新效果。

投资(venturing)测量共有 3 个条目,具体的测量条目包括"在新兴产业中投资""在主营业务外投资"和"在运营已有业务的同时进行新项目投资",企业成长是产品和组织线不断扩张的过程,上述投资的测项反映出企业积极的创新姿态,通过不断投资新业务、新项目、新产业来获得持续成长。

革新(strategic renewal)测量共有 4 个条目,具体的测量条目包括"已经放弃一些非盈利业务""已经改变每个业务单元的竞争方式""已经采用了许多措施来提高业务单元的生产力"和"已经改变组织结构或管理流程来提高不同业务间的协调和交流",这些条目反映出企业在管理创新方面的努力。

创新、投资和革新是企业创新精神的一阶测量构念,将上述三个测项值聚合为企业创新精神二阶构念。二阶构念的构成方式一般分组合型和反映型两种,组合型适用于各子构念独立存在的情况,如焦点企业与供应商的关系和与分销商的关系彼此没有交叉影响,因此在测算其关系总和时将其加总计算;而反映型适用于各子阶构念彼此存在相互关联的情况,如焦点企业的产品创新与管理革新行为虽然在形式上有所差异,但背后有一个共同因素驱动,因此将反映型一阶构念聚合起来,其交叉和重叠的部分即反映出背后的二阶因子的强度。基于上述分析,本书将企业创新精神视为由创新、投资和革新共同构成的二阶反映型构念。

企业绩效(firm performance)的量表来自周等(2005),共有 4 个条目,具体的测量条目包括"我们的销售增长率高于主要竞争对手""我们的利润增长率高于主要竞争对手""我们的投资回报率高于主要竞争对手"和"我们的整体利润水平高于主要竞争对手",反映了企业在行业竞争中的绩效水平。

表 6-1 列出了本书自变量和因变量的测量量表,上述量表的测量都采用里克特五分量表的形式,在问卷里要求填写人根据对各个问题的同意程度,以"1—5"之间的数字来进行衡量。其中 1 分代表完全不同意,2 分代表不同意,3 分代表中立或难以确定,4 分代表基本同意,5 分代表完全同意。

表 6-1 主要研究变量的测量量表

自 变 量	因 变 量
资源市场化 Davies & Walters (2004)	本公司可以自由地在开放市场中购买所需的原料和部件 本公司购买设备和原料的价格由市场机制决定 本公司采购原料时可以在市场中自由选择供应商
雇佣自由化 Davies & Walters (2004)	本公司可以在劳动力市场中自由地雇佣生产工人 本公司不需要借助行政部门的帮助就可以雇佣到技术人员和管理者 本公司的中高层管理者的任命与政府和行政监管部门无关
利润重要度 Davies & Walters (2004)	本公司的产品都是要获利的 利润是本公司最主要的目标 盈利率是本公司的主要绩效考核指标
激励绩效化 Davies & Walters (2004)	员工如果提高了公司的运营绩效就可以得到升职 如果盈利水平高,高层管理者可以得到更高的薪酬或收益 如果员工更努力地工作,他就可以得到更高的薪酬
行政干预 Child etc.(2003)	当地政府官员在本公司的决策制定中有很重要的作用 省级或是中央政府官员在本公司的决策制定中有重要的作用 行业管理机构和政府部门官员在公司决策制定中有重要的作用

(续表)

自变量	因变量
制度支持 Li & Atuahene-Gima(2001)	政府实施了有利于本公司运营的政策和项目 政府为本公司提供了重要的技术信息或技术支持 政府为本公司提供了重要的市场信息 政府为本公司提供了重要的财政支持
企业绩效 Zhou etc.(2005)	本公司的销售增长率高于主要竞争对手 本公司的利润增长率高于主要竞争对手 本公司的投资回报率高于主要竞争对手 本公司的整体利润水平高于主要竞争对手
企业创新精神 Simsek, Veiga & Lubatkin(2007)	请指出企业在以下企业创新精神方面的实施程度 大力投资于产品导向的领先技术研发 大力投资于制造导向的工艺流程研发 本公司已经引进许多新产品和服务 倡导产业的突破性创新发展 在新兴产业中投资 在主营业务外投资 在运营已有业务的同时进行新项目投资 已经放弃一些非盈利业务 已经改变多个业务单元的竞争方式 已经采用了许多措施来提高业务单元的生产力 已经改变组织结构或管理流程来提高不同业务间的协调和交流

6.2.3 调节变量的测量

根据认知图式理论中关于企业在认知过程中的"角色图式"的研究,并结合既有文献中对主要角色的研究基础以及被调查企业的实际情况,本研究考虑了六方面的企业自身特征作为企业在分析和运用任务图式时的"代入角色",这六方面的企业特征分别是:企业的产权角色、企业的规模角色、企业所处的行业角色、企业是否高新技术角色、企业是否家族企业角色、企业所在地区角色。

产权角色(ownership):在以往的研究中,对中国商业环境中企业产权的分类一般有国有企业、民营企业和外资企业三类。在本书的研究中,由于外资企业可能同时涉及其母国的市场化进程和东道国的市场化进程,为了避免上述偏差同时聚焦研究主题,本研究只调查国有企业和民营企业对市场化进程感知和敏感程度差异。一方面,在调查问卷中询问企业的所有制类型是属于国有企业还是民营企业;另一方面,根据企业名称和其基本情况对其所有权性质进行进一步补充判断,其中,国有企业包括但不限于中央和地方各级政府和各级部委所属或控股的公司或乡镇集体所有制企业及相关转制企业。

规模角色(size):对企业规模通常的衡量方式有员工人数、销售额和总资产等指标,根据国家统计局对企业规模的判定标准,在调查问卷中询问公司的员工数量、销售额和总资产等三项指标,将其作为判别企业规模的综合依据。同时满足总资产4亿元以上、销售额3亿元以上、营业员工2 000人以上这三项条件的企业定义为大型规模企业,其他企业则为中小型规模企业。

行业角色(industry):采用中国证监会关于上市公司的行业分类指引的标准,请被访企业选择其主营业务所在的行业,涉及的行业包括农林畜牧、采掘业、食品饮料制造、纺织服装制造、木材家具制造、造纸印刷制造、石油化工制造、电子制造、金属制造、机械设备制造、医药生物制造、其他制造业、水电煤气、建筑业、交通仓储、信息技术产业、批发零售、金融保险、房地产、社会服务、文化与传播、通信服务和其他,由于农林畜牧业的样本数量较少,合并入制造业,因此,将前12个行业及建筑业划分为制造业,将其他行业划分为服务业。

高新技术角色(high-technology):高新技术企业指在电子信息技术、生物与新医药技术、航空航天技术、新材料技术、高技术服务业、新能源及节能技术、资源与环境技术、高新技术改造传统产业等《国家重点支持的高新技术领域》内的创新型企业。虽然高新技术企业支持政策指明了行业属性,但高新企业认证需要烦琐流程和严苛申报标准,并非所有行业内企业均为高新企业。因此,本研究采取问询法,询问受访者企业是否已经通过认证成为高新技术企业。

家族企业角色(family):将家族企业和民营企业区分开来分别测定,单独设立一个问项,询问受访企业是否为家族企业。这一测定办法所测定的家族企业范畴大于传统研究,即家族企业并非一定等同于家族持股,只要是族长创始起家、并以家族形式或类家族形式经营的民营企业,都可以认为是家族企业,其范畴小于民营企业,其行为模式与民营企业也有显著区别。

地区角色(district):通过两种方式确定受访企业所属区域,一方面是调查问卷的发放地,课题组在陕西省、湖北省和广东省多所高校的 EMBA 和国资委举办的各种高级培训班等针对国有企业发放问卷,同时以该地工商业联合会为民营企业样本总体,确定了大部分企业的所属地;另一方面是在问卷中请受访者填写公司名称,通过名称进一步确定该公司是否位于该省级区域,对于问卷中填写公司区域不属于上述三省的问卷,不计入本研究的分析样本和地区子样本。

6.2.4 控制变量的测量

除了重点关注的自变量、调节变量和因变量之外,还有一些变量会对企业创新精神产生影响。为了界定合适的控制变量,系统回顾了扎赫拉(1996)、安东奇克和赫斯里奇(2001)、西姆塞克、维嘉和柳巴特金(2007)等关于企业创新精神前因的相关既有研究,发现企业是否会进行创新活动一般来说会受到四个方面的影响:(1) 企业自身特征,如年龄、规模、产权类型等,由于规模和产权类型等特征已经作为角色变量加以处理,因此,这里追加考虑企业年龄为控制变量;(2) 企业的资源情况,是否具有充裕资源是影响创新的主要因素,这里以冗余作为资源充裕度的代理变量,若企业资源存在冗余时,其进行创新的可能性更大(Zahra,1996);(3) 企业自身的能力水平也是决定企业是否会进行创新活动的诱导因素,从与环境互动的角度来讲,企业的学习能力越强,其进行创新活动的可能性越高(Antonic & Hisrich,2001);(4) 企业所处的商业环境的竞争敌对性、技术环境变化的快速程度、需求市场变化的不确定性都对创新活动造成影响(Simsek, Veiga & Lubatkin, 2007)。因此,本研究从企业自身特征、资源冗余程度、企业学习能力和竞争环境四个方面来选取控制变量。

年龄(age),为了方便受访者填写,对企业年龄进行了区间划分,受访者只需在对应的选项打勾即可。参考既有相关研究,将企业年龄区间分为四档,分别是"3年以内""4—8年""9—15年"和"16年及以上"。在具体的实证模型中,企业年龄作为1—4的序列变量进入回归模型。

资源冗余(existing resource slack)的测量量表来自唐和朋(2003)的研究,包括三个测量条目:"本公司有充足的财务资源应付突发的投资需求""本公司的保留盈余足够满足公司开拓市场的经费需求"和"本公司有充裕的资源以应对环境的剧烈变化",反映了企业当前存留的财务和资源水平。

潜在冗余(potential resource slack)的测量量表来自唐和朋(2003)的研究,包括三个测量条目:"本公司很容易获得银行贷款""本公司生产能力发挥的余地很大"和"本公司的运转未满负荷",这些指标反映出企业当前并未直接拥有、但能够快速动用和调度资源的充裕程度。

学习能力(technology capability)的测量量表来自胡尔和科文(2010)的研究,包括三个测量条目:"当面临新技能和技术时,比竞争对手学习得更快""学习新技能和新能力对本公司而言很容易"和"善于弥补现有知识和开发新产品所需知识的鸿沟",反映出企业在环境中吸收和学习新技术和新知识的能力。

竞争强度(competitive intensity)的测量量表来自贾沃斯基和科赫利(1993)的经典量表,包括三个测量条目:"在行业中有很多促销战/价格战""在行业中产品的同质化程度很高"和"在行业中价格竞争很激烈",反映出企业所处竞争环境的激烈程度和彼此敌对程度。

需求动荡(demand uncertainty)的测量量表来自贾沃斯基和科赫利(1993),包括三个测量条目,包括"在业务领域中顾客的需求和偏好变化很大""在业务领域中顾客总是在寻找新产品"和"在业务领域中市场的变化很难预测",反映出企业所处需求市场的变化频率和不可预计程度。

技术动荡(technology uncertainty)的测量量表来自贾沃斯基和科赫利(1993),包括三个测量条目,包括"在行业中技术变化很快""在行业中难以预测技术的发展方向"和"在行业中,许多技术的发展都彻底改变了已有技术",反映出企业所处技术环境的更新换代频率和难以预计程度。

上述构念的测量都采用里克特五分量表的形式,按照"1—5"之间的数字评分来进行衡量。其中1分代表完全不同意,2分代表不同意,3分代表中立或难以确定,4分代表基本同意,5分代表完全同意。

6.3 调研和数据收集

为了增加企业在市场化进程感知方面的变异程度,课题组以国民经济研究所樊纲等逐年来持续编撰的中国各省份市场化指数为参考,选择市场化指数差异较大的多个省份来进行企业问卷调查。具体地,选择位于南方沿海地区的广东省、位于中部长江流域地区的湖北省和位于西北内陆地区的陕西省为企业调查情境。选择上述三个省份进行问卷调查有两个原因:一方面,理论界和实践界都广泛认同中国各省份的改革开放次序是先东南部沿海地区、其次是中部地区、最后是西部内陆地区(Peng & Luo, 2000);另一方面,在王小鲁、樊纲和胡李鹏(2018)编撰的市场化指数中,广东省在全国31个省(直辖市和自治区)中排名第3,其各方面的市场化程度均处于较高水平,属于改革开放的"第一纵队";湖北省在地理位置上属于长江水系的主要流经地区,市场化程度排名第10,判断其属于改革开放的"第二纵队";陕西省处于西北内陆地区,其市场化程度相对较低,在全国各省中排名第18位,判断其处于改革中的"第三纵队"。表6-2列出了上述三个省份具体的市场化指数得分情况,整体而言,课题组认为这三个省份处于差异较大的市场化进程之中,为比较研究不同地区的企业对市场化进程的感知提供了比较适宜的研究情境。

表6-2 广东省、湖北省和陕西省2016年的市场化指数[a]

	陕西	湖北	广东
市场化指数排名[b]	18	10	3
市场化总体得分[c]	6.57	7.47	9.86
1) 政府与市场的关系	4.68	5.88	7.98
2) 非国有经济的发展	5.59	8.61	10.65
3) 产品市场的发育程度	7.45	8.48	9.53
4) 要素市场的发育程度	7.53	9.31	7.60
5) 中介组织和法治环境	7.60	5.09	13.55
地理位置	西北地区	华中地区	华南地区
地理特点	内陆地区	长江流域地区	沿海地区
市场化改革的次序	后发者	跟随者	先行者

注:a. 所有的数据均来自王小鲁、樊纲和胡李鹏(2018),《中国分省份市场化指数报告(2018)》,社会科学文献出版社,北京,2019。
b. 排名包括中国的31个省、直辖市和自治区,但不包括香港、澳门和台湾地区。
c. 总得分是基于对各子评分要素进行主成分分析法计算得出的。在计算得分过程中,各省的得分是基于其2001年的基础得分来计算的(基础得分被定义在0和10之间),得分越高,说明市场化程度越高;此后以2001年的得分为基准来计算下一年的得分,因此有些省份2016年的得分可能会超过10,而有的省份可能会低于0。计算细节参见王小鲁、樊纲和胡李鹏(2018)。

2018年7月—2019年5月,课题组在广东省、湖北省和陕西省进行了大规模的问卷调查。由于本书的研究对象主要是企业家或高层管理人员,采样难度大尤其是国有企业的调查采样难度更大,受访企业的总体难以确定,以往研究多通过搜集上市公司数据来确定被调查企业是否具有国有产权性质,本研究采取的是企业微观层面的调查,采用调查问卷的形式进行数据收集,因此,对国有企业的样本选取存在一定难度。为了在时间和财力有限的情况下尽可能保证数据质量,本研究通过随机调查抽样和方便调查抽样相结合的方式来进行。

课题组一方面通过中山大学、华中科技大学、西北大学等高校的 EMBA 班、总裁班、EDP 培训班、DBA 专业型博士班、各级国资委或相关部门在三地高校组织的高级培训班和讲座培训班等课程班的学员通讯资料,根据受访者情况,采取现场邀请填写、快递或邮寄纸质版问卷、发送电子邮件问卷、通过社交软件和问卷星等填写线上问卷等方便抽样方式发放问卷,作为搜集国有企业样本的主要渠道;另一方面,通过广东省、湖北省和陕西省的工商业联合会的企业名录为总体,利用电子邮件形式进行随机抽样方式发放问卷,作为搜集民营企业样本的主要渠道。通过上述两种方式共在广东省、湖北省和陕西省发放调查问卷 1 827 份,然后每两周对未反馈受访者追加发放问卷,并通过电子邮件、社交软件或电话等方式询问填写情况。为提升纸质版问卷的回收率,全部寄出的纸质问卷均随信附上寄回信封和邮票,并在信封上预先填写好课题组的地址以便受访者寄回;快递的问卷则预先填写好回信地址,并告知受访者采取快递到付的方式邮寄回来,以减轻受访者负担和提升回信的概率。

本次问卷调查先后持续了近 1 年时间,共发放问卷 1 827 份,合计回收问卷 575 份,经仔细检查后,删去存在大面积空白填写、随意或重复填写、填写者对企业战略情况不熟悉、地区或产权等关键信息模糊或缺失、企业所属地区超出调查范围等各种瑕疵问卷 43 份,最终得到有效问卷 532 份,其中,国有企业样本 174 份,民营企业样本 358 份,问卷调查的总体有效率为 29.1%。

表 6-3 显示了问卷填写人的个体特征。受访者中董事长占 17.9%,总经理占 26.8%(若兼任董事长和总经理,则按前者计算),高层管理人员占 48.3%,其他(如执行董事等职位)占 6.9%。受访者在企业任职时间 3 年以内的占 20.9%,4—8 年的占 41.7%,9—15 年的占 26.1%,16 年及以上的占 11.3%。受访者的年龄在 30 岁以下的占 10.9%,31—40 岁的占 51.1%,41—50 岁的占 33.8%,51 岁以上的占 4.1%。本次问卷调查中的被访者大多处于 30—50 岁的适宜工作年龄,并且在企业中担任董事长和总经理等要职,显示出较高的填写质量。

表 6-3　受访者的基本统计信息

	分类标准	样本数	所占百分比(%)
职务	董事长	95	17.9
	总经理	143	26.8
	高层管理人员	257	48.3
	其他	37	7.0
任职时间	3年以内	111	20.9
	4—8年	222	41.7
	9—15年	139	26.1
	16年及以上	60	11.3
被访者年龄	30岁以下	58	10.9
	31—40岁	272	51.1
	41—50岁	180	33.8
	51—60岁	21	3.9
	61岁及以上	1	0.2

表6-4列出了研究样本中国有企业和民营企业分别在成立时间、企业规模、发展阶段和管制行业的分布情况。在企业年龄上，国有企业整体而言要比民营企业的成立年限要更长一些，超过六成的国有企业成立年限超过15年，民营企业只有约1/3的样本企业年龄超过15年。若以8年为新创企业标准，只有12.5%的国有企业为新创企业，约1/3的民营企业达到了这一标准。在企业规模上，一半的民营企业为小型企业(179家，占比50.0%)，国有企业大型企业的数量超过四成(73家，占比41.9%)。此外，大多数企业都处于主营业务的成长期或成熟期，在投入期和衰退期的企业相对较少。国有企业样本中有26.4%的企业所在行业为政府重点管控、高进入壁垒的管制行业，民营企业样本中只有13.1%的企业处于限制竞争行业，大部分企业处在自由竞争行业。

表 6-4　研究样本的主要特征描述

		国企(个)	占比(%)	民企(个)	占比(%)
企业年龄	3年以内	8	4.56	46	12.8
	4—8年	14	8.0	71	19.8
	9—15年	44	25.3	104	29.1
	16年及以上	108	62.1	137	38.3

(续表)

		国企(个)	占比(%)	民企(个)	占比(%)
企业规模	大型企业	73	42.0	52	14.2
	中型企业	68	39.0	128	35.8
	小型企业	33	19.0	179	50.0
主营业务发展阶段	投入阶段	10	5.7	37	10.3
	成长阶段	84	48.3	204	57.0
	成熟阶段	69	39.7	98	27.4
	衰退阶段	11	6.3	19	5.3
管制行业	是	46	26.4	47	13.1
	否	128	73.6	311	86.9

表6-5列出了研究样本中国有企业和民营企业分别在所在行业中的分布情况,从表中可以看出,国有和民营企业在各个行业都有一定分布。其中,国有企业更多分布在金融保险、批发零售、房地产等服务性行业,在制造行业相对保留的数量较少,国有企业样本在制造业的分布数量为76个,占比43.7%,在服务业分布数量为98个,占比56.3%;民营企业则更多地聚集在信息技术产业、纺织服装制造、电子制造、机械设备制造等制造性行业,民营企业样本在制造业的分布数量为203个,占比56.7%,在服务业的分布数量为155个,占比43.3%。这样的行业分布与我国在服务行业保留更多管制措施的基本国情相匹配,制造业除了保留关系国计民生的重大产业项目外,多数制造业尤其是轻工和信息技术产业已经实现了高度的市场自由进入,尤其是在2002年加入WTO之后,制造业已经实现了高度对外开放,服务业的改革速度则相对较缓,金融、交通、房地产、教育、医疗、通信、水电煤气等服务行业国企较多。因此,整体而言,样本所反映的国企和民企行业分布符合现实情况,具有较好的代表性。

表6-5 研究样本的行业分布

行业类型	国有企业(个)	占比(%)	民营企业(个)	占比(%)
1. 农林牧渔业	4	2.3	12	3.4
2. 采掘业	8	4.6	2	0.6
3. 食品饮料制造	7	4.0	17	4.7

(续表)

行业类型	国有企业(个)	占比(%)	民营企业(个)	占比(%)
4. 纺织服装制造	3	1.7	28	7.8
5. 木材家具制造	0	0.0	15	4.2
6. 造纸印刷制造	0	0.0	7	1.9
7. 石油化工制造	8	4.6	8	2.3
8. 电子制造	5	2.9	22	6.1
9. 金属制造	6	3.4	14	3.9
10. 机械设备制造	9	5.2	22	6.1
11. 医药生物制造	6	3.4	19	5.3
12. 其他制造业	6	3.4	18	5.0
13. 电水煤气	5	2.9	4	1.1
14. 建筑业	14	8.1	19	5.3
15. 交通仓储	5	2.9	12	3.4
16. 信息技术产业	8	4.6	34	9.4
17. 批发零售	17	9.8	33	9.2
18. 金融保险	18	10.3	6	1.6
19. 房地产	15	8.6	10	2.8
20. 社会服务业	5	2.9	21	5.9
21. 文化与传播业	7	4.0	22	6.1
22. 通信服务业	9	5.2	3	0.9
23. 其他	9	5.2	10	2.8
合计	174	100.0	358	100.0

为了检验样本是否存在未返回选择偏差,课题组将已经收集回来的样本和未回复问卷的企业样本进行 T-test 检验,未发现在企业规模、类型、年龄等方面存在显著差异,因此不存在明显的未返回偏差。为了检验是否存在共同方法偏差问题(common method bias),使用 Harman 单因素方法加以检验。按照这个方法,如果存在共同方法偏差,在进行因子分析时:(1) 全部指标的非旋转因子分析会形成单一的因子;或者(2) 数据中的大部分变异会由一个公因子所解释。将本书涉及的所有变量放在一起采用未旋转的、主成分因子分析进行检验,得出最大特征根解释了 23.27% 的变异,由于没有出现单一因子解释测量指标大部分变异的情况,表明本研究调查数据不存在明显的共同方法偏差。

6.4 数据分析方法

本研究通过问卷调查的方式进行数据收集，回收之后，将通过 SPSS17.0、MPLUS7.4、STATA14.0MP 开展数据的描述性统计、研究信度和效度检验、相关分析、聚类分析和多元线性回归等统计工作。具体的分析依据和方法如下：

（一）描述性统计分析

主要对调研样本的基本资料进行统计，包括企业规模、企业年龄、所有制、研发投入、开发人员占比、所处行业类型、是否高新技术、是否家族企业、是否上市公司、所在地区，以及问卷填写人的年龄、职位和任职年限等情况。通过 SPSS17.0 软件，对不同地区企业在市场化进程和企业创新精神方面是否存在显著性的均值差异进行分析。此外，还对主要测量构念的数据特征进行描述性分析，考察各测量条目的最大值、最小值、均值、标准差、偏度和峰度等情况，检验数据是否服从正态分布，为进一步的统计分析和假设检验做准备。

（二）信度和效度检验

信度和效度是评判研究数据测量效果好坏的标准。信度指的是度量的稳定性、可重复性和一致性，即真实分数在测验得分中的比例。课题组具体通过衡量每个变量的 Cronbach's alpha 值来评价其一致性情况，取值通常认为应当在 0.7 以上才具有较好的内部一致性（Nunnally & Bernstein, 1994）。

效度指的是测量值与实际值之间的吻合程度，即测量的准确程度。效度可分为三种主要类型：内容效度（content validity）、构念效度（construct validity）和准则关联效度（criteria-related validity）（金瑜，2005）。

（1）内容效度指的是测量的量表条目是否包括了有充分代表性的内容。本研究为了使问卷更具内容效度，充分进行了文献梳理，根据理论脉络的发展情况，借鉴在国内外主流文献上已得到广泛认可的测量方式，而且经过战略领域的专家学者、博士生以及企业家多次讨论完善，可以视为具有较好的内容效度。

（2）准则关联效度指的是测量的分数对某一种行为表现预测能力的高低情况，需要另外的标准（如另外一套经典量表）或者今后的行为表现来进行比较，经常用于智力量表等，因而不适合于本研究。

（3）构念效度指的是一些相对复杂和抽象的概念体现出理论上的概念或特征的程度，需要在统计上重点考察。聚敛效度（convergent validity）和区分效度（discriminant validity）是衡量构念效度的两种重要途径。其中，聚敛效度又称为求同效度，指的是通过不同方式对同一个构念进行测量时所观测到的数值之间应当是高度相关的。区分效度又称为求异效度，指的是如果两个测量的是不同的特质，即使使用相同的方法，它们之间的相关性也较低。本书将利用MPLUS7.4对各变量进行验证性因子分析（confirmatory factor analysis）来对构念效度进行检验，通过条目因子载荷（loading）、潜在变量的组合信度（composite reliability）、平均方差萃取（average variance extracted）等指标反映聚敛效度情况。通过平均方差萃取值的平方根与该构念与其他构念间的相关系数进行比较，来反映构念区分效度。并且，在CFA中，通过卡方自由度比（χ^2/df）、塔克-李维斯拟合指数（Tucker-Lewis index）、比较拟合指数（comparative fit index）、标准化残差均方根（standardized root mean square residual）、近似均方根误差（root mean square error of approximation）等指标检验采集观测数据与理论测量模型间的拟合程度。

（三）相关分析

采用SPSS17.0软件对主要研究变量的均值、标准差进行统计分析，使用皮尔逊相关分析法（Pearson correlation analysis）对研究模型中涉及的市场化进程感知、企业创新精神、主要调节变量之间的相关系数矩阵进行计算，检验各研究变量之间是否具有显著相关，为下一个步骤的回归分析做好准备。与此同时，将各变量彼此之间的相关系数与其自身平均变异抽取值（AVE）的平方根进行比较，对前一个步骤涉及的区分效度进行评判，若某构念与其他变量的皮尔逊相关系数估计值均低于其自身平均变异抽取值，说明在受访者填写问卷的过程中，该构念与其他任何构念均无概念上的重合之处，同时也在侧面反映出受访者对各个构念的填写均是独立可信的，不存在统计意义上的随意填写问题。

（四）多元回归和聚类分析

采用 STATA14.0MP 软件进行多元线性回归模型，并对模型的整体拟合度、R^2 情况及其变化值进行 F 检验，对各回归系数进行 T 检验。根据本研究涉及的研究假设情况，多元回归模型具体包括以下四个阶段：

首先，对要素型市场化进程感知、激励型市场化进程感知和经营型市场化进程感知对企业创新精神之间的主效应进行多元线性回归，以此验证前文提出的各个主效应假设。在这一过程中，先是对企业创新精神作为一个整体构念进行检验，然后再构建 3 个子回归模型，分别检验各类市场化进程分别对创新、投资、革新的影响，以获得更为详尽和具体的影响情况估计系数。

其次，对产权、规模、行业、高新、家族、地区等关键角色认知图式变量的调节作用进行检验。调节变量的检验一般有两种方法：其一，构建自变量和调节变量的去中心化乘积项；其二，对样本进行划分，然后分别进行多元线性回归。考虑到本研究的调节变量均为 0/1 类型哑变量且样本数较大，为了更直观地反映出各子样本中各自变量的回归系数，采取分样本的方法进行检验。根据不同的分类把样本划分为两个子样本，以比较不同角色企业对不同方面的市场化进程的影响的敏感程度，以此验证前文提出的各个调节效应假设。

第三，为了对在不同市场化进程感知的条件下企业创新精神所产生的绩效效果进行检验，构建以企业创新精神为自变量，以企业绩效为因变量，以市场化进程感知为调节变量的回归模型。这一模型是对直接效应模型的补充检验，在具体操作中若出现显著的调节效应，还会根据调节变量的均值和标准差构建高值和低值情况下的主效应即时影响系数估计值，并以画图的方式进行直观展示。

第四，为了深入理解市场化进程特定组合对企业创新精神的影响，并结合既有文献中多次提及的市场化指标过于复杂、单一指标解释力可能受到其他指标的交叉影响的问题，本研究拟将 6 个市场化进程指标进行自由聚类，首先运用 SPSS 系统聚类法对分类组数进行探索，得到大致的聚类类别数量；然后以该类别数量为基准，采用 K-MEANS 聚类法对全样本 532 个案例进行聚类分析，得到各聚类之后根据聚类中心之间的欧几里得距离分析其各自的管理学意义。

第七章

数据分析与假设检验

本章在已经回收的数据基础上,根据前文提出的研究方法和步骤,对样本的数据进行分析和统计检验,考察所提出各个假设的实证支持情况。

7.1 主要构念的描述性统计

7.1.1 样本基本情况

表7-1列出了本次调研样本的描述性统计基本信息。由于本研究主题涉及企业创新精神,因此,企业的研发投入情况和从事产品和技术开发员工的占比情况具有重要的参考价值。样本情况显示,30%的企业研发投入不足1%,31%的企业的研发投入占营业额的比重在1%—3%,26.5%的企业研发投入占营业额的比重在3%—10%,12.4%的企业研发投入占营业额的比重高于10%。在从事产品和技术开发员工的占比方面,42.4%的企业开发人员占比低于3%,31.3%的企业开发人员占比在3%—10%,16.3%的企业开发人员达到10%—30%,9.7%的企业的开发人员占比超过了30%。整体而言,样本企业的研发投入和开发人员占比情况比较平衡,既有投入较高的企业样本,也有投入相对较低的企业样本,这对于分析企业创新精神的多样性及其受市场化进程的影响有良好的代表性。

在所有制方面,国有企业占32.7%,民营企业占67.3%,考虑到国有企业样本的获取难度大,且国有企业和民营企业的基础数量存在差异,这一比例情况整体良好,能反映出国有企业和民营企业运行的基本情况。在企业规模方面,

表 7-1 样本基本情况统计信息

	分类标准	样本数	所占百分比(%)
研发投入占比	0—1%	160	30.0
	1%—3%	165	31.0
	3%—10%	141	26.5
	10%以上	66	12.4
产品和技术开发员工占比	0—3%	226	42.4
	3%—10%	167	31.3
	10%—30%	87	16.3
	30%以上	52	9.7
所有制	国有企业	174	32.7
	民营企业	358	67.3
企业规模	大型企业	124	23.3
	中型企业	196	36.9
	小型企业	212	39.8
高新技术	是	103	19.4
	否	429	80.6
家族企业	是	182	34.2
	否	350	65.8
上市公司	是	74	13.9
	否	458	86.1
新创企业	是	139	26.1
	否	393	73.9
行业类型	制造业	279	52.4
	服务业	253	47.6
所在地区	陕西	155	29.1
	湖北	162	30.5
	广东	215	40.4

大型企业占 23.3%,中型企业占 36.6%,小型企业占 39.8%,分布均匀合理。在其他样本特征方面,高新企业占比 19.2%,家族企业占比 34.2%,上市公司占比 13.7%,新创企业占比 28.4%,制造业企业占比 52%,服务业企业占比 48%。来自陕西省的样本数量为 155 份,占比 29.1%;来自湖北省的样本数量 162 份,占比 30.4%;来自广东省的样本数量 215 份,占比 40.4%。从上述特征情况来看,样本在所有制、规模、行业、地区和其他特征方面均有所分布,分布

情况比较均匀合理,显示本研究的调查样本具有良好的代表性和可信度。

7.1.2 分地区描述统计比较

分地区对主要研究变量进行均值比较,能从直观上反映出处于不同市场化进程地区企业的市场化进程感知和创新精神情况,为后续的深入分析提供描述性的基础参考依据,表 7-2 列出了分地区主要变量的均值比较信息。

表 7-2 分省分主要变量的均值比较

	陕西省	湖北省	广东省
资源市场化	4.07 (1.152)	4.13 (0.634)	4.16 (0.859)
雇佣自由化	4.19 (1.059)	4.26 (0.663)	4.18 (0.788)
利润重要度	3.48 (0.901)	3.43 (0.739)	3.86 (0.797)
激励绩效化	4.18 (0.597)	4.27 (0.592)	4.15 (0.719)
行政干预	2.15 (0.964)	1.76 (1.00)	2.40 (1.073)
制度支持	2.51 (1.113)	2.50 (0.977)	2.77 (0.957)
企业创新精神	3.30 (0.719)	3.12 (0.630)	3.30 (0.647)
—创新	3.15 (0.779)	2.99 (0.701)	3.23 (0.889)
—投资	3.01 (1.00)	3.06 (1.12)	3.13 (0.950)
—革新	3.73 (0.775)	3.32 (0.723)	3.57 (0.744)
研发投入占比	2.30 (1.031)	2.81 (1.001)	2.74 (1.232)
开发人员占比	2.40 (0.940)	2.44 (0.801)	2.49 (1.100)
企业绩效	3.380 (0.697)	2.861 (0.858)	3.525 (0.884)

注:括号中为该均值的估计标准误差。

从表7-2所反映出的均值信息来看，企业所感知的市场化进程并非按照"陕西省（西部地区）—湖北省（中部地区）—广东省（东南沿海地区）"线性递增，而是先增加然后又有所降低。具体而言，在三个地区中，湖北省的样本的市场化进程整体而言相对最高，其在雇佣自由化、激励绩效化、行政干预三个指标得分均高于陕西省和广东省，但在企业创新精神和企业绩效的均值对比中，湖北省的样本的得分反而低于陕西省和广东省。这些情况显示，市场化进程并不是企业创新精神和企业绩效的绝对解释指标，尤其是考虑到中国国情的市场化改革进程的背景下，绝对的市场化和自由化并不能带来更高的创新绩效。广东省的样本的行政干预程度达到2.40，在三个省份中排名最高，同时制度支持达到2.77，也在三个省份中排名最高，其企业创新精神和企业绩效也相对较高，这似乎说明在我国的实际国情中，以政府推动和政策支持的方式所进行的创新改革，其效力可能不在市场自由化改革之下，或者说，这两种改革力量是双管齐下、齐头并进的。因此，数据情况初步显示从企业微观层面进行的市场化进程和创新精神调查，其结果可能比宏观地区层面的分省份市场化调查更有微观说服力。整体而言，分地区的市场化进程和创新精神为研究提供了前期的洞察，而更为具体和具有统计学意义上的因果逻辑关系需要在后续深入实证探索。

7.1.3 测量构念的描述性统计

在对数据做进一步分析之前，使用SPSS17.0软件对量表里各变量测量条目的最小值、最大值、均值、标准差、偏度和峰度等描述性统计指标进行分析，以考察收集的数据是否符合正态分布。一般而言，如果样本的偏度绝对值小于3，峰度绝对值小于10，可视为样本基本上服从正态分布。从数据分析结果来看（具体见表7-3），本研究的各个测量条目的得分值基本满足正态分布的条件，符合下一步的统计要求。

表7-3 各变量测量条目的描述性统计

测量条目	N	最小值	最大值	均值	标准差	偏度		峰度	
	统计量	统计量	统计量	统计量	统计量	统计量	标准误	统计量	标准误
资源市场化1	532	1	5	4.19	0.931	−1.443	0.106	2.269	0.211
资源市场化2	532	1	5	4.13	0.942	−1.366	0.106	2.024	0.211

(续表)

测量条目	N 统计量	最小值 统计量	最大值 统计量	均值 统计量	标准差 统计量	偏度 统计量	偏度 标准误	峰度 统计量	峰度 标准误
资源市场化3	532	1	5	4.16	0.958	−1.369	0.106	1.823	0.211
雇佣自由化1	532	1	5	4.11	0.944	−1.261	0.106	1.666	0.211
雇佣自由化2	532	1	5	4.16	0.891	−1.331	0.106	2.224	0.211
雇佣自由化3	532	1	5	4.30	0.963	−1.617	0.106	2.427	0.211
利润重要度1	532	1	5	3.60	1.118	−0.436	0.106	−0.684	0.211
利润重要度2	532	1	5	3.95	0.925	−0.879	0.106	0.774	0.211
利润重要度3	532	1	5	3.92	0.905	−0.814	0.106	0.604	0.211
激励绩效化1	532	1	5	4.02	0.849	−0.884	0.106	0.907	0.211
激励绩效化2	532	1	5	4.24	0.812	−1.221	0.106	2.082	0.211
激励绩效化3	532	1	5	4.21	0.799	−1.157	0.106	1.952	0.211
行政干预1	532	1	5	2.35	1.131	0.483	0.106	−0.643	0.211
行政干预2	532	1	5	2.27	1.169	0.657	0.106	−0.432	0.211
行政干预3	532	1	5	2.47	1.173	0.344	0.106	−0.894	0.211
制度支持1	532	1	5	3.09	1.177	−0.224	0.106	−0.822	0.211
制度支持2	532	1	5	2.66	1.082	0.139	0.106	−0.739	0.211
制度支持3	532	1	5	2.82	1.116	−0.031	0.106	−0.839	0.211
制度支持4	532	1	5	2.45	1.170	0.365	0.106	−0.807	0.211
创新1	532	1	5	3.14	1.110	−0.122	0.106	−0.593	0.211
创新2	532	1	5	3.01	1.096	−0.065	0.106	−0.605	0.211
创新3	532	1	5	3.26	0.980	−0.247	0.106	−0.357	0.211
创新4	532	1	5	3.45	1.032	−0.416	0.106	−0.196	0.211
投资1	532	1	5	2.88	1.206	−0.014	0.106	−0.921	0.211
投资2	532	1	5	2.95	1.176	−0.069	0.106	−0.905	0.211
投资3	532	1	5	3.54	1.096	−0.682	0.106	−0.075	0.211
革新1	532	1	5	3.48	1.083	−0.492	0.106	−0.341	0.211
革新2	532	1	5	3.34	0.901	−0.310	0.106	0.035	0.211
革新3	532	1	5	3.70	0.844	−0.795	0.106	1.099	0.211
革新4	532	1	5	3.79	0.876	−0.935	0.106	1.320	0.211
企业绩效1	532	1	5	3.49	1.064	−0.374	0.106	−0.489	0.211
企业绩效2	532	1	5	3.27	1.004	−0.166	0.106	−0.370	0.211
企业绩效3	532	1	5	3.36	0.978	−0.258	0.106	−0.257	0.211
企业绩效4	532	1	5	3.31	0.969	−0.208	0.106	−0.238	0.211

7.2 信度和效度检验

信度和效度是评价研究数据测量效果好坏的标准。信度反映的是测量的稳定性和一致性情况,效度体现的是测量的准确程度。在满足所测量变量的信度和效度得到检验的基础上,才能进行变量间的统计关系研究。信度和效度有多种类型和测量方式,基于前文的分析,本节主要对量表中各测量变量的因子载荷、内部一致性信度、聚敛效度、区分效度和组合效度进行分析。

运用 MPLUS7.4 构建测量模型,模型包括 6 个自变量构念和 4 个因变量构念,通过验证性因子分析(CFA)得到各测量构念的因子载荷和整体拟合指数,以对主要变量的信度和效度进行检验。表 7-4 和表 7-5 给出了自变量和因变量测量条目标准化的因子载荷(factor loading)、各个变量的组合信度(composite reliability,CR)和平均方差萃取值(average variance extracted,AVE)。

表 7-4 市场化进程的信度和聚敛效度

变量名称	测量条目	Loading	Cronbach's alpha	AVE	CR
资源市场化	Resource 1	0.876	0.897	0.746	0.898
	Resource 2	0.900			
	Resource 3	0.814			
雇佣自由化	Employ 1	0.917	0.817	0.667	0.849
	Employ 2	0.947			
	Employ 3	0.514			
利润重要度	Profit 1	0.570	0.747	0.535	0.771
	Profit 2	0.817			
	Profit 3	0.784			
激励绩效化	Incentive 1	0.736	0.830	0.627	0.834
	Incentive 2	0.805			
	Incentive 3	0.832			
行政干预	Intervene 1	0.892	0.920	0.792	0.919
	Intervene 2	0.882			
	Intervene 3	0.897			

(续表)

变量名称	测量条目	Loading	Cronbach's alpha	AVE	CR
制度支持	Support 1	0.720	0.871	0.643	0.876
	Support 2	0.904			
	Support 3	0.862			
	Support 4	0.703			

表 7-5　企业创新精神和绩效的测量信度和聚敛效度

变量名称	测量条目	Loading	Cronbach's alpha	AVE	CR
创新	Innovation 1	0.848	0.851	0.592	0.852
	Innovation 2	0.772			
	Innovation 3	0.739			
	Innovation 4	0.712			
投资	Venturing 1	0.772	0.770	0.528	0.770
	Venturing 2	0.720			
	Venturing 3	0.686			
革新	Renewal 1	0.540	0.813	0.551	0.827
	Renewal 2	0.738			
	Renewal 3	0.841			
	Renewal 4	0.815			
企业绩效	Performance 1	0.738	0.902	0.707	0.905
	Performance 2	0.890			
	Performance 3	0.871			
	Performance 4	0.857			

哈尔等(1998)建议每个条目的因子载荷(factor loading)应该都在 0.5 以上，本研究所有测量条目均满足要求。在信度方面，采用 Cronbach's alpha 信度和组合信度(CR)进行评价。一般而言，Cronbach's alpha 的取值从 0 到 1，取值为 0 表示完全不可靠，取值为 1 代表完全可靠，通常认为在 0.7 以上才具有较好的内部一致性(Nunnally & Bernstein, 1994)。本研究各变量的 Cronbach's alpha 值皆大于 0.7，满足要求。CR 值指构念内部变异的一致性，如果变量的 CR 值高，说明各测量条目是高度相关的，表示它们都在衡量同一变量。通常来讲，组合信度 CR 值应该大于 0.7(Hair etc., 1998)。本研究各变量的 CR 值都在 0.7 以上，符合要求。因此，整体而言，本研究各变量的信度情况良好。

在聚敛效度方面，着重考察变量能解释的方差百分比，即平均方差萃取值（AVE）的具体情况。AVE 值反映一个潜变量能被一组观察值有效估计的聚合程度（Fornell & Larker，1981），通常认为应该在 0.5 以上才能说明潜变量的测量具有比较理想的聚敛效度（Bagozzi & Yi，1988）。表 7-4 和表 7-5 中各个研究变量的 AVE 值均在 0.5 以上，满足检验要求，表明聚敛效度的情况良好。

区别效度检查的是不同潜变量之间是否存在显著差异，可以通过比较变量的平均方差萃取 AVE 值的平方根值与该变量与其他所有变量的相关系数来进行检验。如果 AVE 值的平方根大于其与其他构念的相关系数，显示各变量应为不同的构念，具有区别效度（Hair etc.，1998）。表 7-7 中列出了各个变量之间的相关系数矩阵和 AVE 值的平方根。从表中可以看出，对角线上的粗体显示的数值（AVE 值的平方根）比它们所在的行和列上的相关系数值都大，这表明本书的主要研究变量彼此之间具备较好的构念区分效度。

此外，为了评价整体测量模型的拟合程度，使用 MPLUS7.4 测量模型拟合输出结果，采用卡方自由度比 χ^2/df、测量模型匹配度卡方检验、近似误差均方根 RMSEA、比较拟合指数 CFI、塔克-李维斯拟合指数 TLI、标准化残差均方根 SRMR 等指标进行拟合程度判断，具体结果见表 7-6。数据结果显示，各项指标皆表现良好，说明测量模型的理论设定与实际观察数据的拟合情况整体良好。

表 7-6 研究变量测量模型检验主要拟合指标

拟 合 指 数	拟合很好	可以接受	测量模型	结 论
卡方指数 χ^2 Chi-Square Value			1 092.18	
自由度 df Degrees of Freedom			482	
卡方自由度比 χ^2/df Chi-Square Value/Degrees of Freedom	(0, 2]	(2, 5]	2.26	通过
测量模型匹配度卡方检验 Chi-Square Test of Model Fit	<0.01	<0.05	0.00	通过
近似误差均方根 RMSEA Root Mean Square Error of Approximation	<0.05	<0.08	0.049	通过
比较拟合指数 CFI Comparative Fit Index	>0.95	>0.90	0.94	通过

(续表)

拟 合 指 数	拟合很好	可以接受	测量模型	结　论
塔克-李维斯拟合指数 TLI Tucker-Lewis Index	>0.95	>0.90	0.93	通过
标准化残差均方根 SRMR Standardized Root Mean Square Residual	<0.05	<0.08	0.048	通过

7.3　相关分析和回归前检验

7.3.1　相关分析

本研究计算了自变量、因变量和调节变量的均值、标准差以及各变量两两之间的皮尔逊相关系数及其双尾检验结果，具体如表7-7所示。

结果显示，从自变量方面来看，自变量资源市场化、雇佣自由化、利润重要度、激励绩效化和制度支持都与因变量企业创新精神具有显著的正相关关系，这初步验证了本书的研究思路，即市场化进程感知的各个变量与企业创新精神存在统计意义上的显著关系。比较出乎意料的是，政府对企业的行政干预程度也与企业创新精神显著正相关，这与研究假设预设的效应相反，说明在我国的转型情境下，政府干预在整体上不但没有减弱企业创新精神，反而显著地增强了企业创新精神，后面将利用多元回归方法对这些关系进行更为精确的统计处理。

从调节变量方面来看，高新技术企业与创新精神存在显著的正相关关系，而其他调节变量均与创新精神无显著关系。具体而言，国有企业和民营企业与创新精神没有显著关联，大规模企业和中小规模企业与创新精神没有显著关联，制造业企业和服务业企业与创新精神没有显著关联，家族企业跟非家族企业与创新精神也没有显著关联。此外，来自三个不同市场化进程地区的企业，其地区差异与创新精神也没有显著关联。需要说明的是，相比主效应的影响，调节变量对因变量的影响相对更小，因此，没有直接相关关系也属正常，其是否会导致组别之间存在系统性的显著差异则需要在后续分样本回归模型中

表 7-7 变量均值、标准差与相关系数表 (N=532)

变量	1	2	3	4	5	6	7	8	9	10	11	12	13	14	15	16
1 创新精神	**0.59**															
2 资源市场	0.15*	**0.86**														
3 雇佣自由	0.15*	0.42*	**0.81**													
4 利润重要	0.24*	0.22*	0.23*	**0.73**												
5 激励绩效	0.37*	0.41*	0.35*	0.27*	**0.79**											
6 行政干预	0.21*	−0.22*	−0.13*	0.07	−0.07	**0.88**										
7 制度支持	0.31*	−0.04	−0.05	0.11*	0.01	0.41*	**0.80**									
8 企业绩效	0.31*	0.11*	0.13*	0.25*	0.24*	0.03	0.12*	**0.84**								
9 产权	0.06	0.07	0.03	−0.15*	−0.08	0.21*	0.15*	−0.03	1							
10 规模	−0.01	0.15*	0.11*	−0.01	−0.05	0.10*	0.16*	−0.02	0.30*	1						
11 行业	−0.04	0.06	0.07	−0.05	0.02	−0.08	0.01	−0.01	−0.11*	−0.06	1					
12 高新	0.23*	−0.04	−0.08	0.21*	0.24*	0.06	0.12*	0.11*	−0.12*	0.02	0.01	1				
13 家族	0.07	0.01	0.01	0.19*	−0.12*	0.02	−0.07	−0.03	−0.22*	−0.11*	0.12*	−0.14*	1			
14 陕西	−0.01	−0.01	0.02	−0.08	0.01	−0.03	−0.04	−0.03	0.28*	0.05	0.05	0.01	−0.07	1		
15 湖北	−0.06	−0.02	0.01	0.11*	0.03	−0.13*	−0.05	−0.05	0.05	−0.06	0.08*	−0.04	0.01	−0.04	1	
16 广东	0.05	0.02	−0.01	0.14*	−0.03	0.07	0.12*	0.07	−0.23*	0.02	−0.10*	0.03	0.04	−0.63*	−0.74*	1
均值	3.30	4.16	4.19	3.82	4.15	2.36	2.75	3.35	0.33	0.23	0.56	0.19	0.33	0.29	0.30	0.40
标准差	0.64	0.82	0.79	0.80	0.70	1.07	0.95	0.88	0.47	0.42	0.49	0.39	0.47	0.45	0.46	0.49

注:*代表 p=0.05 水平下的双尾检验显著。对角线数值为主要研究变量的 AVE 值的平方根;对角线下面数值为变量同的皮尔逊相关系数。

进一步观察。

从企业绩效方面来看，企业绩效与创新精神显著正相关，也跟多数市场化进程指标显著正相关，说明随着地区市场化进程的提升和企业创新精神的提高，企业绩效能够显著地改善，提示出改革和创新的积极价值。不过，企业绩效与行政干预没有显著关系，结合前文中行政干预与创新精神显著正相关的结果，提示在我国由政府政策驱动的创新可能更富象征意义（江诗松、何文龙和路江涌，2019），抑或是因为创新牺牲了当期企业绩效，或许两者皆存在。整体而言，相关系数为因果关系分析提供了基础参考，其具体关系还需要后续深入考察。

值得一提的是，在表格中的对角线上的粗体数值为对应变量的 AVE 值的平方根，若该值比其所在行与列的相关系数值都更大，显示该构念与其他构念在测量上具备较好的区分效度，这在前文已有提及，此处不再赘述。

7.3.2 回归前检验

在进行多元线性回归之前，需要检查数据模型是否存在多重共线性（multicollinearity）、自相关（autocorrelation）和异方差（heterocedasticity）的问题。多重共线性是指自变量之间存在较高的线性相关关系，导致自变量回归系数出现有偏估计。根据一些统计学家的建议（Aiken & West, 1991），将自变量先进行中心化处理，然后，通过检查方差膨胀因子（VIF）和容忍度（tolerance）的情况来检验各个研究变量之间是否存在多重共线性。一般而言，VIF 取值大于 1，接近 1 表示多重共线性弱，越大表示多重共线性越强，倘若 VIF>10，则存在相当严重的多重共线性。容忍度的取值为(0,1)，接近 0 表示多重共线性强，越接近 1 表示多重共线性越弱。通过 SPSS 软件的统计结果显示（具体见表 7-8），各个变量的 VIF 值都在 1—2，远小于阈值 10；容忍度都在 0.7—1，也符合容忍度取值要求，因此表明不存在明显的多重共线性问题。

表 7-8 自变量之间多重共线性检验结果

变量	资源市场化	雇佣自由化	利润重要度	激励绩效化	行政干预	制度支持
VIF	1.419	1.307	1.142	1.312	1.280	1.215
tolerance	0.705	0.765	0.875	0.762	0.781	0.823

自相关指的是回归方程的残差序列的前期与后期数值存在相关关系,如果存在严重的自相关问题,则说明现有回归方程未能充分解释因变量的变化规律,需要采用新的统计方法。本研究采取两方面做法来克服和检验自相关问题:首先,由于本次问卷调查得到的是截面数据,因此在数据特征面上不存在时序数据可能带来的前后关联问题;其次,采用 DW(Durbin-Waston)检验方法对回归模型进行检查,DW 的取值范围为(0,4),如果取值为 0,则残差序列完全正向自相关;DW 取值(0,2)时,说明残差正向自相关;当 DW=2 时,则残差序列无自相关;DW 取值(2,4)时,说明残差负向自相关。经过 SPSS 软件计算显示,本研究的 DW 系数为 2.04,基本接近于 2,说明不存在明显的自相关问题。

异方差指回归模型中随机误差项的方差不全相等的问题,若线性回归模型存在异方差,则得到的参数估计量不是有效估计量,甚至也不是渐近有效的估计量;也无法对模型参数进行显著性检验。换言之,回归模型中无论自变量取值如何,对应残差分析的方差都应当相等,回归模型残差不能因自变量取值变化而发生趋势性改变。关于异方差的检验,采取两种办法:首先是图示法,将因变量企业创新精神对全部六个市场化进程感知自变量的回归模型残差项作图,如图 7-1 所示,其中,横轴为标准化预测值(ZPRED),纵轴为实际得到的标准化残差(ZRESID),结果显示残差分布均匀对称,未显示明显的变化趋势;

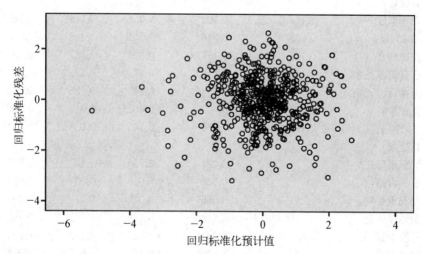

图 7-1 因变量对全部自变量的回归残差异方差检验

其次,对上述回归模型的残差进行 WHITE 检验,零假设为不存在异方差,检验结果不显著,即无法推翻原假设。结合上述两种检验方法,表明本研究不存在明显的异方差问题。

7.4 市场化进程感知对企业创新精神的主效应检验

7.4.1 主效应回归模型设定

本书采用层次回归方法对有关假设进行检验。按照科恩(Cohen,2003)的建议,将自变量按照控制变量、解释变量依次放入回归模型,具体回归结果见表 7-9。

表 7-9 市场化进程感知对企业创新精神的主效应检验结果(N=532)

	总效应回归模型		分维度回归模型		
	模型 1-1 (因变量：企业 创新精神)	模型 1-2 (因变量：企业 创新精神)	模型 1-3 (因变量： 创新)	模型 1-4 (因变量： 投资)	模型 1-5 (因变量： 革新)
控制变量：					
竞争强度	0.114***	0.102***	0.054	0.148***	0.105**
需求动态	−0.035	−0.046	0.001	−0.095*	−0.042
技术动态	0.183***	0.157***	0.236***	0.137**	0.099**
已有资源冗余	0.169***	0.142***	0.173***	0.122**	0.132***
潜在资源冗余	0.177***	0.133***	0.145**	0.225***	0.030
企业年龄	0.011	0.005	0.002	0.010	0.006
学习能力	0.135**	0.054*	0.109**	−0.038	0.091**
解释变量：					
资源市场化		−0.027	0.029	−0.135**	0.027
雇佣自由化		−0.020	−0.056	−0.031	0.028
利润重要度		0.056*	−0.029	0.010	0.187***
激励绩效化		0.214***	0.199***	0.252***	0.193***
行政干预		0.041*	−0.039	0.142**	0.021
制度支持		0.098***	0.167***	0.055	0.072**

(续表)

	总效应回归模型		分维度回归模型		
	模型 1-1 (因变量:企业 创新精神)	模型 1-2 (因变量:企业 创新精神)	模型 1-3 (因变量: 创新)	模型 1-4 (因变量: 投资)	模型 1-5 (因变量: 革新)
拟合指标:					
R square	0.355***	0.427***	0.323***	0.220***	0.316***
Adj. R square	0.346***	0.413***	0.306***	0.200***	0.298***
△R square		0.072***	0.045***	0.064***	0.094***
F value	41.179***	29.697***	18.983***	11.225***	18.376***

注:*** 代表 p=0.01 水平显著,** 代表 p=0.05 水平显著,* 代表 p=0.10 水平显著。

在回归模型设定方面,模型 1-1、1-2、1-3、1-4 和 1-5 的回归模型以企业创新精神及其子维度创新、投资、革新为因变量,以资源市场化等 6 个变量为解释变量,以竞争强度等 7 个变量为控制变量,建立如下模型:

$$entrepreneurship_i = \alpha + \beta_1 rerource_i + \beta_2 employ_i + \beta_3 profit_i + \beta_4 incentive_i$$
$$+ \beta_5 intervene_i + \beta_6 support_i + \beta_7 competitive_i$$
$$+ \beta_8 demand_i + \beta_9 technology_i + \beta_{10} slacka_i$$
$$+ \beta_{11} slackb_i + \beta_{12} firm\ age_i + \beta_{13} learn_i + \varepsilon_i$$

其中,$entrepreneurship$ 表示企业创新精神及其子维度创新、投资、革新,为被解释变量;$resource$ 为资源市场化,$employ$ 为雇佣自由化,$profit$ 为利润重要度,$incentive$ 为激励绩效化,$intervene$ 为行政干预,$support$ 为制度支持,$competitive$ 为竞争强度,$demand$ 为需求动态,$technology$ 为技术动态,$slacka$ 为已有资源冗余,$slackb$ 为潜在资源冗余,$firm\ age$ 为企业年龄,$learn$ 为学习能力;i 代表不同企业案例;ε_i 表示误差项;α 和 β_{1-13} 表示待估计参数。

7.4.2 主效应回归的实证结果

模型 1-1 是控制变量模型,以企业创新精神为因变量,以竞争强度等 7 个变量为控制变量,结果显示,企业创新精神显著地受到竞争强度、技术动态、已有资源冗余、潜在资源冗余、学习能力的正向影响,但与企业年龄没有关系,也不受到市场需求变化动态性的影响。整体模型的 F 检验值为 41.179,拟合系

数 R^2 和调整后（剔除样本数量影响）的 R^2 分别达到 0.355 和 0.346，F 检验和 R^2 更改检验均在 $p=0.01$ 水平下显著，说明本研究选取的控制变量对企业创新精神存在显著的事先影响，控制变量选取合理并且应当在市场化效应外进行控制。

模型 1-2 在控制变量基础上加入了市场化进程为解释变量，结果显示，在控制企业内部和行业因素之外，企业创新精神还额外受到利润重要度、激励绩效化、行政干预、制度支持的显著正向影响，资源市场化和雇佣自由化对企业创新精神不存在显著的线性正向影响，其估计系数不具备统计学显著效应。此外，在加入市场化进程为解释变量之后，整体回归模型的 R^2 提升了 0.072 且在 $p=0.01$ 水平下显著，说明除企业自身和行业因素之外，市场化进程为企业创新精神提供了额外且显著的解释力，说明市场化进程与企业创新精神休戚相关。

模型 1-3 以创新作为因变量，控制变量和解释变量不变，结果显示，在仅考虑企业的产品或服务创新时，利润重要度和行政干预的影响变得不显著，可以认为，一味追求利润的企业并不愿意进行有风险的产品创新行为，它们可能更愿意追求最大化既有产品的市场利润；政府政策主导的创新并不主要体现在产品创新上面，而是体现在创新精神的其他方面。另外，竞争强度也对产品创新没有显著影响，考虑到模型 1-2 中存在的显著影响，这有可能是竞争对创新的削弱效应，即当企业面临激烈的价格战时，产品创新并不是首要考虑的战略。

模型 1-4 以投资作为因变量，控制变量和解释变量不变，结果显示，影响企业投资的因素和创新的因素略有不同，行政干预对投资有显著正向影响，资源市场化的影响则是负向的。换言之，受到政府主导程度较大的企业其投资新项目和新行业的趋势显著更大，而在资源高度自由流动的市场中不存在可以投资盈利的空间。此外，制度支持的影响也变得不显著，考虑可能是政府一般不会出台支持企业投资的政策制度，获得政府税收优惠或科研项目资助的企业一般以产品创新和技术攻关为主要方向。最后，竞争强度的回归参数显著为正，说明当前行业的激烈竞争将促使企业朝新行业进行战略性投资，以获得新成长空间。

模型 1-5 以革新作为因变量，控制变量和解释变量不变，结果显示，驱动企业进行组织和战略革新的最主要因素是在企业内部开展的激励型市场化改革进程，利润重要度和激励绩效化是驱动企业革新的核心改革因素，当企业内部建立起良好的市场化竞争空间时,会驱动组织内部活力增加,改革意愿增强,并最终体现为企业的组织变革和业务调整。此外,企业的学习能力也是提升革新的重要因素,学习能力的增强使得企业内部出现不均衡性和变革张力;而竞争强度和资源冗余的堆砌也会促使企业进行内部革新以提升竞争能力。

综上所述,市场化进程感知对企业创新精神的主效应检验结果整体上与研究预设相一致,多数市场化进程措施以及企业自身的资源、能力和行业情况均对企业创新精神有显著影响。相比而言,要素型市场化的驱动效力较弱,未通过显著性检验,其是否具有其他效力有待于继续考察。行政干预不但没有阻碍企业创新精神,反而对企业的投资新项目和新业务行为有显著的促进作用。分维度的检验结果与总效应检验结果基本一致,但又具有一些特殊性,这为深入理解市场化进程与企业创新精神的复杂关系提供了更加细致的洞察和经验证据。

7.5 市场化进程感知对企业创新精神的调节效应检验

7.5.1 调节效应回归模型设定

调节效应的检验一般采用构建乘积项或分样本回归的方法进行,由于本研究中所有的调节效应(角色图式)均为 0/1 哑变量,且为了更细致区别不同样本中市场化进程的驱动效应,因此,采取分样本回归的方式进行,具体的回归结果见表 7-10 和表 7-11。回归模型设定方面,模型 2-1、2-2、2-3、2-4、2-5、2-6、2-7、2-8、2-9、2-10、2-11、2-12、2-13 的回归模型均以企业创新精神为因变量,资源市场化等 6 个变量为解释变量,竞争强度等 7 个变量为控制变量,建立如下模型:

$$entrepreneurship_j = \alpha + \beta_1 resource_j + \beta_2 employ_j + \beta_3 profit_j + \beta_4 incentive_j \\ + \beta_5 intervene_j + \beta_6 support_j + \beta_7 competitive_j \\ + \beta_8 demand_j + \beta_9 technology_j + \beta_{10} slacka_j \\ + \beta_{11} slackb_j + \beta_{12} firm\,age_j + \beta_{13} learn_j + \varepsilon_j$$

其中，$entrepreneurship$ 表示企业创新精神，为被解释变量；$resource$ 为资源市场化，$employ$ 为雇佣自由化，$profit$ 为利润重要度，$incentive$ 为激励绩效化，$intervene$ 为行政干预，$support$ 为制度支持，$competitive$ 为竞争强度，$demand$ 为需求动态，$technology$ 为技术动态，$slacka$ 为已有资源冗余，$slackb$ 为潜在资源冗余，$firm\ age$ 为企业年龄，$learn$ 为学习能力；j 代表不同企业案例，分别在国有企业、民营企业、大型企业、中小企业、制造业企业、服务业企业、高新企业、非高新企业、家族企业、非家族企业、陕西省企业、湖北省企业和广东省企业等 13 个子样本中取值；ε_j 表示误差项；α 和 β_{1-13} 表示待估计参数。

表 7-10 市场化进程感知对企业创新精神的调节效应检验结果（N=532）

	企业产权		企业规模		企业所在行业	
	模型2-1（国有企业）	模型2-2（民营企业）	模型2-3（大型企业）	模型2-4（中小企业）	模型2-5（制造企业）	模型2-6（服务企业）
控制变量：						
竞争强度	0.090***	0.143***	0.034	0.120***	0.091***	0.119***
需求动态	−0.102*	−0.028	0.067	−0.063*	−0.065	−0.020
技术动态	0.153***	0.167***	0.065	0.176***	0.185***	0.124***
已有资源冗余	0.076*	0.175***	0.170***	0.049	0.137***	0.156***
潜在资源冗余	0.220***	0.097**	0.210***	0.115***	0.131***	0.124**
企业年龄	0.001	0.003	−0.111**	0.010	0.032	−0.015
学习能力	0.041	0.085**	0.038	0.095**	0.043	0.047
解释变量：						
资源市场化	−0.036	−0.023	−0.062	−0.014	−0.027	−0.026
雇佣自由化	−0.058	−0.004	−0.058	−0.003	−0.002	0.045
利润重要度	0.086*	0.043	0.131***	0.029	0.005	0.113**
激励绩效化	0.156**	0.234***	0.233***	0.188***	0.220***	0.200***
行政干预	0.042	0.038	0.065	0.042	0.055*	0.025
制度支持	0.142***	0.083**	0.137***	0.097**	0.117***	0.077**
拟合指标：						
R square	0.435***	0.442***	0.452***	0.440***	0.439***	0.435***
Adj. R square	0.389***	0.421***	0.387***	0.421***	0.413***	0.402***
△R square	0.082***	0.073***	0.121***	0.057***	0.070***	0.073***
F value	9.459***	20.950***	6.977***	23.777***	16.964***	13.166***

注：因变量为企业创新精神；***0.01 水平显著，**0.05 水平显著，*0.10 水平显著。

表 7-11 市场化进程感知对企业创新精神的调节效应检验结果（续）(N=532)

	高新企业		家族企业		企业所在地区		
	模型 2-7（高新企业）	模型 2-8（非高新企业）	模型 2-9（家族企业）	模型 2-10（非家族企业）	模型 2-11（陕西省）	模型 2-12（湖北省）	模型 2-13（广东省）
控制变量：							
竞争强度	0.094**	0.079***	0.110**	0.105***	0.022	0.166***	0.062
需求动态	-0.117	-0.028	0.004	-0.082**	-0.007	-0.040	-0.063
技术动态	0.381***	0.124***	0.064	0.198***	0.139***	0.146***	0.196***
已有资源冗余	0.035	0.150***	0.145***	0.143***	0.021	0.201***	0.138***
潜在资源冗余	0.236***	0.133***	0.062	0.155***	0.200***	0.073	0.135***
企业年龄	-0.028	0.016	0.016	-0.002	-0.005	0.024	-0.026
学习能力	0.059*	0.044	0.030	0.064	0.098***	0.054	0.161***
解释变量：							
资源市场化	-0.039	-0.037	-0.040	-0.004	-0.078	-0.003	-0.037
雇佣自由化	0.058	-0.032	-0.084	-0.005	-0.105*	0.126***	-0.043
利润重要度	0.095**	0.127***	-0.004	0.075**	0.013	0.044	0.093***
激励绩效化	0.270***	0.213***	0.343***	0.162***	0.113**	0.208***	0.181***
行政干预	-0.071	0.060**	0.033	0.037	0.166***	-0.051	0.089**
制度支持	0.105***	0.031	0.032	0.138***	0.088**	0.108***	0.119**
拟合指标：							
R square	0.530***	0.429***	0.365***	0.486***	0.415***	0.396***	0.491***
Adj. R square	0.461***	0.411***	0.313***	0.466***	0.361***	0.343***	0.458***
△R square	0.090***	0.083***	0.099***	0.077***	0.066***	0.076***	0.111***
F value	7.644***	24.057***	7.062***	24.978***	7.693***	7.463***	14.925***

注：因变量为企业创新精神；***0.01 水平显著，**0.05 水平显著，*0.10 水平显著。

7.5.2 调节效应回归的实证结果

模型 2-1 和 2-2 对企业产权的调节作用进行了检验,结果显示,要素型市场化对国有企业和民营企业创新精神无驱动力,资源市场化和雇佣自由化在两个子样本中参数估计均不显著。激励型市场化在两个子样本产生不同效应,国有企业对利润重要度敏感($\beta=0.086$, $p<0.10$),民营企业对激励绩效化更加敏感($\beta=0.234$, $p<0.01$),说明国有企业需要在经济目标和政治社会目标之中进行权衡,民营企业则显著地以股东权益和盈利率为目的,不存在经营目标的双重性,需要加注重对内部人才市场化晋升的管理。在经营型市场化方面,行政干预的效应在国有企业和民营企业之间没有显著的不同,国有企业相比而言更易受到政策导向的作用($\beta=0.142$, $p<0.01$)。此外,民营企业对竞争强度和技术动态比较敏感,也更加注重对新信息和知识的吸收和学习,国有企业不擅长应对快速变化的市场需求,同时更加依赖于从银行等外部机构中获取资源来进行创新。

模型 2-3 和 2-4 对企业规模的调节作用进行了检验,结果显示,要素型市场化对大型企业和中小企业的创新精神无显著差异影响,均不显著。激励型市场化对大型企业的创新精神影响强度更大,利润重要度和激励绩效化的估计系数分别达到 0.131 和 0.233,且均在 $p=0.01$ 水平下显著。在经营型市场化方面,行政干预能显著提升大型企业的创新精神,但对中小企业无显著影响,考虑到行政干预的影响主要集中在投资方面,这一区别能够得到解释和理解;制度支持对两类企业均有显著影响,但从系数上看对大型企业的影响略强一些。此外,从控制变量的回归情况来看,中小企业对竞争和技术等行业环境的变化更为敏感且更善于学习新知识,大型企业则比较专注于对资源的控制和攫取,企业年龄对大型企业有明显的负向影响($\beta=-0.111$, $p<0.05$),但对中小企业创新精神无显著影响。

模型 2-5 和 2-6 对企业所在行业的调节作用进行了检验,结果显示,要素型市场化对大型企业和中小企业的创新精神无显著差异影响,均不显著。激励型市场化对服务企业的影响更大,尤其是利润重要度对服务业企业存在正向显著影响($\beta=0.113$, $p<0.05$),对制造企业没有显著影响;激励绩效化对两类企业均有显著影响,且从影响系数和显著程度来看其影响程度相当。经营型市场化对制造企业的影响更大,尤其是行政干预对制造企业存在显著的正

向影响($\beta=0.055$,p<0.10),而对服务企业没有显著影响;制度支持对两类企业均有显著正向影响,但从影响系数和显著程度来看对制造业企业的影响更强。此外,在控制变量方面,两类企业的情况类似,均对竞争强度和技术动态等环境变化较为敏感,资源冗余对两类企业的创新精神也都存在显著的正向影响。

模型2-7和2-8对高新企业的调节作用进行了检验,结果显示,要素型市场化对高新企业和非高新企业的创新精神无显著差异影响,均不显著。激励型市场化对两类企业均有显著的创新促进作用,其中,高新企业受到激励绩效化的影响更大($\beta=0.270$,p<0.01),而非高新企业受到利润重要度的影响更大($\beta=0.127$,p<0.01)。在经营型市场化方面,两类企业显示出截然不同的情况,行政干预能显著地提升非高新企业的创新精神($\beta=0.060$,p<0.05),但对高新企业有一定的负面影响;制度支持能显著地提升高新企业的创新精神($\beta=0.105$,p<0.01),但对非高新企业没有显著影响。在控制变量方面,高新企业对行业技术动态极为敏感,估计系数达到0.381,且在p=0.01水平显著,是所有影响因素中最强的,外部可获得资源和学习能力也对高新企业创新精神有重要影响;非高新企业受到竞争强度和技术动态的影响相对较弱,更倾向于利用已有资源冗余进行创新。

模型2-9和2-10对家族企业的调节作用进行了检验,结果显示,要素型市场化对非高新企业的创新精神无显著差异影响,均不显著。在激励型市场化方面,家族企业对激励绩效化产生的促进效应尤其敏感,回归系数估计达到0.343,且在p=0.01水平显著,是影响家族企业创新的核心因素;非家族企业则同时受到利润重要度和激励绩效化的双重影响。经营型市场化对家族企业没有显著影响,其中的制度支持对非家族企业的创新有显著正向影响($\beta=0.138$,p<0.01)。在控制变量方面,家族企业只对竞争强度和已有资源冗余敏感,对其他因素均不敏感;非家族企业则受到更多的市场因素和资源因素的显著影响。这些情况表明,相比而言,家族企业在创新过程中呈现出相对保守和不敏感的特点,主要受到内部激励机制和资源脉络的影响,对包括技术动态和政府政策等外部因素反应迟疑。

模型2-11、2-12和2-13对企业所在地区的调节作用进行了检验,结果显示,要素型市场化对陕西省样本企业的创新精神有一定的负面影响,对湖北省样本企业有显著的正面影响,对广东省样本企业没有显著影响。激励型市场化对三地企业均有正向影响,其中,利润重要度对广东省样本企业的影响最大($\beta=0.093$,$p<0.05$),激励绩效化对湖北省样本企业的影响最大($\beta=0.208$,$p<0.01$)。经营型市场化也对三地企业有显著的正向提升作用,其中,行政干预对陕西省样本企业的影响最大($\beta=0.166$,$p<0.01$),制度支持对广东省样本企业的影响最大($\beta=0.119$,$p<0.05$)。在控制变量方面,广东省样本对技术动态和学习能力最为敏感,湖北省样本企业对竞争强度和已有资源冗余最为敏感,陕西省样本企业对潜在资源冗余最为敏感。整体而言,陕西省样本企业和广东省样本企业呈现出类似特征,但广东省样本企业在各方面更胜一筹;湖北省样本企业显示出与其他两个地区不同的敏感特征,其对市场竞争和人才流动等因素更为敏感,对政府干预和政策引导等信息则不够敏感,综合上述情况分析,这可能反映出我国改革所体现出的"政府主导—市场主导—政府市场双主导"的路径演化特征。

综上所述,市场化进程感知对企业创新精神的调节效应检验结果显示出丰富的实证内容,不同角色性质的企业在面对市场化改革进程时体现出截然不同的创新反应:国有企业存在经济和非经济的双重目标、民营企业通过任人唯能提升创新水平;大型企业持续进行内部市场化改革,中小企业对外部环境变化更为敏感;制造业企业在行政干预下进行项目投资,服务业企业增加对利润目标聚焦提升创新;高新企业对政策扶持尤其敏感,非高新企业通过建立政治连带进行扩张;家族企业在创新方面显得保守迟疑,非家族企业积极应对市场化改革进程;陕西省样本企业和广东省样本企业受市场化影响的模式趋似,政府在创新引导中的作用不容忽视,湖北省样本企业呈现出不同的反应特征,青睐高度自由化的竞争创新环境。整体而言,对企业认知角色的区分能够帮助深入理解不同企业对市场化进程的感知和反应,也能够帮助政策制定者根据企业不同类别开展针对性的市场化改革措施。

7.6 市场化进程感知对企业创新精神的绩效效应检验

7.6.1 绩效效应回归模型设定

为了检验市场化进程对"企业创新精神—企业绩效"关系可能存在的绩效调

节效应,采用构建企业创新精神与市场化进程的去中心化乘积项的方法进行多元线性模型检验,此种方法适用于调节变量为连续型变量的情况,具体的回归结果见表 7-12。回归模型设定方面,模型 3-1、3-2、3-3、3-4、3-5、3-6、3-7 的回归模型均以企业绩效为因变量,企业创新精神为解释变量,资源市场化等 6 个变量为调节变量,竞争强度等 7 个变量为控制变量,建立如下模型:

$$performance_k = \alpha + \beta_1 entrepreneurship_k + \beta_2 moderator_k$$
$$+ \beta_3 entrepreneurship_k * moderater_k$$
$$+ \beta_4 competitive_k + \beta_5 demand_k + \beta_6 technology_k$$
$$+ \beta_7 slacka_k + \beta_8 slackb_k + \beta_9 firm\ age_k$$
$$+ \beta_{10} learn_k + \varepsilon_k$$

其中,$performance$ 表示企业绩效,为被解释变量;$entrepreneurship$ 表示企业创新精神,为解释变量;$moderator$ 为调节变量,在模型 3-2 到 3-7 中分别取 $resource$ 资源市场化、$employ$ 雇佣自由化、$profit$ 利润重要度、$incentive$ 激励绩效化、$intervene$ 行政干预、$support$ 制度支持;$entrepreneurship_k * moderator$ 表示企业创新精神与调节变量的去中心化乘积项,用来检验调节效应是否统计意义上显著;$competitive$ 为竞争强度,$demand$ 为需求动态,$technology$ 为技术动态,$slacka$ 为已有资源冗余,$slackb$ 为潜在资源冗余,$firm\ age$ 为企业年龄,$learn$ 为学习能力;k 代表不同企业案例;ε_k 表示误差项;α 和 β_{1-10} 表示待估计参数。

7.6.2 绩效效应回归的实证结果

模型 3-1 为企业创新精神影响企业绩效的基础模型,结果显示,企业创新精神对企业绩效有显著的正向影响效应($\beta=0.203$, $p<0.01$),在企业创新精神进入模型后,模型拟合指数 R^2 提升 0.028,且该变化值在 $p=0.01$ 水平显著,说明企业创新精神是提升企业绩效的积极手段。在控制变量方面,对企业绩效有重要影响的是已有资源冗余($\beta=0.302$, $p<0.01$)和学习能力($\beta=0.187$, $p<0.01$),前者表明企业当前运行情况良好,具备稳健资金储备;后者表明企业对外部环境中新信息和新知识的敏感度高,能不断吸纳新知识以改善企业运行绩效。企业年龄对绩效有显著的负面影响($\beta=-0.064$, $p<0.10$),说明随着企

表 7-12 回归模型结果 (N=532)

	因变量：企业绩效						
	模型 3-1	模型 3-2	模型 3-3	模型 3-4	模型 3-5	模型 3-6	模型 3-7
控制变量：							
竞争强度	-0.050	-0.041	-0.053	-0.049	-0.059	-0.055	-0.048
需求动态	-0.018	-0.027	-0.013	-0.045	-0.026	-0.024	-0.016
技术动态	0.029	0.036	0.030	0.040	0.036	0.037	0.035
已有资源冗余	0.302***	0.305***	0.304***	0.297***	0.296***	0.295***	0.303***
潜在资源冗余	-0.022	-0.026	-0.031	-0.026	-0.016	-0.007	-0.022
企业年龄	-0.064*	-0.055	-0.061*	-0.075*	-0.061*	-0.063*	-0.063*
学习能力	0.187***	0.195***	0.182***	0.180***	0.161***	0.190***	0.189***
解释变量：							
企业创新精神	0.203***	0.189***	0.195***	0.190***	0.178***	0.214***	0.194***
资源市场化		0.042					
资源市场×创新		0.130***					
雇佣自由化			0.069				
雇佣自由×创新			0.101*				
利润重要度				0.167*			
利润重要×创新				0.091*			
激励绩效					0.094*		
激励绩效×创新					0.005		
行政干预						-0.040	
行政干预×创新						0.001	
制度支持							-0.008
制度支持×创新							-0.055
拟合指标：							
R square	0.223***	0.234***	0.231***	0.248***	0.227***	0.225***	0.225***
Adj. R square	0.211***	0.219***	0.216***	0.233***	0.212***	0.210***	0.210***
△R square	0.028***	0.011**	0.007**	0.024***	0.004	0.002	0.002
F value	18.781***	15.896***	15.613***	17.506***	15.323***	15.148***	15.140***

注：***代表 p=0.01 水平显著，**代表 p=0.05 水平显著，*代表 p=0.10 水平显著。

业年龄的增长,创新活力下降,产品竞争力减弱,企业必须进行持续创新以改善绩效。

模型3-2检验了资源市场化对"企业创新精神—企业绩效"关系是否存在绩效调节影响,结果显示,资源市场化本身对企业绩效并无直接影响,但资源市场化与企业创新精神的去中心化乘积项对企业绩效有显著的正向影响($\beta=0.130, p<0.01$),说明资源市场化和企业创新精神对企业绩效的影响存在同方向的协同变化趋势,在高资源市场化情境所进行的企业创新带来的绩效反馈,比在低资源市场化情境所进行的企业创新带来的绩效反馈要显著更高,由此验证了资源市场化对"企业创新精神—企业绩效"关系的正向调节影响。另外,当考虑调节因素时,整体模型的拟合程度提升0.011,且在$p=0.05$水平显著,说明资源市场化作为调节效应的引入是合理有效的,提升了整体回归模型的拟合度。

模型3-3检验了雇佣自由化对"企业创新精神-企业绩效"关系是否存在绩效调节影响,结果显示,雇佣自由化对企业绩效并无直接影响,但雇佣自由化与企业创新精神的去中心化乘积项对企业绩效有显著的正向影响($\beta=0.101, p<0.10$),这说明雇佣自由化和企业创新精神对企业绩效的影响存在同方向的协同变化趋势,在高雇佣自由化情境所进行的企业创新带来的绩效反馈,比在低雇佣自由化情境所进行的企业创新带来的绩效反馈要显著更高,由此验证了雇佣自由化对"企业创新精神—企业绩效"关系的正向调节影响。另外,当考虑调节因素时,整体模型的拟合程度提升0.007,且在$p=0.10$水平显著,说明雇佣自由化作为调节效应的引入是合理有效的,提升了整体回归模型的拟合度。

模型3-4检验了利润重要度对"企业创新精神-企业绩效"关系是否存在绩效调节影响,结果显示,利润重要度对企业绩效有显著的直接正向影响($\beta=0.167, p<0.01$),以利润为战略中心的企业的绩效显著更高。同时,利润重要度与企业创新精神的去中心化乘积项对企业绩效有显著的正向影响($\beta=0.091, p<0.10$),这说明利润重要度和企业创新精神对企业绩效的影响存在同方向的协同变化趋势,在高利润重要度情境所进行的企业创新带来的绩效反馈,比在低利润重要度情境所进行的企业创新带来的绩效反馈要显著更高,由此验证了利润重要度对"企业创新精神-企业绩效"关系的正向调节影响。另外,当考虑调节因素时,整体模型的拟合程度提升0.024,且在$p=0.01$水平显

著,说明利润重要度作为调节效应的引入是合理有效的,提升了整体回归模型的拟合度。

模型 3-5 检验了激励绩效化对"企业创新精神-企业绩效"关系是否存在绩效调节影响,结果显示,激励绩效化对企业绩效有显著的直接正向影响($\beta=0.094$,$p<0.10$),建立绩效晋升机制的企业的绩效显著更高。不过,激励绩效化与企业创新精神的去中心化乘积项对企业绩效没有显著影响($\beta=0.005$,$p>0.10$),拒绝了激励绩效化对"企业创新精神—企业绩效"关系的正向调节影响。另外,当考虑调节因素时,整体模型的拟合程度仅提升 0.004 且不显著,说明激励绩效化作为调节效应的引入不合理,未能显著提升整体回归模型的拟合度。

模型 3-6 检验了行政干预对"企业创新精神—企业绩效"关系是否存在绩效调节影响,结果显示,行政干预对企业绩效无显著影响,行政干预与企业创新精神的去中心化乘积项对企业绩效没有显著影响($\beta=0.001$,$p>0.10$),由此拒绝了行政干预对"企业创新精神-企业绩效"关系的正向调节影响。另外,当考虑调节因素时,整体模型的拟合程度仅提升 0.002 且不显著,说明行政干预作为调节效应的引入不合理,未能显著提升整体回归模型的拟合度。

模型 3-7 检验了制度支持对"企业创新精神—企业绩效"关系是否存在绩效调节影响,结果显示,制度支持对企业绩效无显著影响,制度支持与企业创新精神的去中心化乘积项对企业绩效也没有显著影响($\beta=-0.055$,$p>0.10$),由此拒绝了制度支持对"企业创新精神-企业绩效"关系的正向调节影响。另外,当考虑调节因素时,整体模型的拟合程度仅提升 0.002 且不显著,说明制度支持作为调节效应的引入不合理,未能显著提升整体回归模型的拟合度。

7.6.3 对绩效效应的进一步检验

为了进一步验证资源市场化、雇佣自由化、利润重要度对主效应关系的绩效调节效应,根据模型 3-2、3-3、3-4 的系数结果对调节变量不同取值下企业绩效 y 与企业创新精神 x 的即时线性函数关系进行了演算分析。调节变量按照均值加减 1 个标准差的形式取高值和低值,在此基础上演算其对 x 与 y 线性回归方程的斜率和截距的影响。建立分析模型如下:

$$y_i = \alpha + \beta_1 x_i + \beta_2 m_i + \beta_3 (x_i - X)(m_i - M) + \varepsilon_i \tag{1}$$

其中，y 表示企业绩效，为因变量；x 表示企业创新精神，为解释变量；m 表示调节变量，在模型 3-2 到 3-4 中分别取值资源市场化、雇佣自由化、利润重要度；X 表示企业创新精神的均值，M 表示调节变量的均值，$(x_i-X)(m_i-M)$ 表示去中心化的企业创新精神与调节变量的乘积项；i 代表不同企业案例；ε_i 表示误差项；α 为线性回归方程的截距，β_{1-3} 为模型中的待估计参数。

将分析模型（1）进行展开，得到：

$$y_i = \alpha + \beta_1 x_i + \beta_2 m_i + \beta_3(x_i m_i - x_i M - m_i X + XM) + \varepsilon_i \quad (2)$$

继续合并同类项，得到：

$$y_i = \alpha + (\beta_1 + \beta_3 m_i - \beta_3 M)x_i + \beta_2 m_i + \beta_3 XM - \beta_3 m_i X + \varepsilon_i \quad (3)$$

整理后得到：

$$y_i = \alpha + \beta_3 XM + \beta_2 m_i - \beta_3 m_i X + (\beta_1 + \beta_3 m_i - \beta_3 M)x_i + \varepsilon_i \quad (4)$$

从分析模型（4）可以看出，y 对 x 的线性关系的截距为 $\alpha + \beta_3 XM + \beta_2 m_i - \beta_3 m_i X$，回归系数为 $\beta_1 + \beta_3 m_i - \beta_3 M$，其中，$\alpha$、$\beta_1$、$\beta_2$、$\beta_3$ 在模型 3-2、3-3、3-4 中估计得到，X 和 M 为变量均值已知，m_i 则按照均值减加一个标准差的方式，由此获得当 m_i 取低值和高值时，因变量 y 和自变量 x 的即时线性关系，结果见表 7-13。

表 7-13 关于绩效效应的进一步分析结果（N=532）

调节变量	均值	标准差	调节变量取值	企业绩效 y 与企业创新精神 x 的即时关系
资源市场化	4.161	0.823	低值=3.338 高值=4.984	方程(a) $y=1.567+0.082x+\varepsilon$ 方程(b) $y=0.932+0.295x+\varepsilon$
雇佣自由化	4.190	0.798	低值=3.392 高值=4.988	方程(c) $y=1.557+0.114x+\varepsilon$ 方程(d) $y=1.135+0.275x+\varepsilon$
利润重要度	3.820	0.805	低值=3.015 高值=4.625	方程(e) $y=1.646+0.093x+\varepsilon$ 方程(f) $y=1.469+0.240x+\varepsilon$

在表 7-13 中，比较方程(a)和(b)，资源市场化为调节变量，该变量的均值为 4.161，标准差为 0.823，因此，用均值减 1 个标准差的得分 3.338 表示低水平的资源市场化情境；用均值加 1 个标准差的得分 4.984 表示高水平的资源市场化情境。将模型 3-2 中得到的 α、β_1、β_2、β_3 以及企业创新精神均值 X 和资源

市场化均值 M,以及资源市场化的低值和高值代入分析模型(4),即得到企业绩效与企业创新精神的即时关系。当资源市场化取低值3.338时,方程(a)显示 x 的斜率为0.082,截距为1.567;当资源市场化取高值4.984时,方程(b)显示 x 的斜率为0.295,截距为0.932。由于方程(b)的斜率高于方程(a)的斜率,表明在高资源市场化情境,每提升1单位的企业创新精神,企业绩效将提升0.295单位;在低资源市场化情境,每提升1单位的企业创新精神,企业绩效仅提升0.082单位,由此说明了资源市场化的正向调节作用。图7-2给出了在低/高资源市场化情境下,企业创新精神与企业绩效的线性关系展示。

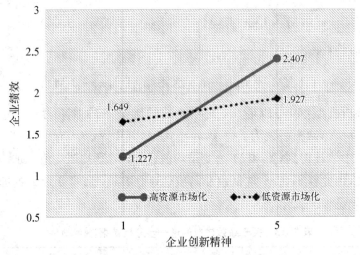

图7-2 资源市场化对企业创新绩效的调节作用

在表7-13中,比较方程(c)和(d),雇佣自由化为调节变量,该变量的均值为4.190,标准差为0.798,因此,用均值减1个标准差得分3.392表示低水平的雇佣自由化情境;用均值加1个标准差的得分4.988表示高水平的雇佣自由化情境。将模型3-3中得到的 α、β_1、β_2、β_3 以及企业创新精神均值 X 和雇佣自由化均值 M,以及雇佣自由化的低值和高值代入分析模型(4),即得到企业绩效与企业创新精神的即时关系。当雇佣自由化取低值3.392时,方程(c)显示 x 的斜率为0.114,截距为1.557;当雇佣自由化取高值4.988时,方程(d)显示 x 的斜率为0.275,截距为1.135。由于方程(d)的斜率高于方程(c)的斜率,表明在高雇佣自由化情境,每提升1单位的企业创新精神,企业绩效将提升0.275单位;在低雇佣自由化情境,每提升1单位的企业创新精神,企业绩效仅提升0.114单位,由此说明了雇佣自由化的正向调节作用。图7-3给出了在低/高雇佣自由化的情境下,企业创新精神与企业绩效的线性关系展示图。

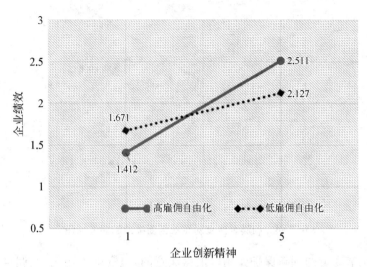

图7-3　雇佣自由化对企业创新绩效的调节作用

在表7-13中,比较方程(e)和(f),利润重要度为调节变量,该变量的均值为3.820,标准差为0.805,因此,用均值减1个标准差的得分3.015表示低水平的利润重要度情境;用均值加1个标准差的得分4.625表示高水平的利润重要度情境。将模型3-4中得到的α、β_1、β_2、β_3以及企业创新精神均值X、利润重要度均值M以及利润重要度的低值和高值代入分析模型(4),即得到企业绩效与企业创新精神的即时关系。当利润重要度取低值3.015时,方程(e)显示x的斜率为0.093,截距为1.646;当利润重要度取高值4.625时,方程(f)显示x的斜率为0.240,截距为1.469。由于方程(f)的斜率高于方程(e)的斜率,表明在高利润重要度情境,每提升1单位的企业创新精神,企业绩效将提升0.240单位;而在低利润重要度情境,每提升1单位的企业创新精神,企业绩效仅提升0.093单位,由此检验了利润重要度的正向调节作用。图7-4给出了在低/高利润重要度情境下,企业创新精神与企业绩效的线性关系展示图。

综上所述,市场化进程对企业创新精神存在显著的绩效调节影响,其中,资源市场化、雇佣自由化和利润重要度存在显著的正向调节影响,激励绩效化、行政干预、制度支持则未发现显著调节影响,这一结果表明市场化进程对企业创新精神的影响是多方面的,既存在作为前因变量的创新驱动作用,也存

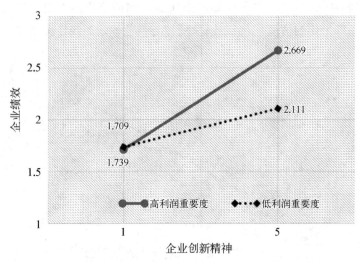

图 7-4　利润重要度对企业创新绩效的调节作用

在作为调节变量的创新保护作用。值得注意的是,资源市场化、雇佣自由化在前文实证结果中证实对企业创新精神无显著驱动作用,但这两项指标却对企业创新精神的绩效结果有极强的调节作用;前文中已证实对企业创新精神具有强烈驱动作用的指标如激励绩效化、行政干预、制度支持,却未发现绩效调节作用。因此,对驱动作用和保护作用的双重考虑丰富了市场化进程对企业创新精神的研究维度,而且表明要素型、激励型、经营型市场化改革进程对企业创新精神及其绩效结果产生了重要的差异化影响,必须区别对待并进行细致研究。

7.7　市场化进程感知对企业创新精神的组合效应检验

7.7.1　组合效应聚类模型设定

既有研究中,不少学者发现市场化对创新的影响不完全是线性的,而是存在相互耦合的组合型影响(如 Gardner、McGowan & Sissoko, 2014; Simon-Moya、Revuelto-Taboada & Guerrero, 2014; Kuckertz, Berger & Allmendinger,

2015）。考虑到市场化进程的多维度特点，不同维度之间可能存在交互影响，这一影响在线性回归模型中无法得到体现。因此，为了进一步理解市场化进程对企业创新精神的复杂耦合影响，参考戴维斯和沃尔特斯（2004）的研究，采用聚类分析的方法对市场化进程的影响进行组合分析，考察是否存在特定的市场化进程组合，以及这些组合是否对企业创新精神产生了系统性的差异化影响。

在聚类模型设定方面，首先，运用 SPSS17.0 软件的系统聚类法对聚类数进行探索，将全部 6 个市场化进程维度共 532 个样本案例进入系统聚类模型，采用欧几里得距离（单个案例之间各维度的平方差之和）作为聚类方法。结果显示，单个案例之间的最大欧几里得距离为 25，此时样本聚类数为 1；随着聚类中心之间欧几里得距离的缩短，聚类数逐渐增加；当控制聚类中心之间欧几里得距离为 5 时，可以大致识别出 7 个聚类类别；当聚类中心距离继续缩短时，聚类数量开始大幅度增加，因此，考虑 7 个聚类是比较符合数据实际的聚类数。

然后，运用 K-MEANS 聚类法对 532 个案例进行聚类分析，设定聚类数为 7，最大迭代运算 50 次，结果运行 19 次之后收敛，得到 7 个聚类中心，分别包括 88、93、82、98、69、76 和 26 个案例数。聚类具体结果如表 7-14 所示。

表 7-14　市场化进程感知对企业创新精神的
组合效应聚类分析结果（N=532）

聚类中心	类别1	类别2	类别3	类别4	类别5	类别6	类别7
资源市场化	4.75	4.01	4.78	3.76	4.25	4.11	2.07
（标准差）	(0.045)	(0.050)	(0.046)	(0.058)	(0.078)	(0.107)	(0.165)
雇佣自由化	4.62	3.71	4.75	3.68	4.49	4.48	2.80
（标准差）	(0.053)	(0.072)	(0.043)	(0.059)	(0.061)	(0.063)	(0.214)
利润重要度	4.25	4.05	4.29	3.44	2.74	4.29	3.03
（标准差）	(0.058)	(0.052)	(0.066)	(0.061)	(0.072)	(0.061)	(0.171)
激励绩效化	4.51	3.95	4.51	3.70	4.26	4.42	3.25
（标准差）	(0.064)	(0.061)	(0.059)	(0.053)	(0.078)	(0.060)	(0.214)
行政干预	1.37	2.09	1.82	3.23	1.79	3.93	2.01
（标准差）	(0.065)	(0.052)	(0.081)	(0.058)	(0.083)	(0.068)	(0.156)
制度支持	1.56	2.57	3.59	3.46	2.19	3.23	2.19
（标准差）	(0.053)	(0.055)	(0.060)	(0.058)	(0.080)	(0.103)	(0.155)
聚类中心间距[a]	3.792	2.500	4.055	2.664	2.952	3.831	0
案例数	88	93	82	98	69	76	26

(续表)

聚类中心	类别1	类别2	类别3	类别4	类别5	类别6	类别7
企业创新精神均值[b]（标准差）	3.13**(0.081)	3.20***(0.055)	3.62***(0.060)	3.37***(0.047)	3.10**(0.085)	3.56***(0.066)	2.81(0.152)
95%置信区间下限	2.97	3.09	3.50	3.27	2.93	3.42	2.49
95%置信区间上限	3.29	3.31	3.74	3.46	3.27	3.69	3.12
企业创新精神评价	中	中高	高	中高	中	高	低

注：a. 聚类中心之间的距离以类别7中心为基点，计算与类别1-6中心的欧几里得距离；
b. 自主创新均值比较以类别7为基准，与类别1-6进行双样本t检验方差分析。

7.7.2 组合效应聚类的实证结果

本次聚类空间为6个维度，每个聚类中心均以资源市场化、雇佣自由化、利润重要度、激励绩效化、行政干预、制度支持为维度向量，因此，类别1的聚类中心向量是(4.75,4.62,4.25,4.51,1.37,1.56)，类别2的聚类中心向量是(4.01,3.71,4.05,3.95,2.09,2.57)，其他类别的聚类中心向量以此类推。以类别7为基点时，聚类中心之间的最小欧几里得距离为2.500，为类别7与类别2的中心距离；最大欧几里得距离为4.055，为类别7与类别3的中心距离。

聚类完成后，将532个样本划分为7个子类别，分别包括88、93、82、98、69、76和26个案例数，这7个子类别视为市场化进程的7种子情境，反映出市场化进程的某种相对固定的组合，因此，具有一定的类别分析意义。进而对每个子类别的企业创新精神均值进行测算并比较，发现类别1-7的企业创新精神均值（标准差）依次是3.13(0.081)、3.20(0.055)、3.62(0.060)、3.37(0.047)、3.10(0.085)、3.56(0.066)、2.81(0.152)。其中，类别3和类别6的企业创新精神最高，评价为"高"；类别2和类别4的企业创新精神较高，评价为"中高"；类别1和类别5的企业创新精神一般，评价为"中"；类别7所包括的26个企业样本案例的企业创新精神均值最低，仅为2.81，评价为"低"。

进一步对7个类别的企业创新精神均值进行均值比较的方差分析，以类别7为基准进行两两比较，发现类别1-6的企业创新精神均值都和类别7的企业创新精神均值存在统计意义上的显著差异，其中，类别1和类别5和类别7的企业创新精神差异性相对较小，在$p=0.05$水平显著，而类别2、类别3、类别4、类别6与类别7的企业创新精神差异性较大，在$p=0.01$水平显著。此外,表7-14还给出了各类别的企业创新精神均值的95%置信区间上下限,其结果与均值和标准差的情况基本一致,反映出这些类别在企业创新精神方面存在显著不同。

图7-5进一步给出了类别1-7所包含样本的企业创新精神的分布情况,包括均值、最大值、最小值、离散案例、四分位数等。该图直观地反映出类别3和类别6的企业创新精神最高,均值处于相对较高水平;类别2和类别4的企业创新精神次之,分布紧凑;类别1和类别5的企业创新精神比较一般,且所包含案例的创新精神分布跨度较大,表现出不稳定的创新状态;类别7的企业创新精神最低,最大值不足4,说明该组企业整体比较缺乏创新精神。

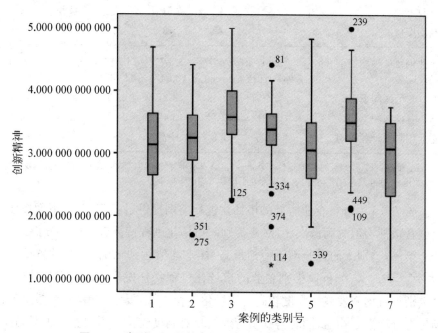

图7-5 类别1-7所包含样本的企业创新精神分布情况

7.7.3 组合效应聚类的管理学意义分析

为了对7个类别的市场化进程特征的管理学意义进行深入分析,对各类别的聚类中心得分进行图示法处理。图示标准是各变量的均值和标准差,得分高于均值加1个标准差用双实心圆表示,得分高于均值但低于均值加1个标准差的用单实心圆表示,得分低于均值但高于均值减1个标准差的用单空心圆表示,得分低于均值减 1 个标准差的用空白表示,图示法的处理结果见表 7-15。

表 7-15 市场化进程 7 个类别聚类特征的图示化分析

聚类中心	类别1 ($N_1=88$)	类别2 ($N_2=93$)	类别3 ($N_3=82$)	类别4 ($N_4=98$)	类别5 ($N_5=69$)	类别6 ($N_6=76$)	类别7 ($N_7=26$)
资源市场化	●	○	●		●	●	
雇佣自由化	●	○	●	○	●	●	
利润重要度	●	●	●	○		●	○
激励绩效化	●		●			●	
行政干预	○	○	○	●	○	●●	
制度支持		○	●	●	○		○
企业创新精神均值 (标准差)	3.13** (0.081)	3.20*** (0.055)	3.62*** (0.060)	3.37*** (0.047)	3.10** (0.085)	3.56*** (0.066)	2.81 (0.152)
95%置信区间下限	2.97	3.09	3.50	3.27	2.93	3.42	2.49
95%置信区间上限	3.29	3.31	3.74	3.46	3.27	3.69	3.12
企业创新精神评价	中	中高	高	中高	中	高	低

注：●●表示得分处于(均值+标准差,+∞),●表示得分处于(均值,均值+标准差],○表示得分处于(均值-标准差,均值],空白表示得分处于(-∞,均值-标准差]。

表 7-15 为分析企业所处的市场化进程类别提供了丰富信息,下面按照企业创新精神均值的高低次序,对各类别的市场化进程特征进行逐一分析:

第一,类别 3 的企业创新精神最高,样本均值达到 3.62,95%的置信区间为[3.50,3.74]。分析该类别企业的市场化进程特征发现:相比于其他类别,该类别具备均衡发展且强度较高的市场化进程情境,要素型市场化、激励型市场化得分均高于均值,同时得到了有效的政府制度支持。需要指出的是,这类企业受行政干预的程度较低,低于全体样本均值。根据以上信息整体判断,这类企业处于理想的自由市场情境之中,进一步制作交叉表发现,类别 3 所包含的 82 个企业中有 6 个位于陕西省,41 个位于湖北省,35 个位于广东省,说明相比于西部地区,中部和沿海地区更能为企业创新提供理想的自由市场化施展空间。

第二,类别 6 的企业创新精神样本均值达到 3.56,95%的置信区间为[3.42,3.69],仅次于类别 3。分析该类别企业的市场化进程特征发现:该类企业最为显著的特征是受到强有力的行政干预,同时,其他市场化进程也保持均衡发展;只有资源市场化的水平低于全样本均值,其余 5 项市场化指标均高于均值,尤其是行政干预的强度高于均值加 1 个标准差。根据以上信息整体判断,这类企业处于政府市场双主导的市场化情境之中,进一步制作交叉表发现,类别 6 所包含的 76 个企业中有 28 个位于陕西省、8 个位于湖北省、40 个位于广东省,说明整体而言我国从西向中再向沿海地区的市场化改革基本遵循"政府强—市场强—政府市场双强"的变化逻辑。值得一提的是,类别 6 中的国有企业仅为 24 个,民营企业达到 52 个,这说明类别 6 不是国有企业群体,民营企业同样受到较强的行政干预,并且在此干预作用下积极地进行企业创新精神的实践。

第三,类别 4 的企业创新精神样本均值为 3.37,95% 的置信区间为 [3.27, 3.46],处于较高的创新水平。分析该类别企业的市场化进程特征发现:该类企业受经营型市场化的影响很强,而受要素型和激励型市场化的影响较弱,整体而言,该类企业处于政府政策主导的市场化情境之中,行政干预水平较高,而且受惠于政府所提供的扶持和资助。从地区分布来看,类别 4 所包含的 98 个企业中有 48 个位于陕西省、12 个位于湖北省、38 个位于广东省,说明这类企业主要分布在西部地区,中部和沿海地区相对较少。从所有制来看,98 个企业样本中有 53 个为国有企业,45 个为民营企业,国有企业的占比较大,说明各级地方国有或集体企业在政府主导和政策扶持下也在进行积极的创新活动。

第四,类别 2 的企业创新精神样本均值为 3.20,95% 的置信区间为 [3.09, 3.31],处于较高的创新水平。分析该类别企业的市场化进程特征发现:该类企业对市场化进程的感知均不太敏感,各项指标得分均低于全样本均值;但利润重要度的影响得分高于全样本均值,综合上述信息判断,该类企业处于市场化转型的管理情境当中,即在绩效不断下滑的状态下,企业必须重新审视当前的产业和业务范围,围绕投资回报率和盈利率来进行组织变革。从交叉表来看,类别 2 所包含的 93 个企业中有 28 个国有企业、38 个家族企业,合计占比为 70.9%;对企业年龄的交叉分析发现,类别 2 中年龄在 9 年以上的企业占 78.4%,15 年以上的占比达 49.4%,因此推测这些企业为原本经营状况良好,但随着时间发展逐渐固化和官僚化,正在或急需进行组织变革和二次创新发展的管理情境。

第五,类别 1 的企业创新精神样本均值为 3.13,95% 的置信区间为 [2.97, 3.29],处于一般的创新水平。分析该类别企业的市场化进程特征发现:该类企业具备良好的要素型市场化和激励型市场化水平,要素、人才、利润、激励的平均得分均高于全样本均值,但政治关联少且几乎没有享受政府行业和技术政策的扶持,在这种情况下,这类企业处于亚市场化的管理情境,依靠自身努力来获得创新水平不高、技术含量较低的工作回报。从交叉表来看,类别1所包含的88个企业样本中,中小企业占比72.7%,民营企业占比85.2%,制造企业占比57.9%,综合上述信息判断,类别1的企业以中小民营制造企业为主,其处于良好的市场化自由竞争环境之中,但技术含量不高、创新投资少,因此也跟政府出台的产业或技术扶持指导政策缺乏关联,受政府政策的影响程度低。

第六,类别5的企业创新精神样本均值为3.10,95%的置信区间为[2.93,3.27],处于一般的创新水平。分析该类别企业的市场化进程特征发现:该类企业的最大特征是利润重要度的缺失,产品利润和盈利率不是这类企业所追求的目标。从交叉表来看,类别5所包含的69个企业中有29个为国有企业,占比42.0%;有23个为新创企业,占比33.3%;考虑到国有企业一般不是新创企业,因此这两项加和占比75.3%。综合这些信息来看,这类企业主要处于社会公益服务的管理情境当中,主要由公益服务性质的国有企业群体和暂不以利润为主要目标的新创企业群体组成,其处于良好的资源和人才市场化环境之中,但目标约束宽松,因此,企业的经营重心放在社会服务和客户经营当中,导致创新精神较低。

最后,类别7的企业创新精神样本均值为2.81,95%的置信区间为[2.49,3.12],处于低创新水平。分析该类别企业的市场化进程特征发现:该类企业的各项市场化进程指标均低于全样本均值水平,尤其是要素型市场化的资源市场化和人才雇佣自由化得分更低;同时,该类企业又受到一定程度的行政干预和制度支持,综合上述特征分析,该类企业处于非市场化的管理情境之中。从交叉表来看,类别7所包含的26个企业中有12个为国有企业,有14个处于政府重点管控、有很强进入壁垒的行业,这些企业或行业的运行主要依靠存留的计划体制执行,行业进入和退出障碍高,因此,企业创新精神最低。

综上所述,通过对7个聚类类别的市场化进程特征进行逐一分析,得到了7类潜在的市场化子类型,分别是理想的自由市场、政府/市场双主导、政府政策主导、市场化转型、亚市场化、社会公益服务和非市场化。其中,前两者的企业创新精神水平最高,说明我国的创新环境既可以是纯市场驱动,也可以是政府和市场共同驱动。政府政策主导型和市场化转型同样代表了政府和市场两种不同的创新驱动类型,前者由政策驱动,后者由市场绩效的反馈驱动,都具备良好的企业创新精神。亚市场化类主要包括技术含量不高的中小制造企业,社会公益服务类企业不以盈利为主要目标,非市场化类则主要由处于管制行业的企业构成。值得一提的是,上述 7 个类别与企业所处地区、企业产权类型均无绝对的对应关系,而是在各个地区和产权类型中均有分布,由此说明市场化进程具备充分的微观感知特点,处于相同地区或相似产权背景的企业,也可能对市场化进程有不同的解读方式和不同的敏感度,进而产生不同程度和形式的企业创新精神。

7.8 全部研究假设的实证检验情况汇总

7.8.1 主效应研究假设的实证检验结果

H_1—H_6 是本研究的主效应假设,包含市场化进程感知对企业创新精神的直接驱动效应以及绩效调节效应,从实证结果来看,六类市场化进程感知对企业创新精神起到的影响作用存在差异性(见表 7-16),下面分别进行阐述。

表 7-16 主效应研究假设的实证检验结果

序号	内容	结果
H_1	在对市场化进程的感知中,企业家或企业的高层管理者所感知到的资源市场化程度越高,企业创新精神的水平越高且创新绩效更好	部分支持
H_2	在对市场化进程的感知中,企业家或企业的高层管理者所感知到的雇佣自由化程度越高,企业创新精神的水平越高且创新绩效更好	部分支持
H_3	在对市场化进程的感知中,企业家或企业的高层管理者所感知到的利润重要度程度越高,企业创新精神的水平越高且创新绩效更好	支持
H_4	在对市场化进程的感知中,企业家或企业的高层管理者所感知到的激励绩效化程度越高,企业创新精神的水平越高且创新绩效更好	部分支持
H_5	在对市场化进程的感知中,企业家或企业的高层管理者所感知到的行政干预程度越低,企业创新精神的水平越高且创新绩效更好	不支持
H_6	在对市场化进程的感知中,企业家或企业的高层管理者所感知到的制度支持程度越高,企业创新精神的水平越高且创新绩效更好	部分支持

第一,资源市场化对企业创新精神没有直接驱动效应($\beta=-0.027$,$p>0.10$),但是资源市场化与企业创新精神的去中心化乘积项对企业绩效有显著的正向影响($\beta=0.130$,$p<0.01$),说明资源市场化虽然不是直接推动企业创新的因素,但在资源市场化更高的情境下企业创新精神能带来更高的绩效回报,因此判断资源市场化对企业创新精神主要起间接影响作用,假设H_1得到部分支持。

第二,雇佣自由化对企业创新精神没有直接驱动效应($\beta=-0.020$,$p>0.10$),但是雇佣自由化与企业创新精神的去中心化乘积项对企业绩效有显著的正向影响($\beta=0.101$,$p<0.10$),说明雇佣自由化不能直接推动企业创新精神,但在雇佣自由化更高的情境下企业创新精神能带来更高的绩效回报,因此判断雇佣自由化对企业创新精神主要起间接影响作用,假设H_2得到部分支持。

第三,利润重要度对企业创新精神有显著的直接驱动效应($\beta=0.056$,$p<0.10$),同时利润重要度与企业创新精神的去中心化乘积项对企业绩效有显著正向影响($\beta=0.091$,$p<0.10$),说明利润重要度不仅直接推动企业创新精神,而且在利润重要度更高的情境下企业创新精神能带来更高的绩效回报,因此判断利润重要度对企业创新精神起全面提升作用,假设H_3得到数据支持。

第四,激励绩效化对企业创新精神有非常显著的直接驱动效应($\beta=0.214$,$p<0.01$),但是激励绩效化与企业创新精神的去中心化乘积项对企业绩效没有显著影响($\beta=0.005$,$p>0.10$),说明激励绩效化能够推动企业创新精神,但不能保证企业创新精神能带来更高的绩效回报,假设H_4得到部分支持。

第五,行政干预对企业创新精神有显著的直接驱动效应($\beta=0.041$,$p<0.10$),但是行政干预与企业创新精神的去中心化乘积项对企业绩效没有显著影响($\beta=0.001$,$p>0.10$),说明行政干预能提升企业创新精神,但这种创新精神未必能带来良好的绩效回报,与预设效应不一致,假设H_5未获支持。

第六,制度支持对企业创新精神有显著的直接驱动效应($\beta=0.098$,$p<0.01$),但是制度支持与企业创新精神的去中心化乘积项对企业绩效没有显著影响($\beta=-0.055$,$p>0.10$),说明制度支持能在一定程度上引导企业创新精神,但这种情境下产生的创新精神未必带来良好的绩效回报,假设H_6得到部分支持。

整体而言,六类市场化进程从不同方面对企业创新精神产生了直接或间接的提升作用,其中,要素型市场化不能显著地提升企业创新精神,但能为企业创新精神的实施效果提供有效支持;激励型市场化可以直接提升企业创新精神,也能在一定程度上保障创新绩效,是比较全面的市场化改革措施;经营型市场化可以在短期内显著地提升企业创新精神,但创新的绩效结果却不能得到保证,因此可以作为引导性的、短期作用的市场化进程改革措施进行实施。

7.8.2 调节效应研究假设的实证检验结果

H_7—H_{12}是本研究的调节效应假设,对六类企业角色变量对市场化进程感知与企业创新精神的驱动关系可能存在的调节影响进行探析,实证结果显示,不同角色的企业群组对于不同市场化进程的敏感程度存在较大的系统差异,对市场化进程的实施效果起到了重要调节影响(见表 7-17),下面分别阐述:

表 7-17 调节效应研究假设的实证检验结果

序号	内容	结果
H_{7a}	要素型市场化进程(资源市场化和雇佣自由化)对企业创新精神的影响,民营企业样本强于国有企业样本	不支持
H_{7b}	激励型市场化进程(利润重要度和激励绩效化)对企业创新精神的影响,民营企业样本弱于国有企业样本	部分支持
H_{7c}	经营型市场化进程(行政干预和制度支持)对企业创新精神的影响,民营企业样本弱于国有企业样本	支持
H_{8a}	要素型市场化进程(资源市场化和雇佣自由化)对企业创新精神的影响,中小企业样本强于大型企业样本	不支持
H_{8b}	激励型市场化进程(利润重要度和激励绩效化)对企业创新精神的影响,中小企业样本弱于大型企业样本	支持
H_{8c}	行政干预对创新精神的影响,中小企业样本弱于大型企业样本;制度支持对创新精神的影响,中小企业样本强于大型企业样本	部分支持
H_{9a}	资源市场化对创新精神的影响,制造业样本强于服务业样本;雇佣自由化对企业创新精神的影响,制造业样本弱于服务业样本	不支持
H_{9b}	激励型市场化进程(利润重要度和激励绩效化)对企业创新精神的影响,制造业企业样本弱于服务业企业样本	部分支持
H_{9c}	经营型市场化进程(行政干预和制度支持)对企业创新精神的影响,制造业企业样本强于服务业企业样本	支持

(续表)

序号	内　　容	结果
H_{10a}	要素型市场化进程(资源市场化和雇佣自由化)对企业创新精神的影响,高新技术企业样本强于非高新技术企业样本	不支持
H_{10b}	激励型市场化进程(利润重要度和激励绩效化)对企业创新精神的影响,高新技术企业样本强于非高新技术企业样本	部分支持
H_{10c}	经营型市场化进程(行政干预和制度支持)对企业创新精神的影响,高新技术企业样本强于非高新技术企业样本	部分支持
H_{11a}	要素型市场化进程(资源市场化和雇佣自由化)对企业创新精神的影响,家族企业样本弱于非家族企业样本	不支持
H_{11b}	激励型市场化进程(利润重要度和激励绩效化)对企业创新精神的影响,家族企业样本强于非家族企业样本	部分支持
H_{11c}	经营型市场化进程(行政干预和制度支持)对企业创新精神的影响,家族企业样本弱于非家族企业样本	支持
H_{12a}	要素型市场化进程(资源市场化和雇佣自由化)对企业创新精神的影响,沿海地区企业样本强于中西部地区企业样本	不支持
H_{12b}	激励型市场化进程(利润重要度和激励绩效化)对企业创新精神的影响,沿海地区企业样本弱于中西部地区企业样本	部分支持
H_{12c}	经营型市场化进程(行政干预和制度支持)对企业创新精神的影响,沿海地区企业样本弱于中西部地区企业样本	部分支持

在企业产权的调节效应检验方面,由于资源市场化和雇佣自由化对国有和民营企业的创新精神均未造成显著影响,因此,假设 H_{7a} 未获数据支持。利润重要度对国企的影响更大($\beta=0.086,p<0.10$),激励绩效化对民企的影响更大($\beta=0.234,p<0.01$),前者与研究假设相一致,后者与预设方向相反,因此,H_{7b} 获得部分支持。行政干预对两类企业均无显著影响,制度支持对国企的影响程度更大($\beta=0.142,p<0.01$),总体而言,经营型市场化对国企样本的影响更大,因此,H_{7c} 获得了数据支持。

在企业产权的调节效应检验方面,由于资源市场化和雇佣自由化对大型和中小企业的企业创新精神均无显著影响,因此,假设 H_{8a} 未获得支持。利润重要度对大型企业的影响更大($\beta=0.131,p<0.01$),激励绩效化对大型企业的影响更大($\beta=0.233,p<0.01$),因此,H_{8b} 获得支持。行政干预对大型企业的影响更大($\beta=0.065,p<0.10$),这与研究预测相一致,而制度支持对大型企业的影响

程度更大($\beta=0.137$,p<0.05),这与假设预测不一致,因此,H_{8c}获得部分支持。

在企业所在行业的调节效应检验方面,由于资源市场化和雇佣自由化对制造业和服务业企业的创新精神均无显著影响,因此,假设 H_{9a} 未获得数据支持。利润重要度对服务业企业的影响更大($\beta=0.113$,p<0.05),这与理论预期一致,而激励绩效化对制造业企业的影响更大($\beta=0.220$,p<0.01),这与理论预期相反,因此,H_{9b} 获得部分支持。行政干预对制造业企业的影响更大($\beta=0.055$,p<0.10),制度支持对制造业企业的影响程度也更大($\beta=0.117$,p<0.01),这两项结果与理论预测完全一致,因此,H_{9c} 获得了完全的数据支持。

在高新技术企业的调节效应检验方面,由于资源市场化和雇佣自由化对高新企业和非高新企业的创新精神均无显著影响,因此,假设 H_{10a} 未获得数据支持。利润重要度对非高新企业的影响更大($\beta=0.127$,p<0.01),这与理论预期不一致,激励绩效化对高新企业的影响更大($\beta=0.270$,p<0.01),这与理论预期一致,因此,H_{10b} 获得部分支持。行政干预对非高新企业的影响更大且为正向影响($\beta=0.060$,p<0.05),这与理论预期不同,而制度支持对高新企业的影响程度更大($\beta=0.105$,p<0.01),这与研究假设预测的结果一致,因此,H_{10c} 获得了部分支持。

在家族企业的调节效应检验方面,由于资源市场化和雇佣自由化对家族和非家族企业的创新精神均无显著影响,因此,假设 H_{11a} 未获得数据支持。利润重要度对非家族企业的影响更大($\beta=0.075$,p<0.05),这与理论预期不一致,而激励绩效化对家族企业的影响更大($\beta=0.343$,p<0.01),这与理论预期相同,因此,H_{11b} 获得部分支持。行政干预对家族和非家族企业均没有显著影响,而制度支持对非家族企业的影响程度更大($\beta=0.138$,p<0.01),总体而言,经营型市场化对非家族企业样本的影响更大,因此,H_{11c} 获得了数据支持。

在企业所在地区的调节效应检验方面,资源市场化对陕西、湖北、广东三地企业样本的企业创新精神均无显著影响,雇佣自由化对湖北省样本企业有显著的正向影响($\beta=0.126$,p<0.01),对陕西省样本企业有显著的负向影响($\beta=-0.105$,p<0.10),而对广东省样本企业无显著影响,说明要素型市场化在沿海地区的影响并没有显著高于中西部地区,因此,H_{12a} 未获得数据支持。利润重要度对广东省样本企业的影响最大($\beta=0.093$,p<0.05),这与理论预期相反,而激励绩效化对三地企业均有显著影响,其中,以湖北省样本企业的影响最大($\beta=0.208$,p<0.01),这与理论预期一致,因此,H_{12b} 获得部分支持。行政干预对陕西省样本企业的影响最大($\beta=0.166$,p<0.01),这与理论预期相

符,而制度支持对广东省样本企业的影响大于其他地区($\beta=0.119$,$p<0.05$),这与理论预测不符,因此,H_{12c}获得了部分支持。

总体而言,六类企业角色图式均起到了不同程度的调节影响,整体上市场化进程对国有企业的影响更为明显;市场化进程对大型企业的影响也高过对中小企业的影响;制造业企业受经营型市场化的影响更大,服务业企业受激励型市场化的影响更大;高新企业对政府的制度支持尤其敏感;家族企业则整体上处于相对保守的防守姿态,仅对激励绩效化这一项改革措施敏感;对不同地区的影响程度而言,市场化的情境基本呈现出"政府主导—市场主导—政府市场双主导"的复合演变路径,沿海地区受政府影响的程度不低于中西部地区。

7.8.3 组合效应研究假设的实证检验结果

H_{13}是本研究的组合效应假设,对不同市场化进程指标可能形成的固定组合情况进行了探索式分析,通过532个案例6个市场化进程维度的聚类分析共形成7个相对固定的市场化进程类别,各类间的企业创新精神存在显著差异,整体上对研究假设进行了积极的实证回应(见表7-18),下面分别阐述。

表7-18 组合效应研究假设的实证检验结果

序号	内容	结果
H_{13a}	调研样本存在特定的企业案例聚类,其资源市场化、雇佣自由化、利润重要度、激励绩效化得分高于全样本均值,行政干预和制度支持的得分低于全样本均值;该类企业表现出较高企业创新精神。	基本支持
H_{13b}	调研样本存在特定的企业案例聚类,其资源市场化、雇佣自由化、利润重要度、激励绩效化得分高于全样本均值,行政干预和制度支持的得分高于全样本均值;该类企业表现出较高企业创新精神。	基本支持
H_{13c}	调研样本存在特定的企业案例聚类,其资源市场化、雇佣自由化、利润重要度、激励绩效化得分低于全样本均值,行政干预和制度支持得分高于全样本均值;该类企业表现出较高企业创新精神。	完全支持

聚类分析得到的类别3与H_{13a}预测的自由市场化情境高度接近,其具有比全样本均值更高的资源市场化(4.78)、雇佣自由化(4.75)、利润重要度(4.29)、激励绩效化得分(4.51),表明这类企业处于高度发达的自由市场情境之中;同时,行政干预的得分(1.82)低于全样本均值(2.36),也与理论预期一致;唯一不一致的是该类别的制度支持得分(3.59)高于全样本均值(2.75),说

明这类企业除了享受高度自由的市场机制之外,同时享受政府出台的各种扶持和引导政策。考虑到制度支持不是负面政府行为,因此认为类别 3 基本符合理想的自由市场化管理情境,而类别 3 具有所有 7 个类别中最高的企业创新精神得分(3.62),说明市场化改革带来了良好的创新回应。综合上述情况来看,各项结果基本符合理论预期,因此,H_{13a}得到了数据的基本支持。

聚类分析得到的类别 6 与 H_{13b} 预测的政府市场双主导情境高度接近,其具有比全样本均值更高的雇佣自由化(4.48)、利润重要度(4.29)、激励绩效化得分(4.42),其行政干预得分(3.93)显著高于全样本均值(2.36),制度支持的得分(3.23)也高于全样本均值(2.75),说明这类企业既处于高度市场化的竞争环境,也与政府有密切的关联合作关系,符合政府市场双主导的管理情境。唯一与理论预期不同的是类别 6 的资源市场化水平只有 4.11,略低于全样本均值 4.16。可能是这类企业包含上游制造业和大型服务类企业,对要素资源自由化的需求程度相对较低。此外,该类别企业的创新精神得分(3.56)在 7 个类别中排名第二。综合上述情况来看,各项结果基本符合理论预期,政府市场双主导的模式能够激发企业创新精神,H_{13b}得到了基本支持。

聚类分析得到的类别 4 与 H_{13c} 预测的政府主导创新情境几乎完全一致,该类别企业的资源市场化(3.76)、雇佣自由化(3.68)、利润重要度(3.44)、激励绩效化得分(3.70)均低于全样本均值(依次是 4.16、4.19、3.82、4.15),但行政干预(3.23)和制度支持的得分(3.46)则显著地高于全样本均值(分别是 2.36 和 2.75),说明该类企业处于相对较低的市场化情境之中,同时又受到政府重要影响和政策扶持,所表现出的企业创新精神在全部 7 个聚类组别中排名第三,为 3.37。说明在缺乏有效的内外部市场化条件的情况下,通过行政干预和政策扶持也能取得较高的企业创新精神。综合上述情况来看,类别 4 的各项市场化情境特征完全符合理论预期,H_{13c}得到了完全支持。

综上所述,多数关于市场化进程的直接效应、调节效应、绩效效应和组合效应假设均得到了数据支持,说明企业在创新活动中的不同认知图式(包括任务图式和角色图式)会导致其对市场化制度环境的认知和解读存在敏感性差异,且这种认知存在固定组合效应,对企业创新精神造成了进一步的系统影响。这些实证结果验证了认知图式理论应用于本研究情境的合理性,并进一步丰富了认知图式研究的相关实证结果,对于实证结果反映出的管理学理论价值和政策实践意义,以及实证结果中与理论预期不符的新经验发现,将在下一章继续讨论。

第八章

结论与讨论

8.1 对研究结果的讨论

基于陕西省、湖北省和广东省的532份企业调查问卷数据,本书实证探索了市场化进程感知对企业创新精神的影响作用,并进一步比较了企业产权、规模、所在行业、高新技术、家族、所在地区对上述关系的调节影响。

研究发现,多项市场化进程指标的提高均对企业创新精神产生了积极的正向影响,这与任务图式理论的预期相一致,说明市场化改革能够通过企业家认知机制将资源配置在产生社会福利的创新活动之中。但是,也有部分市场化指标的改善与企业创新精神没有发生显著联系,有的甚至还造成了一定程度的负向影响,这与角色图式理论的预测相一致,不同角色的企业对不同类型的市场化进程持不同的感知和反应态度,使得运行结果产生了不显著甚至负向效应。

行政干预程度的提高不但没有减弱、反而对企业创新精神有显著提升作用,这与理论预期的方向相反。这一效应在聚类分析中得到了进一步验证,政府市场双主导和政府主导创新的企业聚类均表现出较高的企业创新精神。不过,调节效应的检验结果显示,行政干预和制度支持所主导的企业创新精神未能带来更好的创新绩效。这些证据表明在我国转型经济国情中,企业与政府的关系对企业创新精神存在超出既有理论解释范畴的复杂影响机制,值得深入研究。

接下来,从三种市场化进程感知类型划分、三类任务图式的影响效力和机制、六种角色图式产生的权变影响效力、七个聚类结果发现的特定市场化组合情境及其对企业创新精神的影响等方面对本书的实证研究结果展开讨论。

8.1.1 关于三种市场化进程感知的划分和实证分析

从企业主观认知的视角,本书提出将市场化进程划分为三种类型:(1)要素型市场化,指企业创新活动中所需资源的可获得性的改善,主要体现外部要素市场和劳动力市场等关键资源的交易方式从政府管制型朝市场交易型的转变,这主要与企业对机会存在的范围和成本的评估有关;(2)激励型市场化,指环境对企业的创新动机和风险承担倾向的影响程度,主要体现在组织战略目标和激励考核的市场化程度,这主要与企业对创新机会的搜寻意愿和承担创新风险的倾向性有关;(3)经营型市场化,指政府行为和制度政策对企业生产经营的影响程度,集中反映在政府对企业的干预程度和提供企业创新活动所需帮助的支持性政策方面,这主要与企业对自身识别和开发创新机会的能力评估有关。

本书尝试对上述三种类型的市场化进程进行了测量,分别用两个变量来作为每一种市场化进程感知的具体内容。从测量结果来看,所有六个变量都显出较高的内部一致性信度和彼此不同的区分效度。如表8-1所示,六个变量的平均变异抽取值的平方根值都大于其彼此之间的相关系数,说明上述六个变量之间既存在一定的相关性,也存在较好的区分效度,表明本书从企业主观感知的角度来重新划分并测量市场化进程的方法得到了实证数据的支持。

表 8-1 关于三种市场化进程感知的划分和实证分析

变量名称	区别效度和相关系数						对企业创新精神的直接影响	对企业创新精神绩效的调节影响
	1	2	3	4	5	6		
1 资源市场化	**0.86**						−0.027	0.130**
2 雇佣自由化	0.42**	**0.81**					−0.020	0.101*
3 利润重要度	0.22**	0.23**	**0.73**				0.056*	0.091*
4 激励绩效化	0.41**	0.35**	0.27**	**0.79**			0.214**	0.005
5 行政干预	−0.22**	−0.13**	0.07	−0.07	**0.88**		0.041**	0.001
6 制度支持	−0.04	−0.05	0.11**	0.01	0.41**	**0.80**	0.098**	−0.055

注:**表示0.05水平显著,*表示0.10水平显著,对角线(粗体)上数值为变量的平均变异抽取值(AVE)的平方根,对角线下面的数值为变量间的相关系数。

六个市场化进程变量对企业创新精神的影响存在系统差异,对企业创新精神直接影响最大的是激励型市场化,其次是经营型市场化,影响较弱的是要素型市场化。随着我国要素市场的不断放开和行业竞争的不断加剧,需要不断激发个体的内在创造力来创造新机会。根据全球创业观察的统计数据,发展中国家的个体创业倾向平均为9.9%,高于发达国家3.4%的均值水平。然而,发展中国家的创新机会大多是要素驱动型,而发达国家的创新活动大多是创新驱动型(Acs,Desai & Hessels,2008)。本研究结果与该统计数据有吻合之处,说明我国的创新正在从要素投机型朝个体创新型演变。同时,经营型市场化的影响程度居于中间,这说明在我国转型经济的制度背景下,政府仍然是决定企业创新投资和结果的关键因素之一(Liu等,2013;吴锐和李光义,2009)。

对企业创新精神的绩效起显著调节作用的是要素型市场化,其次是激励型市场化,而经营型市场化不起显著调节作用。转型经济环境体现出政府和市场两种力量对创新驱动的对立统一性:行政力量能快速地推动企业创新精神,但这种行为带来的结果难以预计;市场机制虽然对创新精神的驱动效应较小,但在这种环境下进行的创新能带来更好的绩效结果。对于前者,可称之为前馈式创新推动,即通过对企业施加额外力量迅速推动创新;对于后者,可称之为后馈式创新拉动,即企业在市场竞争中逐渐摸索出创新盈利的良性循环。这一研究发现与李晶(2008)、李文贵和余明桂(2012)、李莉、顾春霞和于嘉懿(2018)、朱永明和贾明娥(2018)、逯东和朱丽(2018)等研究结论接近,即国有产权、政治连带和政策扶持能显著地推动企业创新,但其绩效却未见显著提升。

综合上述发现来看,政策制定者需要区分长期的市场化环境改善和短期的行政干预和制度扶持政策,两者对企业创新精神均有提升作用,但机制有前馈和后馈的区别;对于企业管理者而言,企业内部的激励市场化是较为均衡的改革措施,既能提升企业的创新精神,又能改善创新绩效。只有综合以及因地制宜地运用市场化改革手段,才能有效地保证和提升企业创新精神。

8.1.2 关于要素型市场化的改革效力分析

表8-2给出了资源市场化和雇佣自由化对总样本和不同子样本企业创新精神的影响研究结果,整体而言,两类要素型市场化对企业创新精神的直接提升作用不显著,参数估计大多呈现负值但不显著的情况,总体判断认为

这说明我国的要素资源和劳动力资源的市场化程度已经整体达到较高水平,因此,其边际变化对企业创新精神的影响有限。此外,研究表明开放的市场环境同时带来激烈的市场竞争,而过度竞争一定程度上会挤出创新(陈景信和代明,2018),这能够在一定程度上解释要素型市场化与企业创新精神呈负向关联的原因。

表 8-2　要素型市场化的改革效力实证结果

	资源市场化	雇佣自由化
企业创新精神	−0.027	−0.020
—创新	0.029	−0.056
—投资	−0.135**	−0.031
—革新	0.027	0.028
国有企业	−0.036	−0.058
民营企业	−0.023	−0.004
大型企业	−0.062	−0.058
中小企业	−0.014	−0.003
制造业企业	−.0.027	−0.002
服务业企业	−0.026	−0.026
高新技术企业	−0.039	0.058
非高新技术企业	−0.037	−0.032
家族企业	−.0.040	−0.084
非家族企业	−0.004	−0.005
陕西省企业	−0.078	−0.105*
湖北省企业	−0.003	0.126***
广东省企业	−0.037	−0.043

注:*** 表示 0.01 水平显著,** 表示 0.05 水平显著,* 表示 0.10 水平显著。

在表 8-2 中,资源市场化对投资存在显著的负向影响关系($\beta = -0.135$,$p < 0.05$),考虑到投资通常是在主营业务之外进行的多元化,因此,该结果说明越是在市场化高度发达的环境中,企业越倾向于在单一业务中深度经营。按照奥地利经济学派的观点,机会的本质是信息分布的不对称(Kirzner,1997),随着市场交易机制的不断完善,信息缺乏引起的市场投资机会显著减少。既有文献表明,随着市场化程度的提高,国有企业相比非国有企业多元化程度的提升更加明显(关健和李伟斌,2011),这说明在我国目前的情境下,民营企业投

资可能是出于盈利性机会寻求和替代性制度保护,国有企业则是出于地方政府竞争机制下的行政干预和政策性投资安排。考虑到这些投资可能不乏非效率投资(吴锐和李光义,2009),资源市场化程度的提升能够在一定程度上抑制因信息缺乏或非效率因素导致的投资行为,进而对企业投资行为产生了显著的负面影响。

雇佣自由化对陕西省样本企业的创新精神造成了显著的负向影响($\beta=-0.105, p<0.10$),而对湖北省样本企业的创新精神造成了显著的正向影响($\beta=0.126, p<0.01$),造成这个结果的原因可能是雇佣自由化存在典型的市场化门槛效应,即在市场化进程较低的地区,人力资源流动性可能导致创新流失和被仿制等问题,对创新精神造成了一定的负向影响;在市场化进程较高的地区,相关的创新保护制度和人员流动保密或限制规则逐渐成熟,人才流动形成了有利于创新的创新扩散效应。其他研究者也报告了这种门槛效应(如杜雯翠和高明华,2015;程锐,2016;程小可、李浩举和姜永盛,2017),即在市场化程度较低的地区,以政府为主导和企业规模化竞争的方式对技术进步和经济增长的刺激作用更好;在市场化较高的地区,人力资本和产业技术集聚能够更好地促进产业升级和技术进步。本研究进一步发现这种门槛效应还存在向下的倒U型趋势,即在市场化进程更高的广东省,雇佣自由化对企业创新精神没有发现显著影响,这进一步补充和扩展了对市场化门槛效应的相关研究成果。

整体而言,由于整体的市场化水平较高,要素型市场化对企业创新精神的直接影响力较弱,其中,资源市场化对企业非效率投资行为有明显抑制作用,雇佣自由化对企业创新精神的影响呈现出与地区市场化进程的倒U型关系,这些研究发现进一步丰富了要素市场、生产资料市场以及人力资源市场改革的相关研究成果,为建立完善的要素市场和劳动力市场提供了新的经验参考。

8.1.3 关于激励型市场化的改革效力分析

表8-3给出了利润重要度和激励绩效化对总样本和不同子样本企业创新精神的影响研究结果,整体而言,两种激励型市场化对企业创新精神均有显著提升作用,其中,激励绩效化的提升作用更强,不仅对总体样本的企业创新精神有显著的正向影响($\beta=0.214, p<0.01$),也对全部子样本均有显著的正向影响,这表明激励绩效化能够刺激员工竞争意识,形成创新竞赛组织氛围,提升组织成员进行创新搜寻的意愿和承担创新试验的风险,显著地提升了企业创

新精神。在当前的转型经济环境中,竞争意识和物质利益的驱动效应是企业组织和员工的核心创新激励来源,尽管有社会舆论对"金钱至上"和"物质主义"存有争议(林贤明与邵科妮,2019),但不可否认的是,绩效激励机制仍是当前促进创新最为有效的方式,这提示志在创新的企业要把建立起组织内部的市场化管理机制放在首位。

表 8-3 激励型市场化的改革效力实证结果

	利润重要度	激励绩效化
企业创新精神	0.056*	0.214***
—创新	−0.029	0.199***
—投资	0.010	0.252***
—革新	0.187**	0.193***
国有企业	0.086*	0.156**
民营企业	0.043	0.234***
大型企业	0.131***	0.233***
中小企业	0.029	0.188***
制造业企业	0.005	0.220***
服务业企业	0.113**	0.200***
高新技术企业	0.095**	0.270***
非高新技术企业	0.127***	0.213***
家族企业	−0.004	0.343***
非家族企业	0.075**	0.162***
陕西省企业	0.013	0.113**
湖北省企业	0.044	0.208***
广东省企业	0.093**	0.181***

注:*** 表示 0.01 水平显著,** 表示 0.05 水平显著,* 表示 0.10 水平显著。

如表 8-3 所示,利润重要度在多数情况下对企业创新精神有显著的正向影响,其中,这种提升作用在国有企业、大型企业、服务业企业、非家族企业和广东省样本企业中表现得更加明显。由于民营企业和中小企业自身的市场意识较强、制造业企业的创新过程难度大且风险高、家族企业存在复杂的企业经营目标,因此,利润重要度对上述企业样本的创新精神的影响较弱。在企业创新精神的三个子维度中,利润重要度对创新和投资无显著影响,而对革新有显著的正向影响($\beta=0.187$,$p<0.05$),企业善于不断地进行组织创新适应新的盈

利目标和战略计划,这是利润重要度影响企业创新精神的核心机制。此外,利润重要度对广东省样本企业的影响显著大于湖北省和陕西省样本企业($\beta=0.093$, $p<0.05$),源自独特地域文化传统,粤商以务实创新、精打细算、积极求变闻名(张建琦等,2012),对利益孜孜不倦的追求使得该地区的企业尤其是民营企业展示出更强的逐利创新精神。

整体而言,这些研究发现说明对于处于市场转型期的中国企业而言,建立市场化运作的内部管理机制是迫切而必要的,这不仅适用于制度留存的国有企业,也适用于民营企业尤其是家族企业。以企业内部为切入口实施任人唯能、权责相当的市场化竞争体系,能够显著提升高层成员和组织员工创新搜寻的意愿和承担创新风险的倾向性。相较而言,以利润重要度为中心的企业内部市场化改革应成为驱动国有企业、大型企业和服务业企业创新的关键途径,这些企业亟须通过内部组织革新来改善运行效率,提高资源配置水平,盘活冗余资源,以全面提升企业的创新活力,实现持续创新和长期可持续性发展。

8.1.4 关于经营型市场化改革的效力分析

表 8-4 给出了行政干预和制度支持对总样本和不同子样本企业创新精神的影响研究结果,发现经营型市场化对企业创新存在比较复杂的影响。一方面,虽然理论预设政府减少对企业干预的"松绑之手"有助于提升企业创新能力,但实际上政府干预的增加反而对企业创新精神产生了正向影响;另一方面,政府对企业的制度支持会对企业的创新精神产生显著的积极影响,说明政府的"扶持之手"在我国的企业情境中显得非常重要。相较而言,政府为企业提供的制度支持比政府增加对企业的干预程度对企业创新精神的影响程度更大,这说明在政企关系中"扶持之手"比"干预之手"的影响更大,而政府在经济活动中的职能也应更多地体现在对创新发展等经济活动的引导扶持政策上面。

表 8-4 经营型市场化的改革效力实证结果

	行政干预	制度支持
企业创新精神	0.041*	0.098***
—创新	−0.039	0.167***
—投资	0.142**	0.055
—革新	0.021	0.072**

(续表)

	行政干预	制度支持
国有企业	0.042	0.142***
民营企业	0.038	0.083**
大型企业	0.065*	0.137**
中小企业	0.042	0.097**
制造业企业	0.055*	0.117***
服务业企业	0.025	0.077**
高新技术企业	−0.071	0.105***
非高新技术企业	0.060**	0.031
家族企业	0.033	0.032
非家族企业	0.037	0.138***
陕西省企业	0.166***	0.088**
湖北省企业	−0.051	0.108**
广东省企业	0.089**	0.119**

注：*** 表示 0.01 水平显著，** 表示 0.05 水平显著，* 表示 0.10 水平显著。

在具体的影响程度方面，制度支持对整体样本和绝大部分子样本企业的创新精神均有显著的正向影响，对高新技术企业的创新有显著影响，对非高新技术企业的影响较弱，说明了高新技术企业对政策的高度依赖性。在我国，高新技术企业获得了显著更多的政府补助（逯东、林高和杨丹，2012），政府可以通过积极的产业扶持政策和科技攻关项目来提升和引导高新技术企业的创新活动（郑春美和李佩，2015）。在企业创新精神的子维度方面，制度支持主要与创新和革新有关，尤其是对创新的影响显著更大（$\beta=0.167$,$p<0.01$），通过为企业产品和技术研发提供资金支持、信息支持和产学研合作支持，企业的产品和技术创新水平得到显著提升。值得注意的是，制度支持对家族企业的影响不显著，表明家族企业参与政府资助项目的程度较低，对政策文件缺乏了解，因此，建议政策制定者加大对家族企业群体的专项扶持和引导工作，提升该类企业的创新精神。

行政干预对企业创新精神有显著的正向影响（$\beta=0.041$,$p<0.10$），分解子维度后发现，其对投资有显著的正向影响（$\beta=0.142$,$p<0.05$），对创新和革新没有显著影响，说明政府关系能为企业提供一手创投机会，通过信息不对称机制获得超额利润机会。由于我国的转型环境是政府和市场双强的混合式双元

经济,在此情境中机会不完全是市场导向的,频繁变动的产业政策和管制法规中蕴藏了大量机会(张建琦、赵兴庐和安雯雯,2015)。制度信息的模糊性时常引起市场价格机制失灵,适当的政治干预能够帮助企业管理者从政府官员处获得稀缺的隐性知识和制度建议,有助于企业从现有的制度框架中识别出新机会。

此外,行政干预对大型企业、制造业企业和非高新技术企业的影响更为显著,可能是大型制造企业具有更深的政企关系背景,也更倾向于通过制度信息寻找新的投资机会。在地区比较方面,行政干预对陕西省样本企业的影响最大($\beta=0.166$,$p<0.01$),广东省样本次之($\beta=0.089$,$p<0.05$),而对湖北省样本企业的影响不显著,出现两头强、中间弱的正 U 型影响机制的原因可能是同时存在相对落后地区的政府主导效应和相对发达地区的政府再主导效应,前者指落后地区市场不发达情况下由政府和公有制经济主导发展的情况(李文贵和余明桂,2012;李莉、顾春霞和于嘉懿,2018;朱永明和贾明娥 2018),后者指新兴国家和地区通过政府主导获得快速技术进步的情况(Kim,1999;Lee 和 Lim,2001)。针对韩国、中国台湾地区等后发地区发展的"东亚奇迹",已有研究识别出的典型政府主导措施包括:(1)加大公共研发支出,培育优秀公共研究机构,提高研发投资的效率;(2)资源分配集中于半导体、信息技术和通信等重要行业,通过聚焦战略重点突破;(3)加大创新基础设施建设,推进科技人才培养,加强产学研合作和联合研发;(4)开设创业板等金融平台,便利高科技新创企业融资,加速优质企业成长等(Mathews,2006;王黎萤和胡黎玮,2009)。根据上述研究结论,认为广东省企业尤其是高科技企业的快速成长离不开政府的大力支持,以政府主导扶持和市场竞争的混合方式参与国际创新竞赛,可以显著提升企业创新精神。

整体而言,经营型市场化与企业创新精神密切相关,行政干预可以帮助企业从变化的制度环境中识别到新的市场投资机会,制度支持可以帮助企业提升产品和技术研发和组织革新水平。制度支持对高新技术企业尤其重要,行政干预可以提升大型企业、制造业企业和非高新技术企业的创新水平。在市场化相对落后的地区和市场化进程较高的地区,政府干预是增强企业创新信心和能力的有力手段;在市场化进程处于中等水平的地区,行政干预的效应则不显著。

8.1.5 国有企业和民营企业对市场化改革的不同反应

如表 8-5 所示,对产权调节作用的分析可以识别出影响国有企业和民营企业的不同市场化进程。对于国有企业而言：(1) 相比于其他两种市场化方式，激励型市场化对国有企业有更强的刺激作用，即国有企业对战略目标和人员激励进行市场化改革更有助于提升企业创新精神；(2) 资源市场化和雇佣自由化对国有企业的激励作用是负向的，外部市场完善可能削弱了其资源控制范围；(3) 国有企业天然地与政府有产权联接，因此，政府与企业的关系对国有企业的创新精神没有显著的影响，但制度支持能显著地提升国有企业的创新精神水平。综上认为，对国有企业的创新精神的激励应当把重点放在内部组织的市场化改革方面，尤其是减少政府对企业的软预算约束和增强企业内部员工的绩效考核晋升机制，并适当加大在关键领域对创新的制度支持，提升国有企业在重要领域的引领作用。

表 8-5 国有企业和民营企业对市场化改革的不同反应

	国有企业	民营企业
资源市场化	−0.036	−0.023
雇佣自由化	−0.058	−0.004
利润重要度	0.086*	0.043
激励绩效化	0.156**	0.234***
行政干预	0.042	0.038
制度支持	0.142***	0.083**

注：***0.01 水平显著，**0.05 水平显著，*0.10 水平显著。

对于民营企业而言：(1) 要素市场的改革对民营企业的创新精神影响不大，企业创新精神主要受内部激励绩效化和外部政策引导的影响；(2) 建立良好的内部市场化竞争机制能够显著地提升企业创新精神；(3) 当获得良好的制度支持时，民营企业的创新精神显著提升，但行政干预不能改善企业创新精神。综上认为，民营企业是市场经济的产物，其内在的市场化激励竞争机制是企业创新精神的主要推动力，政策制定者应减少对民营企业的直接干预，并通过提供更多政策支持的形式来提升民营企业的创新信心和动力。

8.1.6 大型企业和中小企业对市场化改革的不同反应

如表 8-6 所示，对企业规模调节作用的分析可以识别出影响大型企业和中小企业的不同市场化进程。研究结果显示，对于大型企业而言：(1) 能够提升企业创新精神的市场化进程变量根据影响程度从大到小依次是激励绩效化、制度支持、利润重要度和行政干预；(2) 大型企业对激励绩效化和利润重要度的敏感程度比中小企业更加明显，明确企业战略目标和建立员工内部晋升激励是创新的主要来源；(3) 大型企业对行政干预和制度支持的敏感程度高于中小企业，表明政府在产业政策扶持和资助方面更青睐于对经济发展和技术进步拉动作用更大的大型企业，而对中小企业的资助关注程度较弱。基于上述发现，认为对大型企业的创新激励应当把重心放在组织内部的制度建设上面，政府也需要进一步对企业技术和产品研发提供更多的决策建议和帮扶措施。

表 8-6　大型企业和中小企业对市场化改革的不同反应

	大型企业	中小企业
资源市场化	−0.062	−0.014
雇佣自由化	−0.058	−0.003
利润重要度	0.131***	0.029
激励绩效化	0.233***	0.188***
行政干预	0.065*	0.042
制度支持	0.137**	0.097**

注：***0.01 水平显著，**0.05 水平显著，*0.10 水平显著。

对于中小企业而言：(1) 促进企业创新精神的市场化进程根据影响程度从大到小依次是激励绩效化和制度支持，建立合理有效的内部竞争机制是支持中小企业创新发展的主要市场化手段，同时，中小企业也应加强对政府相关政策的关注和申报，借助外部推动力对企业创新进行提升（戴浩和柳剑平，2018）；(2) 中小企业对市场化进程的敏感程度略低于大型企业，这说明在我国目前的商业实践中，大型企业可能是创新的主要投资主体，而中小企业在这方面的投入力度相对较低（戴跃强和达庆利，2007）。综合上述情况，建议中小企业应积极进行企业内部的管理机制改革，充分激发组织成员的创新意愿并提升其创新回报，从内部改善企业的创新精神；同时，政府相关部门应加强对中小企业的支持力度，考虑出台专门惠及中小企业的科技引导政策、融资和信用支持、产学研合作项目、创新产品市场渠道开拓等措施，从整体上提高中小企业的创新精神。

8.1.7 制造业企业和服务业企业对市场化改革的不同反应

如表 8-7 所示,对企业所处行业作为调节作用的分析可以识别出影响制造业和服务业企业的不同市场化进程。研究结果显示,对于制造业企业而言:(1)驱动企业创新的市场化进程根据影响程度从大到小依次是激励绩效化、制度支持、行政干预;(2)激励绩效化对制造业企业的影响略强于服务业企业,说明制造业组织员工的创新回报更大,激励作用更为明显;(3)制造业企业对政策支持更加敏感,说明制造业创新投资风险更大,更需要政策加以扶持;(4)行政干预可以显著地提升企业的创新能力,在激烈的市场环境中进行创新需要行政力量的参与和扶持。基于上述结果,认为对制造业企业的创新激励要把重心放在政府对企业的影响上面,加大行政影响和制度支持;同时,企业管理者要加大创新项目激励,鼓励技术人员进行新项目尝试并为其内创业提供股权激励和资金支持。

表 8-7 制造业企业和服务业企业对市场化改革的不同反应

	制造业企业	服务业企业
资源市场化	−0.027	−0.026
雇佣自由化	−0.002	0.045
利润重要度	0.005	0.113**
激励绩效化	0.220***	0.200***
行政干预	0.055*	0.025
制度支持	0.117***	0.077**

注:***0.01 水平显著,**0.05 水平显著,*0.10 水平显著。

对于服务业企业而言:(1)驱动企业创新的市场化进程根据影响程度从大到小依次是激励绩效化、利润重要度、制度支持;(2)利润重要度对服务业企业创新精神的影响明显高于制造业企业,说明服务业企业投资回收周期更短,而制造业企业有更长的创新回报周期;(3)服务业企业创新精神的提升因素主要来自企业内部的市场化水平,即激励型市场化进程感知,服务业创新大多是基于相对比较"软"的市场需求,制造业创新则需要比较"硬"的技术和设备,因此,它们对市场化制度环境的要求和感知上面存在显著差异;(4)由于服务创新多源自市场需求的更替,服务业企业进行创新不太需要政府进行干预,但需要政府提供合宜的制度支持。基于上述发现,认为对服务业企业创新驱动应当以内部组织的市场化建设为主,辅以合适的制度支持,减少政府对经营管理的干预。

8.1.8 高新技术企业与非高新技术企业对市场化改革的不同反应

如表 8-8 所示,对高新技术企业作为调节作用的分析可以识别出影响高新技术企业和非高新技术企业的不同市场化进程。研究结果显示,对于高新技术企业而言:(1)驱动创新精神的市场化进程根据影响程度从大到小依次是激励绩效化、制度支持、利润重要度;(2)激励绩效化对高新企业创新精神的影响大于非高新企业,这说明高新企业员工的竞争意识更强,期待通过绩效机制来获得职位晋升和创新回报;(3)高新企业对制度支持尤其敏感,其影响强度显著大于非高新企业,说明其创新投资的方向和强度受政策引导的影响很大;(4)行政干预对高新企业创新精神的影响是负面的,这提示政府需要转变为服务型政府,减少对企业的直接干预和决策影响。综合上述分析,认为高新技术企业是对内部绩效激励和外部制度支持高度敏感的企业类型,政府应减少对其经营决策的直接干预,创设相关营商环境并为企业出台更全面细致的引导扶持政策。

表 8-8 高新技术企业与非高新技术企业对市场化改革的不同反应

	高新技术企业	非高新技术企业
资源市场化	−0.039	−0.037
雇佣自由化	0.058	−0.032
利润重要度	0.095**	0.127***
激励绩效化	0.270***	0.213***
行政干预	−0.071	0.060**
制度支持	0.105***	0.031

注:***0.01 水平显著,**0.05 水平显著,*0.10 水平显著。

对于非高新技术企业而言:(1)驱动企业创新精神的市场化进程根据影响程度从大到小依次是激励绩效化、利润重要度、行政干预;(2)利润重要度对非高新技术企业创新精神的影响略大于对高新技术企业的影响,说明非高新技术企业对企业的资产负债情况更加敏感,相比于高新技术企业获得的大量政府制度支持和税费减免,非高新技术企业由于没有享受到这些政策优惠,因此,对企业股东价值的维护显得更加重要;(3)激励绩效化对非高新技术企业创新精神有显著提升作用,说明无论是高新技术企业还是非高新技术企业,人才都是企业创新的首要驱动力,因此,建立和完善良好的企业内部竞争机制至关重要;(4)行政干预可以显著提升非高新技术企业的创新精神,这可能是因为非高新技术企业更善于积极地建立与政府官员的私人连带,这种连带为企业生存发展提供了额外的信息和制度保护,由此提升了企业获取市场和制度信息和资源的能力,因此,建立政治连带可以提升非高新技术企业的创新精神。综合上述发现,非高新技术企业的创新驱动应当以内部组织的市场化建设为主,通过人力资源的合理竞争来驱动企业创新,同时可以适当建立与各级政府官员的密切联系,以改善企业所处的信息资源位势,为企业创新保驾护航。

8.1.9 家族企业与非家族企业对市场化改革的不同反应

如表 8-9 所示,对家族企业作为调节作用的分析可以识别出影响家族企业和非家族企业的不同市场化进程。研究结果显示:(1)家族企业仅对激励绩效化有较强的创新反应,对其他市场化进程均无显著创新反应,家族企业在市场化改革中处于相对封闭的地位,外界要素环境和政府相关政策对家族企业的影响均较弱;(2)激励绩效化是家族企业唯一敏感的市场化进程,也是对所有企业的影响向量中最大的,从企业内部进行市场化改革是家族企业的改革法门,家族企业改革发展须以适当去家族化、管理规范化为法则来进行。基于上述结果,认为对家族企业的创新政策激励要把重心放在支持企业变革上,如推动家族企业改组上市、加快引进职业经理人和建立现代企业管理制度等。

表 8-9 家族企业与非家族企业对市场化改革的不同反应

	家族企业	非家族企业
资源市场化	−0.040	−0.004
雇佣自由化	−0.084	−0.005
利润重要度	−0.004	0.075**
激励绩效化	0.343***	0.162***
行政干预	0.033	0.037
制度支持	0.032	0.138***

注:***0.01 水平显著,**0.05 水平显著,*0.10 水平显著。

对于非家族企业而言：(1) 驱动企业创新的市场化进程按影响程度从大到小依次是激励绩效化、制度支持、利润重要度；(2) 非家族企业对利润重要度的敏感程度显著更高，这说明在非家族环境下，企业经营动机更加聚焦，不用分心于家族事务以及家族变化对企业经营的影响，聚焦于股东权益能够给企业带来更强的创新精神；(3) 非家族企业对政府提供的制度支持有更高的敏感度，说明非家族企业更有效地参与到社会生产进程当中，关心政策变化并及时参与，显著地提升了企业的创新精神。基于上述发现，认为非家族企业相比家族企业有更强的逐利动机和创新意愿，能积极响应市场变化和政府倡议，体现出更强的创新精神。

8.1.10 陕西、湖北和广东省样本企业对市场化改革的不同反应

如表8-10所示，对企业所处地区作为调节作用的分析可以识别出影响不同地区企业的市场化进程。研究结果显示，影响企业创新精神的主要市场化进程变量呈现出"政府主导—市场主导—政府市场双主导"的演变趋势。对陕西省样本企业而言，对创新精神影响最大的是政府因素，如行政干预和制度支持；对湖北省样本企业而言，对创新精神影响最大的是市场因素，如激励绩效化和雇佣自由化；对广东省样本企业而言，政府因素和市场因素对创新精神均有显著影响。

表8-10 陕西、湖北和广东省样本企业对市场化改革的不同反应

	陕西省样本企业	湖北省样本企业	广东省样本企业
资源市场化	−0.078	−0.003	−0.037
雇佣自由化	−0.105*	0.126***	−0.043
利润重要度	0.013	0.044	0.093**
激励绩效化	0.113**	0.208***	0.181***
行政干预	0.166***	−0.051	0.089**
制度支持	0.088**	0.108**	0.119**

注：***0.01水平显著，**0.05水平显著，*0.10水平显著。

具体来说，对于陕西省样本企业而言：(1) 驱动创新精神的市场化进程按影响程度从大到小依次是行政干预、激励绩效化、制度支持，雇佣自由化的影响显著为负；(2) 行政干预对陕西省样本企业创新精神的正向影响最强，表明在市场化整体进程相对较慢的西部地区，由政府主导企业发展和创新的路径

是成立的,这种情况随着市场化进程的整体提高有所减弱,但仍然是重要的创新驱动力量;(3)雇佣自由化对企业创新精神有显著的负向影响,说明人力资源流动在市场化进程较慢地区有一定的负向效应,导致了知识产权流失和山寨仿冒问题,而这种情况随着市场化进程的整体提高将显著改善。基于上述结果,认为对陕西省等西部地区企业的创新政策激励要把重心放在政府对企业的决策影响和政策扶持上面,根据地区实际情况大力扶持国有产权或相关企业进行创新,而当市场化逐渐整体提升时,政府力量要逐渐退出以保证企业下一阶段的市场化竞争和规范经营。

对于湖北样本企业企业而言:(1)驱动创新精神的市场化进程按影响程度从大到小依次是激励绩效化、雇佣自由化和制度支持;(2)雇佣自由化和激励绩效化都与人才资源流动和激励有关,这两个因素对湖北样本企业企业的创新精神影响最大,说明对人才资源的重视以及对人才资源的有效激励是推动这一阶段或地区的企业创新的核心因素;(3)制度支持对湖北样本企业企业创新精神有显著影响,影响程度介于陕西省样本企业和广东省样本企业之间,说明制度支持对不同市场化程度的地区企业均有影响,而且这种影响可能是随着市场化进程的提升而提升的;(4)行政干预对湖北样本企业企业的影响是偏负面的,这说明在这一阶段的市场化进程中,要适当减少对企业经营的干预,让企业尽量自由竞争、优胜劣汰,体现出市场机制物竞天择的有效性。基于上述发现,认为对湖北省等中部地区企业的创新驱动应当以外部营商环境的建设尤其是人力资源的流动性和激励性相关制度和法规建设为主,辅以合适的制度支持,同时减少对企业经营管理进行直接干预。

对于广东样本企业企业而言:(1)驱动企业创新精神的市场化进程依次是激励绩效化、制度支持、利润重要度、行政干预;(2)广东样本企业企业呈现出政府和市场双驱动的创新效应,这既有可能是存在两类企业,一类主要是市场驱动,另一种主要是政府驱动,也有可能是存在同时被政府和市场驱动的一类企业,抑或兼而有之,但无论如何都体现出经济发展和创新发展的多样性;(3)考虑到广东省是我国开放时间最早、市场化程度最高的地区之一,因此,广东样本企业企业的这种双主导效应可能是在沿海地区普遍存在的,民营经济部门在珠三角、长三角、京津冀等地区快速成长,同时这些地区的国有力量也随着时间发展而不断增强,因此体现出多重的、多维度的转型经济新局面和中国特色的市场经济情境。基于上述发现,对广东省企业的创新驱动应当双管齐下,一方面,继续坚持市场化改革,坚持完善支持市场交易机制的相关制度法规,坚持市场在经济生产活动中起主导关键作用;另一方面,继续加大国家投资和改革措施,进一步增加对关键行业、重大项目、重大倡议的推进和直接推动,并出台精准的企业扶持政策和导向性发展倡议,为不同企业的创新发展提供多元化的路径空间。

8.1.11 市场化改革的特定聚类及创新反应和绩效结果

如表 8-11 所示,对 6 类市场化进程变量进行自由聚类得到 7 个聚类中心,各中心的市场化进程得分代表了该类企业所处的管理情境,由此得到 7 个类别及其代表的管理情境。按照企业创新精神的强弱,可以大致区分为三组:(1) 高创新精神组,包括类别 3(理想的自由市场化情境)、类别 6(政府市场双主导情境),上述两类企业具备显著更高的企业创新精神,是我国转型经济所孕育的创新力量核心,具有典型的中国市场经济特色;(2) 中创新精神组,包括类别 4(政府政策主导情境)、类别 2(市场化转型情境),前者由政府主导进行创新发展,后者在市场竞争中谋求转型发展,是创新的重要组成部分;(3) 低创新精神组,包括类别 1(亚市场化情境)、类别 5(社会公益服务情境)、类别 7(非市场化情境),这三类企业群体的创新精神较弱,主要从事与创新关联不大的低技术含量加工制造、社会公益服务和其他管制类行业工作。整体而言,市场化对企业创新精神的影响不仅是单维度的线性影响,不同市场化类型共同组成的特定组合构成了影响企业创新精神的整体亚环境,具有相对较强的环境惯性和稳固性,因此对企业能够造成更大的持续影响,值得研究者和政策制定者关注。

创新是企业创新精神的主体内容,从创新得分来看,最高的是类别 3 和类别 6,说明理想的自由市场化情境和政府市场双主导情境均能够显著地提升企业的技术和产品开发水平。投资是企业创新精神的重要内容,从投资得分来看,类别 6 和类别 4 的得分最高,而且其他类别的投资得分均明显较低,说明在我国目前的转型经济情境中,政府释放的改革红利是投资的主要方向,与政府有密切关联的企业具备更强的投资创新意愿和倾向。革新是企业创新精神在组织内部的表现,从革新得分来看,类别 3 和类别 6 的得分最高,这一结果跟创新基本一致,说明技术创新和管理创新是相互补充和成对并存的,管理者要积极开展与产品和技术创新有关的组织革新,为产品和技术创新提供有利支持条件。

企业绩效反映出企业在市场化进程当中的综合生存状态,从表 8-11 反映

表 8-11 市场化进程 7 个类别的企业创新精神和绩效比较

聚类中心 类别评价	类别1 (N₁=88) 亚市场化情境	类别2 (N₂=93) 市场化转型情境	类别3 (N₃=82) 理想的自由市场化情境	类别4 (N₄=98) 政府政策主导情境	类别5 (N₅=68) 社会公益服务情境	类别6 (N₆=76) 政府市场双主导情境	类别7 (N₇=26) 非市场化情境
资源市场化	●	○	●	○	●	○	
雇佣自由化	●	●	●	○	●	●	○
利润重要度	●	○	●	○	●	●	
激励绩效化	●	○	●	●	○	●●	
行政干预	○	○	○	●	○	●●	○
制度支持				●		●	
企业创新精神	3.13*	3.20***	3.62***	3.37***	3.10**	3.56***	2.81
—创新	2.98**	3.09***	3.67***	3.26***	3.10***	3.40***	2.59
—投资	2.85	3.04	3.23*	3.34*	2.84	3.49***	2.82
—革新	3.55***	3.47***	3.96***	3.50***	3.36**	3.78***	3.01
企业绩效	3.47***	3.35*	3.64***	3.24***	3.00	3.55***	2.86

注：●●代表得分处于（均值＋标准差，+∞）。●代表得分处于［均值，均值＋标准差］。○代表得分处于（均值－标准差，均值］，空白代表得分处于（－∞,均值－标准差］。企业创新精神、创新、投资、革新、企业绩效的均值比较均以类别7为基准。**** 0.01 水平显著，*** 0.05 水平显著，* 0.10 水平显著。

出的企业绩效得分情况来看：(1)绩效得分由高到低依次是类别3、类别6、类别1、类别2、类别4、类别5、类别7；(2)类别3和类别6的企业绩效最高，这与其创新精神的得分基本匹配,创新精神更高的企业,其绩效更好;(3)类别4的绩效得分排名第5,与其排名第3的企业创新精神不相匹配,说明政府政策主导的企业创新精神未能带来预期的绩效改善,其创新精神主要体现在企业投资上,可能导致企业出现过度多元化(关健和李伟斌,2011)和非效率投资(吴锐和李光义,2009)等问题,企业绩效未能从非效率投资中得到回报(杨兴全和曾春华,2012;董庆多、张晓妮和曹慧敏,2019),这一问题在以往研究中已有体现,本文的发现进一步验证了政策主导的非效率投资问题。

值得一提的是,虽然类别1的企业创新精神不高,但该类别的企业绩效得分却处于较高水平,在全部7个类别中排名前三。这类企业处于高度发达的市场交易机制当中,缺乏行政干预和制度支持,考虑可能是从事技术含量不高、战略姿态相对保守的中小制造企业和家族企业,但其绩效得分表明该类企业在市场上有不俗的竞争力。此外,类别1企业的自我革新水平较高,说明这类企业虽然不善于技术创新,很少进行对外投资,也没有多元化经营,但善于通过革新组织结构和人员变革来实现创新发展。考虑到大量中小民营企业的实际情况,类别1的企业模式可能具有很好的代表性和深入讨论价值。

综上所述,本书的研究发现总体上支持了认知图式理论研究中的任务图式理论和角色图式理论,并且根据我国的现实企业情境进行了有益的结合,发现了以往研究中没有识别到的市场化进程与企业创新精神之间的复杂关系和耦合整体影响,这不仅为理解市场化改革与企业行动的关系提供了新的微观层面的理论逻辑和经验证据,更有助于帮助政策制定者和企业管理者根据不同的对象来制定有针对性的市场化改革措施和政策方针。因此,本书的研究结论可以在一定程度上拓宽对市场化改革所引发的企业行动效应的研究和认识,并且在实践上也可以为政策制定者和企业管理者提供理论支持,具有较好的理论意义和现实价值。

8.2 研究的理论贡献

本书以新的微观实证研究证据解读了市场化改革进程与企业创新活动之

间的关系,引入企业家认知图式理论分析讨论市场化与企业创新之间的多重框架关系,尝试从企业的微观认知视角来解读市场化制度变迁,这在理论上具有一定的新颖性,具有良好的理论贡献,具体讨论如下:

第一,本书采取企业的微观研究视角来解读市场化进程,这与传统基于经济学的宏观研究范式形成一定程度的互补关系。传统的经济学研究文献大多采取的是"先制度政策、再企业行动"的理论思路,其理论的出发点是政府和政府制定的政策,这一研究范式虽然可以帮助比较不同国家/地区或同一国家/地区在不同时期的政策产生的社会效应(Baumol,1996;2007;Kreft & Sobel,2005),却不易分析政策影响企业行为的微观机理,使得对市场化进程的各个方面如何预测了创新活动仍然知之甚少(McMullen、Bagby & Palich,2008)。本书从企业创新的需求角度出发,采取"先企业行动、再制度政策"的研究思路,即首先分析企业进行创新活动需要什么,进而讨论政府是否提供了这样的政策制度环境以及是否有效。因此,本书的研究为进行制度改革探索提供了一条新的研究思路,具有较好的理论创新价值。

第二,本书引入一个新的研究理论来分析企业对市场化进程的感知。以往研究多采取鲍莫尔(1996)提出的理论进路,认为制度政策是经济游戏规则,决定了企业进行不同活动的成本和收益,由此不同的制度安排会导致企业在不同活动中进行选择;社会文化视角侧重于社会风气和氛围、组织理论视角则把焦点放在整个行业作为一个种群随着环境变化而兴衰,这些研究视角不易于厘清企业的创新决策逻辑和对环境认知的能动性。基于认知图式理论,本书认为企业在决策创新活动时,对环境的识别是通过将创业任务图式中的安排图式、意愿图式和能力图式作为信息搜寻通道进行的,这比较清楚地阐明了企业在创新决策过程中与环境的互动关系,为后续继续从微观认知角度来解读和理解制度环境提供了理论视角借鉴和实证证据参考。

第三,本书从认知图式视角对市场化进程进行了新的测量和刻画,具有一定的实证新意。以往对市场化进行刻画和分析的文献大多采用的是国家或省际层面的数据,可能忽视了处于同一个国家或省份内部的企业对市场化进程的不同认知差异,也不易于识别影响企业行为的对应具体政策。本研究根据管理学文献中的最新进展,参考倪(1992),戴维斯和沃尔特斯(2004),胜、周和李(2011)等从企业层面对制度环境进行刻画的相关研究结果,比较完整地从企业视角刻画了企业面临的三类别、六方面的市场化进程感知,这对于未来继续从企业视角刻画制度变量提供了启示性意义,具有良好的实证创新价值。

第四,本书研究了不同产权、规模、所在行业、高新技术、家族和所在地区企业在市场化进程中的不同反应,这种管理学情境化权变研究在宏观研究视角中是相对缺乏的。以往基于地区制度分析的宏观视角把企业视为投入产出的黑箱子,而相对忽略了企业自身认知因素对市场化改革的主观作用力。本研究实证结果表明,这种反作用力的表现之一就是企业会根据进行创新活动时自身不同资源禀赋来选择性地回应市场化改革进程,比如高新技术企业需要政府大力度的制度支持却反对行政干预,而非高新技术企业对制度支持和政策扶持不敏感却偏好建立直接的行政关联机制。因此,本书通过权变主义的研究视角得到了关于市场化进程与企业行为的新的实证证据,这对于后续研究中继续从权变视角讨论企业与市场化进程的互动关系提供了较好的理论启示价值。

第五,本书采用聚类分析的方法综合考察了特定的市场化进程组合对企业创新精神的整体性影响,补充了既有研究中得到的线性关系结论。既有研究大多对市场化指标与企业创新精神进行直接实证检验,由于采用的指标纷繁复杂且相互交叉,导致的线性关系存在不稳健、不一致、难统一等问题(如McMullen、Bagby & Palich, 2008;Anokhin & Wincent, 2012;Bjørnskov & Foss, 2016 等)。在加德纳、麦高文和西索科(2014)等前沿研究的启示下,本书采取整体聚类分析的方法对市场化指标进行综合研判,得到了 7 类风格迥异的市场化子类别,市场和政府主导的力量分别在不同的类别中得到了体现。市场化各项进程彼此之间并非齐头并进的,而是根据企业所处环境、行业和自身感知的不同,形成相对固定的市场化进程组合,并对企业创新及绩效造成持续影响。因此,本书通过整体聚类分析的研究方法得到了关于市场化进程特定组合情境的新发现,这对于深入理解市场化进程的整体效应和优化改革方案有较好的理论启示价值。

8.3 研究的实践启示

本书尝试从需求端来分析市场化制度作用于企业创新精神的效力和程度,得到了一些以往从政府政策出发的供给端分析没有发现的新结论,这些结

论对于政策制定者、企业管理者和市场化改革的各利益相关者具有一定的实践行为参考借鉴价值,具体表现为以下方面:

第一,通过引入认知图式理论中关于企业家任务图式的研究,认为从企业创新活动的角度可以把政府实施的市场化进程划分为要素型市场化、激励型市场化和经营型市场化三大类,其中,要素型市场化与企业外部资源市场的市场化交易程度有关,激励型市场化与企业内部组织战略和管理制度的市场化程度有关、经营型市场化与企业与政府的关系有关。进一步地,本书通过实证研究支持了上述三类市场化进程的存在和不同的影响机制。政策制定者在规划和实施刺激企业创新政策时可以参考上述三分类模型,以甄别政策与企业创新活动之间的相关机制,一定程度上提升所制定政策的有效性和科学性。

第二,国有企业和民营企业两类不同的"角色"对于市场化进程有不同的感知和理解。国有企业管理者要积极地实施内部制度的市场化改革,同时,制度支持也对国有企业有显著刺激作用。民营企业管理者既要积极引入现代化管理机制和治理结构,提升激励绩效化水平;也要积极了解和参与政府政策,融入产业发展升级大格局,有助于企业创新发展。上述研究为政策制定者和企业管理者对国有企业和民营企业提供更加有针对性的政策激励提供了理论支持和实证参考。

第三,大型企业和中小企业两类不同的"角色"对于市场化进程有不同的感知和理解。大型企业管理者要积极地对企业的利润重要度和激励绩效化情况进行巡查,以维护股东价值为核心目标,建立起用人唯能的企业晋升机制;还需要积极地建立与政府及监管部门的联系,积极跟进产业发展政策,在地方经济发展中扮演更积极的角色。中小企业要坚持以人为本、人才至上的经营理念,通过不断内部革新来激发员工的创新精神;要积极了解当地产业政策,通过借助外部力量帮助企业创新发展。上述研究为政策制定者和企业管理者对大型规模企业和中小规模企业提供更加有针对性的政策激励提供了理论支持和实证参考。

第四,制造业企业和服务业企业两类不同的"角色"对于市场化进程有不同的感知和理解。制造业企业管理者要更加积极地参与政府主导的地区和产业发展规划,建立适当的政企关系,为企业获取关键信息提供渠道;要积极地完善企业管理制度,为员工从事工作之外的新项目提供支持和包容。服务业企业管理者应当持续不断地关注股东权益和员工价值,为有创造力的员工提供晋升通道和发展机遇,能够显著地提升服务创新;同时,积极地了解和参与政府的各种经济刺激政策,为企业创新提供政策上的合法性和正当性,也能显著地提升企业创新精神。因此,本研究为政策制定者和企业管理者对制造业企业和服务业企业提供更加有针对性的政策激励提供了理论支持和实证参考。

第五,高新技术企业和非高新技术企业两类不同的"角色"对于市场化进程有不同的感知和理解。高新技术企业管理者要竭力避免与政府官员产生非正式私人联系,行政干预会降低企业创新精神,同时要密切关注政府政策变化,享受政府提供的各种技术支持和人才福利,为企业创新添砖加瓦。非高新技术企业管理者可以适当地建立与政府官员的私人联系,以提升企业创新精神,但政府公布出来的政策信息对企业创新无明显改善作用。此外,利润重要度和激励绩效化对两类企业均有显著的创新提升作用,需要管理者加快实施更加公平的员工竞争环境。因此,本研究为政策制定者和企业管理者对高新技术企业和非高新技术企业提供更加有针对性的政策激励提供了理论支持和实证参考。

第六,家族企业和非家族企业两类不同的"角色"对于市场化进程有不同的感知和理解。对于家族企业管理者而言,影响家族企业创新的因素是比较纯粹的,即内部的管理机制改革,家族企业要更加大胆地引入现代化的管理和治理机制,想要获得持续发展,就必须直面家族桎梏和敢于挑战家族权威,通过法治逐渐取代人治,可使家族企业基业长青,创造力持续涌现。对于非家族企业管理者而言,需要更加注重对股东权益的维护,避免产生内耗和代理人投机行为;要积极地与政府政策制定部门取得密切联系,发挥治理机制灵活的优势,参与到地方产业升级和变革当中。因此,本研究为政策制定者和企业管理者对家族企业和非家族企业提供更加有针对性的政策激励提供了理论支持和实证参考。

第七,企业所在不同地区的"角色"对于市场化进程有不同的感知和理解。对于陕西省等西部地区企业管理者而言,通过政府主导的方式进行创新发展是可行的,要积极与政府部门建立各种正式与非正式联系,获取关键的行业发展信息和参与政府产业规划,并适当地限制人员流动以确保关键信息和技术不会遭受恶意泄露或仿冒等问题。对于湖北省等中部地区企业管理者而言,人才资源的引进和激励是创新的首要事务,企业必须加大关键人才的引进,并为他们提供包括股权在内的有效激励方式,以激发人才的创新潜力。对于广东省等沿海地区企业管理者而言,市场和政府的创新推动力同等重要,企业既需要通过市场化竞争和人才激励的方式来获得创新内源动力,也需要通过与政府部门建立紧密联系和参与政府项目等方式来获得创新外推动力。因此,本研究为政策制定者和企业管理者为不同地区企业提供更加有针对性的政策激励提供了一定的理论支持和实证参考。

第八,特定的市场化进程组合会对企业创新精神产生持续的整体影响,对于各地的政策制定者而言,需要识别出有效的市场化组合并加以维系和提升,同时识别出无效的市场化组合并设法打破和重组。其中,理想的自由市场化情境和政府市场双主导情境是对企业创新精神及绩效提升最为理想的管理情境,政策制定者需要加以甄别,尤其要减少行政干预,避免破坏理想的自由市场化情境。政府政策主导情境适用于市场化进程整体水平相对较低的地区或行业,通过政府主导可以提升企业创新精神,但这类创新的绩效收益不高。市场化转型情境是自由竞争导致的自然创新,应建立适当的扶持办法,避免出现资金周转和债务升级问题。亚市场化情境的企业具备良好的自我生存技能,但创新精神相对较低,政策制定者应逐步引导其从事与创新溢出和技术承接等相关的辅助工作。最后,社会公益服务情境和非市场化情境属于独特的产业情境,政策制定者或公益服务属性和管制性,或考虑在适当的时机将其转变为其他市场化情境以提升其创新精神。综上所述,本研究为政策制定者甄别不同类型的市场化子情境并为企业管理者制定针对性的管理方式和激励方案提供了一定的理论支持和实证参考。

8.4 研究局限和展望

由于研究水平的限制,本研究还存在许多不足之处,需要在未来进一步提升和改善。具体而言,主要的局限和未来研究方向包括:

第一,由于调查时间和财力的限制,本研究尝试性地在三个有代表性的、市场化进程程度不一的省份(陕西省、湖北省和广东省)进行了企业问卷调查。虽然上述三个省份具有良好的研究代表性,比如其在王小鲁、樊纲和胡李鹏(2018)的中国市场化指数中分别在全国排名第18、第10和第3,但由于市化进程是一个庞杂的制度变迁过程,如果要进一步验证本书所提出和初步验证的影响机制逻辑,还需要进一步扩大调查的范围,应该尽可能地到全国各个省份进行数量均等的随机抽样调查,才可以得到更为精确的实证结果。目前,由于工作时间和能力的限制,在这一点上还有做得不当的地方,需要后续改进。

第二,在变量的选取上还有值得拓展的空间。目前,尝试性地研究市场化进程变量带来的影响,比如根据认知图式理论,企业会从安排图式的角度来识别制度环境对创新所需资源和要素的供给情况,本书选择了资源市场化和雇佣自由化作为要素型市场化感知的两个代理变量,但实际上企业在创新过程中还需要许多别的资源,如资金、技术、信息、中介服务和法规支持等,而这些变量在本研究中并未详尽。此外,从角色图式的角度,企业在创新活动中还有许多"角色"值得考虑,比如外商独资企业、中外合资企业、乡镇企业、央企和地方国企等,这些角色对市场化进程的影响未在本书中得到讨论。在后续研究中,可以进一步考察更为丰富的角色研究变量。

第三,在数据的收集方式上,本研究采用的是横截面数据,但制度变迁具有典型的时间连续性特点,这一点在以往的市场化进程纵向比较研究中已经得到了广泛验证和支持(如张宗益等,2006;董晓宇和郝灵艳,2010;樊纲等,2011),因此,市场化改革进程对企业创新精神的影响应该呈现出一定的时间序列特征。本书因为研究时间和精力的限制,只采集了2018—2019年时点的横截面数据作为基本性的验证分析,这样的分析是值得扩展和加强的。后续研究可以继续跟踪采集这些企业的时间序列数据,做更为深入的纵向研究和面板数据分析,更加准确地把握市场化进程感知对企业创新精神的作用机制和实际效果。

第四,市场化进程对企业创新精神的驱动和调节效应还需要进一步区别探索。本研究的主要发现之一是发现市场化进程对企业创新精神具有两类相互对立的效应,即一部分市场化进程(如资源市场化、雇佣自由化)对企业创新精神没有直接驱动效应,但对创新精神与企业绩效的关系有显著的正向调节影响;另一部分市场化进程(如激励绩效化、行政干预和制度支持)对企业创新精神有显著的直接驱动效应,但对创新精神与企业绩效的关系没有显著的调节影响。这似乎说明市场机制的作用是相对间接的,而政府机制的作用是相对直接的。根据本书所掌握的文献情况来看,目前尚未有文献报道过类似发现,因此,本研究的这一发现具有良好的实证新颖性,值得在未来进一步深入探究。

第五，特定的市场化进程组合的形成机制和对企业创新精神的影响过程尚不清楚。通过对市场化进程指标进行自由聚类，本研究得到了 7 个风格迥异的市场化组合情境，在创新精神和企业绩效方面都体现出不同的特征。这些相对固定的市场化组合是如何形成的？为什么位于不同地区和行业的企业会跨越时空地域形成类似群体？政府机制和市场机制是互补还是对立的？政府市场双主导的情境中企业是如何运行和实践创新精神的？聚类研究在既有研究中比较少见，本书所发现的这些企业类别在既有研究中也未见报告，因此，上述探索式的分析产生了更多值得进一步考察的问题，需要后续研究者继续深入研究。

附录

企业战略与创新能力测评表

第一部分　测评者和测评企业的基本信息

1. 您在本企业的**任职时间**为：
   □3年以内　□4—8年　□9—15年　□15年以上

2. 您在本企业担任的**职务**是：
   □董事长　□总经理　□高层管理人员　□其他

3. 您的**年龄**为：
   □小于30岁　□31—40岁　□41—50岁　□51—60岁　□61岁及以上

4. 贵公司已**成立**＿＿＿年。
   □3年以内　□4—8年　□9—15年　□16年及以上

5. 贵公司的**员工人数**是：
   □300人以下　□301—2 000人　□2 001人以上

6. 公司**总资产**为：
   □4 000万元以下　□4 000万—4亿元　□4亿元以上

7. 公司平均**销售额**（营业收入）为：
   □3 000万元以下　□3 000万—3亿元　□3亿元以上

8. 公司**研发投入**占销售额的比重是：
   □0—1%　□1%—3%　□3%—10%　□10%以上

9. 从事产品或技术开发的**人员**占总员工数的比例是：
   □0—3%　□3%—10%　□10%—30%　□30%以上

10. 贵企业的**规模**是：
    □大型企业　□中型企业　□小型企业

11. 贵公司的**企业所有制类型**是：

☐国有企业　☐民营企业　☐其他

12. 贵公司是否为**高新技术企业**：☐是☐否

　　——是否为**家族企业**：☐是☐否

　　——是否为**上市公司**：☐是☐否

　　——是否为**新创企业**：☐是☐否

13. 贵公司的主要业务属于以下哪个**行业**？

☐农林牧渔业☐采掘业☐食品饮料制造☐纺织服装制造☐木材家具制造☐造纸印刷制造☐石油化工制造☐电子制造☐金属制造☐机械设备制造☐医药生物制造☐其他制造业☐电水煤气☐建筑业☐交通仓储☐信息技术产业☐批发零售☐金融保险☐房地产☐社会服务业☐文化与传播业☐通信服务业☐其他

14. 贵公司主要业务的行业是否属于**政府重点管控**、**有很强进入壁垒**的行业？

☐是　☐否

15. 贵公司所在行业当前的**发展阶段**是：

☐投入阶段　☐成长阶段　☐成熟稳定阶段　☐衰退阶段

16. 您认为自己对公司的战略和创新问题**熟悉程度**是：

☐不熟悉　☐比较熟悉　☐非常熟悉

第二部分　测评企业的能力与创新

下列问项中,数字 1—5 分别表示：1＝完全不同意；2＝不同意；3＝无意见；4＝同意；5＝完全同意。

以下问题并无是非、对错之分,请根据企业的实际情况选择(注：问题均为单项选择题)。

——与主要竞争对手相比,贵公司在以下方面的表现相对更好：

类别	内　　容	完全不同意＜——＞完全同意				
		1	2	3	4	5
学习能力	当面临新技能和技术时,比竞争对手学习得更快	☐	☐	☐	☐	☐
	学习新技能和新能力对本公司而言很容易	☐	☐	☐	☐	☐
	善于弥补现有知识和开发新产品所需知识的鸿沟	☐	☐	☐	☐	☐

(续表)

类别	内 容	完全不同意<——>完全同意				
		1	2	3	4	5
企业绩效	本公司的销售增长率高于主要竞争对手	□	□	□	□	□
	本公司的利润增长率高于主要竞争对手	□	□	□	□	□
	本公司的投资回报率高于主要竞争对手	□	□	□	□	□
	本公司的整体利润水平高于主要竞争对手	□	□	□	□	□

——贵公司的资源情况：

类别	内 容	完全不同意<——>完全同意				
		1	2	3	4	5
已有冗余	本公司有充足的财务资源应付突发的投资需求	□	□	□	□	□
	本公司的保留盈余足够满足公司开拓市场的经费需求	□	□	□	□	□
	本公司有充裕的资源以应对环境的剧烈变化	□	□	□	□	□
潜在冗余	本公司很容易获得银行贷款	□	□	□	□	□
	本公司生产能力发挥的余地很大	□	□	□	□	□
	本公司的运转未满负荷	□	□	□	□	□

——请指出贵公司在以下企业创新精神方面的实施程度：

类别	内 容	完全不同意<——>完全同意				
		1	2	3	4	5
创新	大力投资于产品导向的领先技术研发	□	□	□	□	□
	大力投资于制造导向的工艺流程研发	□	□	□	□	□
	本公司已经引进许多新产品和服务	□	□	□	□	□
	倡导产业的突破性创新发展	□	□	□	□	□
投资	在新兴产业中投资	□	□	□	□	□
	在主营业务外投资	□	□	□	□	□
	在运营已有业务的同时进行新项目投资	□	□	□	□	□

(续表)

类别	内　容	完全不同意＜——＞完全同意				
		1	2	3	4	5
革新	已经放弃一些非盈利业务	□	□	□	□	□
	已经改变每个业务单元的竞争方式	□	□	□	□	□
	已经采用了许多措施来提高业务单元的生产力	□	□	□	□	□
	已经改变组织结构或管理流程来提高不同业务间的协调和交流	□	□	□	□	□

第三部分　测评企业的行业和制度环境

下列问项中,数字 1—5 分别表示:1＝完全不同意;2＝不同意;3＝无意见;4＝同意;5＝完全同意。

以下问题并无是非、对错之分,请根据企业的实际情况选择(注:问题均为单项选择题)。

——请根据贵公司所在行业的环境状况判断以下描述的符合程度:

类别	内　容	完全不同意＜——＞完全同意				
		1	2	3	4	5
竞争强度	在行业中有很多促销战/价格战	□	□	□	□	□
	在行业中产品的同质化程度很高	□	□	□	□	□
	在行业中的价格竞争很激烈	□	□	□	□	□
需求动荡	在业务领域中顾客的需求和偏好变化很大	□	□	□	□	□
	在业务领域中顾客总是在寻找新产品	□	□	□	□	□
	在业务领域中市场的变化很难预测	□	□	□	□	□
技术动荡	在行业中技术变化很快	□	□	□	□	□
	在行业中难以预测技术的发展方向	□	□	□	□	□
	在行业中许多技术的发展彻底改变了已有技术	□	□	□	□	□

——请根据贵公司情况评价下列描述：

类别	内容	完全不同意<——>完全同意				
		1	2	3	4	5
资源市场化	本公司可以在开放市场中购买所需的原料和部件	☐	☐	☐	☐	☐
	本公司购买设备和原料的价格由市场机制决定	☐	☐	☐	☐	☐
	本公司采购原料时可以在市场中自由选择供应商	☐	☐	☐	☐	☐
雇佣自由化	本公司可以在劳动力市场中自由地雇佣生产工人	☐	☐	☐	☐	☐
	本公司不需要借助行政部门的帮助就可以雇佣到技术人员和管理者	☐	☐	☐	☐	☐
	本公司中高层管理者的任命与政府和行政监管部门无关	☐	☐	☐	☐	☐
利润重要度	本公司的产品都是要获利的	☐	☐	☐	☐	☐
	利润是本公司最主要的目标	☐	☐	☐	☐	☐
	盈利率是本公司的主要绩效考核指标	☐	☐	☐	☐	☐
激励绩效化	员工如果提高了公司的运营绩效就可以得到升职	☐	☐	☐	☐	☐
	如果盈利水平高，高管可以得到更高的薪酬或收益	☐	☐	☐	☐	☐
	如果员工更努力地工作，他就可以得到更高的薪酬	☐	☐	☐	☐	☐
行政干预	当地政府官员在本公司的决策制定中有很重要的作用	☐	☐	☐	☐	☐
	省级或中央政府官员在本公司的决策制定中有重要的作用	☐	☐	☐	☐	☐
	行业管理机构和政府部门官员在本公司决策制定中有重要的作用	☐	☐	☐	☐	☐
制度支持	政府实施了有利于本公司运营的政策项目	☐	☐	☐	☐	☐
	政府为本公司提供了重要的技术信息或技术支持	☐	☐	☐	☐	☐
	政府为本公司提供了重要的市场信息	☐	☐	☐	☐	☐
	政府为本公司提供了重要的财政支持	☐	☐	☐	☐	☐

测评完毕！感谢您的支持与配合，顺祝商祺！

参考文献

[1] Acs Z J, Desai S, Hessels J. Entrepreneurship, economic development and institutions[J]. *Small Business Economics*, 2008, 31(3): 219—234.

[2] Aiken L S, West S G. Multiple regression: Testing and interpreting interactions[M]. Sage, 1991.

[3] Amit R, Zott C. Strategy in changing markets: New business models-creating value through business model innovation[J]. MIT *Sloan Management Review*, 2012, 53(3): 41—53.

[4] An W, Zhao X, Cao Z, et al. How bricolage drives corporate entrepreneurship: The roles of opportunity identification and learning orientation[J]. *Journal of Product Innovation Management*, 2018, 35(1): 49—65.

[5] Angulo-Guerrero M J, Perez-Moreno S, Abad-Guerrero I M. How economic freedom affects opportunity and necessity entrepreneurship in the OECD countries [J]. *Journal of Business Research*, 2017, 73(2): 30—37.

[6] Anokhin S, Wincent J. Start-up rates and innovation: A cross-country examination [J]. *Journal of International Business Studies*, 2012, 43(1): 41—60.

[7] Antoncic B, Hisrich R D. Intrapreneurship: Construct refinement and cross-cultural validation[J]. *Journal of Business Venturing*, 2001, 16(5): 495—527.

[8] Aparicio S, Urbano D, Audretsch D. Institutional factors, opportunity entrepreneurship and economic growth: Panel data evidence[J]. *Technological Forecasting and Social Change*, 2016, 102(1): 45—61.

[9] Ardagna S, Lusardi A. Where does regulation hurt? Evidence from new businesses across countries[R]. *National Bureau of Economic Research*, 2009.

[10] Autio E, Fu K. Economic and political institutions and entry into formal and informal entrepreneurship[J]. *Asia Pacific Journal of Management*, 2015, 32(1): 67—94.

[11] Avnimelech G, Zelekha Y, Sharabi E. The effect of corruption on entrepreneurship in developed vs non-developed countries[J]. *International Journal of Entrepreneurial*

Behavior & Research,2014,20(3):237—262.

[12] Bagozzi R P,Yi Y. On the evaluation of structural equation models[J]. *Journal of the Academy of Marketing Science*,1988,16(1):74—94.

[13] Baker T,Gedajlovic E,Lubatkin M. A framework for comparing entrepreneurship processes across nations[J]. *Journal of International Business Studies*,2005,36(5):492—504.

[14] Baker T,Nelson R E. Creating something from nothing:Resource construction through entrepreneurial bricolage[J]. *Administrative Science Quarterly*,2005,50(3):329—366.

[15] Barney J B. Strategic factor markets:Expectations,luck,and business strategy[J]. *Management Science*,1986,32(10):1231—1241.

[16] Barney J B,Busenitz L W,Fiet J O,et al. New venture teams' assessment of learning assistance from venture capital firms[J]. *Journal of Business Venturing*,1996,11(4):257—272.

[17] Barringer B R,Bluedorn A C. The relationship between corporate entrepreneurship and strategic management[J]. *Strategic Management Journal*,1999,20(5):421—444.

[18] Baron R A,Ward T B. Expanding entrepreneurial cognition's toolbox:Potential contributions from the field of cognitive science[J]. *Entrepreneurship Theory and Practice*,2004,28(6):553—573.

[19] Baumol W J,Strom R J. Entrepreneurship and economic growth[J]. *Strategic Entrepreneurship Journal*,2007,1(3):233—237.

[20] Baumol W J. Entrepreneurship:Productive,unproductive,and destructive[J]. *Journal of Business Venturing*,1996,11(1):3—22.

[21] Begley T M,Tan W L,Schoch H. Politico-economic factors associated with interest in starting a business:a multi-country study[J]. *Entrepreneurship Theory and Practice*,2005,29(1):35—55.

[22] Bengoa M,Sanchez-Robles B. Foreign direct investment,economic freedom and growth:New evidence from Latin America[J]. *European Journal of Political Economy*,2003,19(3):529—545.

[23] Berggren N. The benefits of economic freedom[J]. *Independent Review*,2003,8(2):193—211.

[24] Birkinshaw J. The determinants and consequences of subsidiary initiative in multinational corporations[J]. *Entrepreneurship Theory and Practice*,1999,24(1):9—36.

[25] Bjørnskov C,Foss N J. Economic freedom and entrepreneurial activity:Some cross-country evidence[J]. *Public Choice*,2008,134(3—4):307—328.

[26] Bjørnskov C, Foss N J. How institutions of liberty promote entrepreneurship and growth[J]. Economic Freedom of the World: 2012 Annual Report, 2012: 247—270.

[27] Boisot M, Liang X G. The nature of managerial work in the Chinese enterprise reforms. A study of six directors[J]. Organization Studies, 1992, 13(2): 161—184.

[28] Boudreaux C J, Nikolaev B N, Klein P. Socio-cognitive traits and entrepreneurship: The moderating role of economic institutions[J]. Journal of Business Venturing, 2019, 34(1): 178—196.

[29] Bowen H P, De Clercq D. Institutional context and the allocation of entrepreneurial effort[J]. Journal of International Business Studies, 2008, 39(4): 747—767.

[30] Brislin, R.W. Translation and content analysis of oral and written material. In H.C. Triandis and Berry, J.W.(eds). Handbook of Cross-Clutural Psychology. Boston: Allyn & Bacon, 1980, 1: 389—444.

[31] Bruce D, Schuetze H J. Tax policy and entrepreneurship[J]. Swedish Economic Policy Review, 2004, 2(11): 233—265.

[32] Burgelman R A. A process model of internal corporate venturing in the diversified major firm[J]. Administrative Science Quarterly, 1983: 223—244.

[33] Busenitz L W, Gomez C, Spencer J W. Country institutional profiles: Unlocking entrepreneurial phenomena[J]. Academy of Management Journal, 2000, 43(5): 994—1003.

[34] Busenitz L W, Lau C M. A cross-cultural cognitive model of new venture creation[J]. Entrepreneurship Theory and Practice, 1996, 20: 25—40.

[35] Camelo-Ordaz C, Fernández-Alles M, Ruiz-Navarro J, et al. The intrapreneur and innovation in creative firms[J]. International Small Business Journal, 2012, 30(5): 513—535.

[36] Cantillon R. Essay on the nature of trade in general[M]. London: Henry Higgs. (edition and translation 1959), 1755.

[37] Child J, Chung L, Davies H. The performance of cross-border units in China: A test of natural selection, strategic choice and contingency theories[J]. Journal of International Business Studies, 2003, 34(3): 242—254.

[38] Child J, Lu Y. Institutional constraints on economic reform: The case of investment decisions in China[J]. Organization Science, 1996, 7(1): 60—77.

[39] Child J, Möllering G. Contextual confidence and active trust development in the Chinese business environment[J]. Organization Science, 2003, 14(1): 69—80.

[40] Compbell N D, Rogers T M. Economic freedom and net business formation[J]. Cato Journal, 2007, 27(1): 23—36.

[41] Corbett A C, Hmieleski K M. The conflicting cognitions of corporate entrepreneurs [J]. Entrepreneurship Theory and Practice, 2007, 31(1): 103—121.

[42] Daft R L, Weick K E. Toward a model of organizations as interpretation systems[J]. *Academy of Management Review*, 1984, 9(2): 284—295.

[43] Danneels E. Organizational antecedents of second-order competences[J]. *Strategic Management Journal*, 2008, 29(5): 519—543.

[44] Dau, L. and Cuervo-Cazurra, A. 2014. To formalize or not to formalize: Entrepreneurship and pro-market institutions. *Journal of Business Venturing*, 29 (5): 668—686.

[45] Davies H, Walters P. Emergent patterns of strategy, environment and performance in a transition economy[J]. *Strategic Management Journal*, 2004, 25 (4): 347—364.

[46] DeSarbo W S, Anthony Di Benedetto C, Song M, et al. Revisiting the Miles and Snow strategic framework: Uncovering interrelationships between strategic types, capabilities, environmental uncertainty, and firm performance[J]. *Strategic Management Journal*, 2005, 26(1): 47—74.

[47] Dickson P H, Weaver K M. The role of the institutional environment in determining firm orientations towards entrepreneurial behavior [J]. *International Entrepreneurship and Management Journal*, 2008, 4(4): 467—483.

[48] Eckhardt J T, Shane S A. Opportunities and entrepreneurship[J]. *Journal of Management*, 2003, 29(3): 333—349.

[49] Eisenhardt K M, Martin J A. Dynamic capabilities: What are they?[J]. *Strategic Management Journal*, 2000, 21(10—11): 1105—1121.

[50] Fornell C, Larcker D F. Evaluating structural equation models with unobservable variables and measurement error[J]. *Journal of Marketing Research*, 1981, 18(1): 35—50.

[51] Fritsch M. Regional differences in new firm formation: Evidence from West Germany [J]. *Regional Studies*, 1992, 26(3): 233—241.

[52] Gapp R, Fisher R. Developing an intrapreneur-led three-phase model of innovation [J]. *International Journal of Entrepreneurial Behaviour & Research*, 2007, 13(6): 330—348.

[53] Gardner J C, McGowan Jr C B, Sissoko M. Entrepreneurship and economic freedom [J]. *International Journal of Entrepreneurship*, 2014, 18: 101—112.

[54] Gartner W B. A conceptual framework for describing the phenomenon of new venture creation[J]. *Academy of Management Review*, 1985, 10(4): 696—706.

[55] Gartner W B. What are we talking about when we talk about entrepreneurship?[J]. *Journal of Business Venturing*, 1990, 5(1): 15—28.

[56] Gentry W M, Hubbard R G. Tax policy and entrepreneurial entry[J]. *American Economic Review*, 2000: 283—287.

[57] Gnyawali D R, Fogel D S. Environments for entrepreneurship development: Key

dimensions and research implications[J]. *Entrepreneurship Theory and Practice*, 1994, 18: 43—45.

[58] Gohmann S F, Hobbs B K, McCrickard M. Economic freedom and service industry growth in the United States[J]. *Entrepreneurship Theory and Practice*, 2008, 32(5): 855—874.

[59] Green K M, Covin J G, Slevin D P. Exploring the relationship between strategic reactiveness and entrepreneurial orientation: The role of structure-style fit[J]. *Journal of Business Venturing*, 2008, 23(3): 356—383.

[60] Green, K. M., and George, B. Corporate entrepreneurship and value creation for stockholders. *Frontiers of Entrepreneurship Research*, 2011, 31(17), 4.

[61] Greve H R. A behavioral theory of firm growth: Sequential attention to size and performance goals[J]. *Academy of Management Journal*, 2008, 51(3): 476—494.

[62] Hair, J. F., Anderson, R. E., Tatham, R. L., Black, W. C. Multivariate Data Analysis. New Jersey: Prentice-Hall, 1998.

[63] Hall J C, Nikolaev B, Pulito J M, et al. The effect of personal and economic freedom on entrepreneurial activity: Evidence from a new state level freedom index[J]. *American Journal of Entrepreneurship*, 2013, 6(1): 1—26.

[64] Harrison R T, Mason C M, Girling P. Financial bootstrapping and venture development in the software industry[J]. *Entrepreneurship & Regional Development*, 2004, 16(4): 307—333.

[65] Harper, D. A. Foundations of entrepreneurship and economic development. 2003, New York, NY: Routledge

[66] Hayton J C. Competing in the new economy: The effect of intellectual capital on corporate entrepreneurship in high-technology new ventures[J]. *R&D Management*, 2005, 35(2): 137—155.

[67] Holtz-Eakin D. Public policy toward entrepreneurship[J]. *Small Business Economics*, 2000, 15(4): 283—291.

[68] Hornsby J S, Kuratko D F, Holt D T, et al. Assessing a measurement of organizational preparedness for corporate entrepreneurship[J]. *Journal of Product Innovation Management*, 2013, 30(5): 937—955.

[69] Hoskisson R E, Eden L, Lau C M, et al. Strategy in emerging economies[J]. *Academy of Management Journal*, 2000, 43(3): 249—267.

[70] Ireland R D, Covin J G, Kuratko D F. Conceptualizing corporate entrepreneurship strategy[J]. *Entrepreneurship Theory and Practice*, 2009, 33(1): 19—46.

[71] Jacobides M G, Knudsen T, Augier M. Benefiting from innovation: Value creation, value appropriation and the role of industry architectures[J]. *Research Policy*, 2006, 35(8): 1200—1221.

[72] Jaworski B J, Kohli A K. Market orientation: antecedents and consequences[J]. The Journal of Marketing, 1993: 53—70.

[73] Jones, K. Entrepreneurs in the global economy. In M. Minniti (Ed.), Entrepreneurship: The Engine Of Growth, vol. 1, Perspective Series (pp. 136—153). 2007, Westport, CT: Praeger Press-Greenwood Publishing Group.

[74] Katz J A. A psychosocial cognitive model of employment status choice[J]. Entrepreneurship Theory and Practice, 1992, 17: 29—37.

[75] Khanna, T., Palepu, K. Why focused strategies may be wrong for emerging markets. Harvard Business Review, 1997, 75(4), 41—48.

[76] Khoja F, Lutafali S. Micro-financing: An innovative application of social networking [J]. Ivey Business Journal, 2008, 72(1): 1—9.

[77] Kim L. Building technological capability for industrialization: Analytical frameworks and Korea's experience[J]. Industrial and Corporate Change, 1999, 8(1): 111—136.

[78] Kirzner I M. Entrepreneurial discovery and the competitive market process: An Austrian approach[J]. Journal of Economic Literature, 1997, 35(1): 60—85.

[79] Knight F. H. Risk, uncertainty and profit[M]. Houghton Mifflin, Boston, 1921.

[80] Kostova T. Country institutional profiles: Concept and measurement[C]. Academy of Management Proceedings. Academy of Management, 1997(1): 180—184.

[81] Kreft S F, Sobel R S. Public policy, entrepreneurship, and economic freedom[J]. Cato Journal, 2005, 25: 595.

[82] Kuckertz A, Berger E, Allmendinger M. What drives entrepreneurship? A configurational analysis of the determinants of entrepreneurship in innovation-driven economies[J]. Die Betriebswirtschaft, 2015, 75(4): 273—288.

[83] Kuckertz A, Berger E S C, Mpeqa A. The more the merrier? Economic freedom and entrepreneurial activity[J]. Journal of Business Research, 2016, 69(4): 1288—1293.

[84] Kuratko D F, Hornsby J S, Hayton J. Corporate entrepreneurship: The innovative challenge for a new global economic reality[J]. Small Business Economics, 2015, 45(2): 245—253.

[85] Lam K C, Shi G. Factors affecting ethical attitudes in mainland China and Hong Kong[J]. Journal of Business Ethics, 2008, 77(4): 463—479.

[86] Langley D J, Pals N, Ortt J R. Adoption of behaviour: Predicting success for major innovations[J]. European Journal of Innovation Management, 2005, 8(1): 56—78.

[87] Lee K, Lim C. Technological regimes, catching-up and leapfrogging: Findings from the Korean industries[J]. Research Policy, 2001, 30(3): 459—483.

[88] Li H, Atuahene-Gima K. Product innovation strategy and the performance of new technology ventures in China[J]. *Academy of Management Journal*, 2001, 44(6): 1123—1134.

[89] Li W. Entrepreneurship and government subsidies: A general equilibrium analysis [J]. *Journal of Economic Dynamics and Control*, 2002, 26(11): 1815—1844.

[90] Li X, Zhao X, Zhang J. Corporate entrepreneurship, informal ties, and firm performance: Evidence from China[J]. *Frontiers of Business Research in China*, 2013, 7(1): 26—58.

[91] Li Y, Guo H, Liu Y, et al. Incentive mechanisms, entrepreneurial orientation, and technology commercialization: Evidence from China's transitional economy [J]. *Journal of Product Innovation Management*, 2008, 25(1): 63—78.

[92] Li Y, Peng M W. Developing theory from strategic management research in China [J]. *Asia Pacific Journal of Management*, 2008, 25(3): 563—572.

[93] Lim D S K, Morse E A, Mitchell R K, et al. Institutional environment and entrepreneurial cognitions: A comparative business systems perspective [J]. *Entrepreneurship Theory and Practice*, 2010, 34(3): 491—516.

[94] Liu H, Jiang X, Zhang J, Zhao X. Strategic flexibility and international venturing by emerging market firms: The moderating effects of institutional and relational factors [J]. *Journal of International Marketing*, 2013, 21(2): 79—98.

[95] Lu J W, Beamish P W. The internationalization and performance of SMEs[J]. *Strategic Management Journal*, 2001, 22(6—7): 565—586.

[96] Lumpkin G T, Dess G G. Clarifying the entrepreneurial orientation construct and linking it to performance[J]. *Academy of management Review*, 1996, 21(1): 135—172.

[97] Luo X, Zhou L, Liu S S. Entrepreneurial firms in the context of China's transition economy: An integrative framework and empirical examination[J]. *Journal of Business Research*, 2005, 58(3): 277—284.

[98] Lyon D W, Lumpkin G T, Dess G G. Enhancing entrepreneurial orientation research: Operationalizing and measuring a key strategic decision making process[J]. *Journal of Management*, 2000, 26(5): 1055—1085.

[99] Mahmood I P, Rufin C. Government's dilemma: The role of government in imitation and innovation[J]. *Academy of Management Review*, 2005, 30(2): 338—360.

[100] Manolova T S, Eunni R V, Gyoshev B S. Institutional environments for entrepreneurship: Evidence from emerging economies in Eastern Europe[J]. *Entrepreneurship Theory and Practice*, 2008, 32(1): 203—218.

[101] March J G. Exploration and exploitation in organizational learning[J]. *Organization Science*, 1991, 2(1): 71—87.

[102] Marshall A. Some features of American industry[J]. The early economic writings of Alfred Marshall, 1867, 1890: 355—377.

[103] Mathews J A. Catch-up strategies and the latecomer effect in industrial development [J]. *New Political Economy*, 2006, 11(3): 313—335.

[104] McMullen J S, Bagby D, Palich L E. Economic freedom and the motivation to engage in entrepreneurial action[J]. *Entrepreneurship Theory and Practice*, 2008, 32(5): 875—895.

[105] Miller D. The correlates of entrepreneurship in three types of firms[J]. *Management Science*, 1983, 29(7): 770—791.

[106] Miller D, Friesen P H. Innovation in conservative and entrepreneurial firms: Two models of strategic momentum[J]. *Strategic Management Journal*, 1982, 3(1): 1—25.

[107] Minniti M. The role of government policy on entrepreneurial activity: Productive, unproductive, or destructive? [J]. *Entrepreneurship Theory and Practice*, 2008, 32(5): 779—790.

[108] Mitchell R K, Smith B, Seawright K W, et al. Cross-cultural cognitions and the venture creation decision[J]. *Academy of Management Journal*, 2000, 43(5): 974—993.

[109] Morris M H, Avila R A, Alien J. Individualism and the modern corporation: Implications for innovation and entrepreneurship[J]. *Journal of Management*, 1993, 19(3): 595—612.

[110] Morris M H, Sexton D L. The concept of entrepreneurial intensity: Implications for company performance[J]. *Journal of Business Research*, 1996, 36(1): 5—13.

[111] Murphy K M, Shleifer A, Vishny R W. The allocation of talent: Implications for growth[J]. *The Quarterly Journal of Economics*, 1991, 106(2): 503—530.

[112] Nee V, Cao Y. Market transition and the firm: Institutional change and income inequality in urban China[J]. *Management and Organization Review*, 2005, 1(1): 23—56.

[113] Nee V. A theory of market transition: From redistribution to markets in state socialism[J]. *American Sociological Review*, 1989: 663—681.

[114] Nee V. Organizational dynamics of market transition: Hybrid forms, property rights, and mixed economy in China[J]. *Administrative Science Quarterly*, 1992, 37(1): 1—27.

[115] Nee V, Kang J, Opper S. A theory of innovation: Market transition, property rights, and innovative activity[J]. *Journal of Institutional and Theoretical Economics*, 2010, 166(3): 397—425.

[116] Nunnally J C, Bernstein I H. Psychological theory[M]. 1994.

[117] Nyström K. The institutions of economic freedom and entrepreneurship: Evidence from panel data[J]. *Public Choice*, 2008, 136(3—4): 269—282.

[118] Ozgen E, Baron R A. Social sources of information in opportunity recognition: Effects of mentors, industry networks, and professional forums[J]. *Journal of Business Venturing*, 2007, 22(2): 174—192.

[119] Peng M W, Luo Y. Managerial ties and firm performance in a transition economy: The nature of a micro-macro link[J]. *Academy of Management Journal*, 2000, 43(3): 486—501.

[120] Peng M W. Outside directors and firm performance during institutional transitions [J]. *Strategic Management Journal*, 2004, 25(5): 453—471.

[121] Pfeffer J S, Salancik G R. The external control of organizations: A resource dependence perspective[M]. New York, 1978.

[122] Podsakoff P M, Organ D W. Self-reports in organizational research: Problems and prospects[J]. *Journal of Management*, 1986, 12(4): 531—544.

[123] Polanyi K. Aristotle discovers the economy[J]. *Trade and market in the early empires*, 1957: 64—94. Press, Oxford (1911) (Reprinted, 1969).

[124] Powell B, Rodet C S. Praise and profits: Cultural and institutional determinants of entrepreneurship[J]. *Journal of Private Enterprise*, 2012, 27(2): 19—42.

[125] Puia G M, Minnis W. The effects of policy frameworks and culture on the regulation of entrepreneurial entry[J]. *Journal of Applied Management and Entrepreneurship*, 2007, 12(4): 36—50.

[126] Ralston D A, Pounder J, Lo C W H, et al. Stability and change in managerial work values: A longitudinal study of China, Hong Kong, and the US[J]. *Management and Organization Review*, 2006, 2(1): 67—94.

[127] Reuber A R, Fischer E. The influence of the management team's international experience on the internationalization behaviors of SMEs [J]. *Journal of International Business Studies*, 1997: 807—825.

[128] Reynolds P, Storey D J, Westhead P. Cross-national comparisons of the variation in new firm formation rates[J]. *Regional Studies*, 1994, 28(4): 443—456.

[129] Russell R D, Russell C J. An examination of the effects of organizational norms, organizational structure, and environmental uncertainty on entrepreneurial strategy [J]. *Journal of Management*, 1992, 18(4): 639—656.

[130] Salancik G R, Pfeffer J. A social information processing approach to job attitudes and task design[J]. *Administrative Science Quarterly*, 1978, 23(2): 224—253.

[131] Sarasvathy D K, Simon H A, Lave L. Perceiving and managing business risks: Differences between entrepreneurs and bankers[J]. *Journal of Economic Behavior & Organization*, 1998, 33(2): 207—225.

[132] Sarasvathy S D. Causation and effectuation: Toward a theoretical shift from economic inevitability to entrepreneurial contingency[J]. *Academy of Management Review*, 2001, 26(2): 243—263.

[133] Say J B. A Treatise on political economy, edited by CC Biddle, New York: Augustus M[J]. 1971.(First edition 1803)

[134] Schumpeter J A. The theory of economic development: An inquiry into profits, capital, credit, interest, and the business cycle[M]. Transaction Publishers, 1934.

[135] Scott W R. Organizations[M]. Englewood Cliffs, NJ: Prentice-Hall, 1992.

[136] Shane S, Venkataraman S. The promise of entrepreneurship as a field of research[J]. *Academy of Management Review*, 2000, 25(1): 217—226.

[137] Shane S. Prior knowledge and the discovery of entrepreneurial opportunities[J]. *Organization Science*, 2000, 11(4): 448—469.

[138] Sharma P, Chrisman S. Toward a reconciliation of the definitional issues in the field of corporate entrepreneurship[J]. *Entrepreneurship Theory and Practice*, 1999, 23(3): 11—27.

[139] Sheng S, Zhou K Z, Li J J. The effects of business and political ties on firm performance: Evidence from China[J]. *Journal of Marketing*, 2011, 75(1): 1—15.

[140] Shleifer A, Vishny R W. Politicians and firms[J]. *The Quarterly Journal of Economics*, 1994, 109(4): 995—1025.

[141] Shu X, Bian Y. Market transition and gender gap in earnings in urban China[J]. *Social Forces*, 2003, 81(4): 1107—1145.

[142] Simon-Moya V, Revuelto-Taboada L, Guerrero R F. Institutional and economic drivers of entrepreneurship: An international perspective[J]. *Journal of Business Research*, 2014, 67(5): 715—721.

[143] Simsek Z, Lubatkin M H, Veiga J F, et al. The role of an entrepreneurially alert information system in promoting corporate entrepreneurship[J]. *Journal of Business Research*, 2009, 62(8): 810—817.

[144] Simsek, Z., Veiga, J. F., Lubatkin, M. H. The impact of managerial environmental perceptions on corporate entrepreneurship: Towards understanding discretionary slack's pivotal role. *Journal of Management Studies*, 2007, 44(8), 1398—1424.

[145] Spencer J W, Gómez C. The relationship among national institutional structures, economic factors, and domestic entrepreneurial activity: A multicountry study[J]. *Journal of Business Research*, 2004, 57(10): 1098—1107.

[146] Stevenson H H, Jarillo J C. A paradigm of entrepreneurship: Entrepreneurial management[J]. *Strategic Management Journal*, 1990, 11(5): 17—27.

[147] Sobel, R. Testing Baumol: Institutional quality and the productivity of entrepreneurship [J]. *Journal of Business Venturing*, 2008, 23(6), 641—655.

[148] Sobel R S, Clark J R, Lee D R. Freedom, barriers to entry, entrepreneurship, and economic progress[J]. *The Review of Austrian Economics*, 2007, 20(4): 221—236.

[149] Sun P, Mellahi K, Thun E. The dynamic value of MNE political embeddedness: The case of the Chinese automobile industry[J]. *Journal of International Business Studies*, 2010, 41(7): 1161—1182.

[150] Szelenyi I, Kostello E. The market transition debate: Toward a synthesis? [J]. *American Journal of Sociology*, 1996: 1082—1096.

[151] Takii K. Fiscal policy and entrepreneurship[J]. *Journal of Economic Behavior & Organization*, 2008, 65(3): 592—608.

[152] Tan J, Peng M W. Organizational slack and firm performance during economic transitions: Two studies from an emerging economy[J]. *Strategic Management Journal*, 2003, 24(13): 1249—1263.

[153] Tan, J, Tan, D. Environment-strategy co-evolution and co-alignment: A staged model of Chinese SOEs under transition. *Strategic Management Journal*, 2005, 26(2): 141—157.

[154] Tellis G J, Prabhu J C, Chandy R K. Radical innovation across nations: The preeminence of corporate culture[J]. *Journal of Marketing*, 2009, 73(1): 3—23.

[155] Teng B S. Corporate entrepreneurship activities through strategic alliances: A resource-based approach toward competitive advantage[J]. *Journal of Management Studies*, 2007, 44(1): 119—142.

[156] Terjesen S, Hessels J, Li D. Comparative international entrepreneurship: A review and research agenda[J]. *Journal of Management*, 2013: 26(1): 1—46.

[157] Troilo M. Legal institutions and high-growth aspiration entrepreneurship [J]. *Economic Systems*, 2011, 35(2): 158—175.

[158] Tsui A S. Contextualization in Chinese management research[J]. *Management and Organization Review*, 2006, 2(1): 1—13.

[159] Wagner J, Sternberg R. Start-up activities, individual characteristics, and the regional milieu: Lessons for entrepreneurship support policies from German micro data[J]. *The Annals of Regional Science*, 2004, 38(2): 219—240.

[160] Wolcott R C, Lippitz M J. The four models of corporate entrepreneurship[J]. *MIT Sloan Management Review*, 2007, 49(1): 75—82.

[161] Wolff J A, Pett T L. Small-firm performance: Modeling the role of product and process improvements[J]. *Journal of Small Business Management*, 2006, 44(2): 268—284.

[162] Yi J, Hong J, Chung Hsu W, et al. The role of state ownership and institutions in the innovation performance of emerging market enterprises: Evidence from China[J]. *Technovation*, 2017, 62(2): 4—13.

[163] Yiu D W, Lau C M. Corporate entrepreneurship as resource capital configuration in emerging market firms[J]. *Entrepreneurship Theory and Practice*, 2008, 32(1): 37—57.

[164] Young M N, Peng M W, Ahlstrom D, et al. Corporate governance in emerging economies: A review of the principal-principal perspective[J]. *Journal of Management Studies*, 2008, 45(1): 196—220.

[165] Zahra S A. Predictors and financial outcomes of corporate entrepreneurship: An exploratory study[J]. *Journal of Business Venturing*, 1991, 6(4): 259—285.

[166] Zahra S A. New product innovation in established companies: Associations with industry and strategy variables[J]. *Entrepreneurship Theory and Practice*, 1993, 18(2): 47—69.

[167] Zahra S A. Governance, ownership, and corporate entrepreneurship: The moderating impact of industry technological opportunities[J]. *Academy of Management Journal*, 1996, 39(6): 1713—1735.

[168] Zahra S A, Covin J G. Contextual influences on the corporate entrepreneurship-performance relationship: A longitudinal analysis[J]. *Journal of Business Venturing*, 1995, 10(1): 43—58.

[169] Zahra S A, George G, Dharwadkar R. Entrepreneurship in the multinational corporation: the effects of corporate and local contexts[C]. *Academy of Management Proceedings. Academy of Management*, 2001, 2001(1): G1—G6.

[170] Zahra S A, Neubaum D O, Huse M. Entrepreneurship in medium-size companies: Exploring the effects of ownership and governance systems[J]. *Journal of Management*, 2000, 26(5): 947—976.

[171] Zhang Z, Wan D, Jia M. Do high-performance human resource practices help corporate entrepreneurship? The mediating role of organizational citizenship behavior[J]. *The Journal of High Technology Management Research*, 2008, 19(2): 128—138.

[172] Zhou K Z, Yim C K, Tse D K. The effects of strategic orientations on technology- and market-based breakthrough innovations[J]. *Journal of Marketing*, 2005, 69(2): 42—60.

[173] 包健,蒋巡南.高新技术企业税收优惠效应分析[J].科学管理研究,2017,35(6):82—84+101.

[174] 蔡莉,崔启国,史琳.创业环境研究框架[J].吉林大学社会科学学报,2007,47(1):50—56.

[175] 曹会勤,储小平.非生产性努力、政府规制与私营经济发展[J].南方经济,2010(6):27—38+74.

[176] 陈凌,吴炳德.市场化水平、教育程度和家族企业研发投资[J].科研管理,2014,

35(7)：44—50.

[177] 陈景信,代明.市场化环境与创业绩效——基于HLM模型和区域分层的视角[J].山西财经大学学报,2018,40(11)：81—94.

[178] 陈梦媛,唐贵瑶.面向高管的战略人力资源管理与公司创业关系研究[J].山东大学学报(哲学社会科学版),2016(5)：85—93.

[179] 陈琴.CEO政治关联与持股对公司创业导向的影响——基于我国创业板上市公司的实证研究[J].经营与管理,2016(11)：142—145.

[180] 陈伟,林川,彭程.地区市场化进程、"一带一路"与国际多元化[J].云南财经大学学报,2017,33(4)：45—54.

[181] 陈晓萍,徐淑英,樊景立.组织与管理研究的实证方法[M].北京：北京大学出版社,2008.

[182] 陈秀梅,周国强.中国资本市场化程度的测定(1990—2010)[J].求索,2014(1)：72—74.

[183] 陈修德,秦全德,吴小节,等.市场化改革与企业研发效率动态演进——来自中国高新技术产业层面的经验证据[J].科学学研究,2014,32(10)：1488—1497.

[184] 陈旭东,杨兴全,曾春华.市场化进程、管理者权力与公司并购绩效[J].中国注册会计师,2014(4)：49—58.

[185] 陈艳利,高莹,徐亚楠.股权结构、市场化程度与国有企业并购绩效——来自我国国有制造业上市公司的经验证据[J].财务研究,2019(1)：54—62.

[186] 陈勇,付丽琴.新时期我国市场化程度测算探析[J].上海商学院学报,2016,17(1)：53—57+69.

[187] 陈宗胜,陈胜.中国农业市场化进程测度[J].河北学刊,1999(2)：3—8.

[188] 陈宗胜,吴浙,谢思全等.中国经济体制市场化进程研究[M].上海：上海人民出版社,1999.

[189] 戴浩,柳剑平.政府补助、技术创新投入与科技型中小企业成长[J].湖北大学学报(哲学社会科学版),2018,45(6)：138—145.

[190] 戴魁早,刘友金.市场化进程对创新效率的影响及行业差异：基于中国高技术产业的实证检验[J].财经研究,2013,39(5)：4—16.

[191] 戴倩颖,左晶晶.CEO与实际控制人的关联关系和企业创新投资的关系研究：以市场化程度为调节变量[J].经济研究导刊,2019(36)：77—79+93.

[192] 戴维奇,魏江,林巧.公司创业活动影响因素研究前沿探析与未来热点展望[J].外国经济与管理,2009(6)：10—17.

[193] 戴永务,余建辉,刘燕娜.市场化进程对木材加工企业技术创新投入影响的实证分析[J].农业技术经济,2014(7)：121—128.

[194] 戴跃强,达庆利.企业技术创新投资与其资本结构、规模之间关系的实证研究[J].科研管理,2007(3)：38—42.

[195] 邓建平,饶妙,曾勇.市场化环境、企业家政治特征与企业政治关联[J].管理学报,

2012,9(6): 936—942.

[196] 邓伟,余建国.为什么国有企业越来越垄断?[J].南方经济,2008(2): 19—29.

[197] 丁富国.我国经理人市场的九大问题[J].企业活力,2003(1): 50—51.

[198] 董保宝.公司创业模型回顾与比较[J].外国经济与管理,2012,34(2): 1—9+26.

[199] 董庆多,张晓妮,曹慧敏.多元化对企业价值的影响——市场化程度与企业规模的调节作用[J].商业会计,2019(20): 28—32.

[200] 董晓宇,郝灵艳.中国市场化进程的定量研究:改革开放 30 年市场化指数的测度[J].当代经济管理,2010,32(6): 8—13.

[201] 杜勇,鄢波,陈建英.研发投入对高新技术企业经营绩效的影响研究[J].科技进步与对策,2014,31(2): 87—92.

[202] 费舒霞."民工荒"视角下的企业人力资源管理文献综述[J].经济研究导刊,2012(16): 105—106.

[203] 冯天丽,井润田.制度环境与私营企业家政治联系意愿的实证研究[J].管理世界,2009(8): 81—91+123.

[204] 冯宗宪,王青,侯晓辉.政府投入、市场化程度与中国工业企业的技术创新效率[J].数量经济技术经济研究,2011,28(4): 3—17+33.

[205] 高菲,黄祎.供应链网络对公司创业的影响研究——组织学习的中介作用[J].东北大学学报(社会科学版),2018,20(3): 255—261.

[206] 高明华.中国企业市场化进程研究[J].管理世界,2003(8): 81—91.

[207] 高明华,柯希嘉,曾广录.中国企业市场化进程指数研究(2004—2006)[J].中国社会科学院研究生院学报,2009(2): 52—59.

[208] 高同彪.基于市场化程度视角的中国民营企业创业的区域性差异研究[J].社会科学战线,2014(4): 246—248.

[209] 高山行,蔡新蕾,江旭.正式与非正式制度支持对原始性创新的影响:不同所有制类型企业比较研究[J].科学学与科学技术管理,2013,34(2): 42—52.

[210] 高翔,黄建忠.对外开放程度、市场化进程与中国省级政府效率——基于 Malmquist - Luenberger 指数的实证研究[J].国际经贸探索,2017,33(10): 19—35.

[211] 顾海兵.对当前中国经济市场化程度的判断[J].经济与管理,2001(1): 6—7.

[212] 顾乃康,孙进军.区域市场化进程的差异对我国上市公司现金持有量的影响研究[J].管理评论,2009,21(7): 10—17.

[213] 古志辉,李竑.行政联系、政府干预与企业决策:一个概念模型[J].中国管理科学,2012,20(S1): 257—262.

[214] 关健,李伟斌.所有制、市场化程度与企业多元化[J].中央财经大学学报,2011(8): 70—74.

[215] 国家计委市场与价格研究所课题组.我国经济市场化程度的判断[J].宏观经济管理,1996(2): 20—23.

[216] 郭蓉,文巧甜.业绩反馈与公司创业投资行为关系——来自中国上市公司的数据检验

[J].系统管理学报,2019,28(6):1041—1056.

[217] 韩雪亮,王霄.自下而上推动企业组织创新的过程机制探析[J].外国经济与管理,2015,37(9):3—16.

[218] 郝颖,刘星.市场化进程与上市公司R&D投资:基于产权特征视角[J].科研管理,2010(4):81—90.

[219] 何轩,陈文婷,李新春.赋予股权还是泛家族化——家族企业职业经理人治理的实证研究[J].中国工业经济,2008(5):109—119.

[220] 何一鸣,高少慧.市场化改革对企业技术创新的影响:来自广州的证据[J].城市观察,2013(4):178—186.

[221] 胡品平,周林,周怀峰.市场化差异对城乡创业的影响分析[J].科技与经济,2018,31(4):6—10.

[222] 胡秀群.地区市场化进程下的高管与员工薪酬差距激励效应研究[J].管理学报,2016,13(7):980—988.

[223] 胡应得,马驰,梅成效.浅析"民工荒"对浙江中小企业的影响[J].商场现代化,2006(9):175—176.

[224] 黄娟,向小玲.市场化进程、管理层权力与高管薪酬——基于国有上市公司与民营上市公司的对比分析[J].投资研究,2016,35(9):93—113.

[225] 黄益平.要素市场需引入自由市场机制[N].财经报道,2009-07-26.

[226] 纪晓丽.市场化进程、法制环境与技术创新[J].科研管理,2011,32(5):8—16.

[227] 蒋春燕,赵曙明.组织学习、社会资本与公司创业——江苏与广东新兴企业的实证研究[J].管理科学学报,2008,11(06):61—76.

[228] 蒋学军.互联网行业的创业机会识别与开发研究[D].武汉:华中科技大学,2011年硕士学位论文.

[229] 江若尘,莫材友,徐庆.政治关联维度、地区市场化程度与并购——来自上市民营企业的经验数据[J].财经研究,2013,39(12):126—139.

[230] 江诗松,何文龙,路江涌.创新作为一种政治战略:转型经济情境中的企业象征性创新[J].南开管理评论,2019,22(2):104—113.

[231] 江晓薇,宋红旭.中国市场经济度的探索[J].管理世界,1995(6):33—37.

[232] 焦康乐,李艳双,胡望斌.家族企业传承模式选择动因研究——基于社会情感财富视角[J].经济管理,2019,41(1):71—88.

[233] 金瑜.心理测量[M].上海:华东师范大学出版社,2001.

[234] 柯忠义,韩兆洲.地区经济发展、市场化程度与科技投入的量化对比分析[J].科技管理研究,2007(4):68—70.

[235] 李海舰,郭树民.企业市场化研究:基于案例的视角[J].中国工业经济,2008(8):120—131.

[236] 李后建.市场化、腐败与企业家精神[J].经济科学,2013(1):99—111.

[237] 李华晶,邢晓东.高管团队与公司创业战略:基于高阶理论和代理理论融合的实证研

究[J].科学学与科学技术管理,2007(9):139—144.

[238] 李晶.市场化程度、无形资产投资和公司价值[J].山西财经大学学报,2008,30(12):65—72.

[239] 李婧,贺小刚.股权集中度与创新绩效:国有企业与家族企业的比较研究[J].商业经济与管理,2012(10):40—51.

[240] 李婧,贺小刚,连燕玲,等.业绩驱动、市场化进程与家族企业创新精神[J].管理评论,2016,28(1):96—108.

[241] 李莉,顾春霞,于嘉懿.高管政治晋升对国有企业创新投资的影响研究——基于监管独立性和市场化进程的双重探讨[J].科学学研究,2018,36(2):342—351+360.

[242] 李玲,陶厚永.制度环境、股权制衡对企业创新绩效的影响机理——基于有调节的中介效应[J].技术经济,2012,31(7):20—27+54.

[243] 李文贵,余明桂.所有权性质、市场化进程与企业风险承担[J].中国工业经济,2012(12):115—127.

[244] 李晓西等.中国市场经济发展报告[M].北京:中国对外经济贸易出版社.2008.

[245] 李亚伯.我国劳动力市场化进程与测算[J].当代财经,2003(3):15—19.

[246] 李中义.国有经济的功能定位与战略调整——兼评"国进民退"[J].财经问题研究,2014(2):17—22.

[247] 梁强,李新春,郭超.非正式制度保护与企业创新投入——基于中国民营上市企业的经验研究[J].南开经济研究,2011(3):97—110.

[248] 廖开容,陈爽英.制度环境对民营企业研发投入影响的实证研究[J].科学学研究,2011,29(9):1342—1348.

[249] 林慧婷,何玉润,王茂林.市场化改革速度与企业R&D投入——基于中国A股非金融类上市公司的实证分析[J].会计研究,2018(8):28—34.

[250] 林贤明,邵科妮.社会主义市场经济下拜金主义的本质及应对路径[J].莆田学院学报,2019,26(4):23—28.

[251] 林毅夫,谭国富.自生能力、政策性负担、责任归属和预算软约束[J].经济社会体制比较,2000(4):54—58.

[252] 林鹰漳.农村市场化进程测度与实证分析[J].调研世界,2002(6):26—29.

[253] 林永生,郭治鑫,吴其倡.中国市场化改革绩效评估[J].北京师范大学学报(社会科学版),2019(1):147—157.

[254] 刘凤委,张人骥,崔磊磊.地区市场化进程、市场分割与公司关联交易行为[J].财经研究,2007,33(6):43—54.

[255] 刘良灿,宁鑫.CEO过度自信影响企业创业导向吗?——基于中国创业板上市公司的实证研究[J].山东财经大学学报,2018,30(6):41—54.

[256] 逯东,林高,杨丹.政府补助、研发支出与市场价值——来自创业板高新技术企业的经验证据[J].投资研究,2012,31(9):67—81.

[257] 逯东,朱丽.市场化程度、战略性新兴产业政策与企业创新[J].产业经济研究,2018

(2)：65—77.

[258] 卢现祥,朱巧玲.转型期我国市场化进程的多视角分析[J].财贸经济,2006(10)：69—76+97.

[259] 卢中原,胡鞍钢.市场化改革对我国经济运行的影响[J].经济研究,1993(12)：49—55.

[260] 毛慧慧,徐虹,林钟高.市场化进程、客户谈判能力与企业纵向并购[J].会计之友,2016(1)：20—26.

[261] 孟文强,宋晓妮.我国省域市场化指数创新测度及发展进程研究[J].商业经济研究,2019(11)：179—181.

[262] 任荣伟.大公司内部创业过程中的行动要素辨析[J].当代财经,2003(12)：70—72.

[263] 潘金刚,杜鹏程.提高中小企业自主创新能力的障碍分析与对策[J].科技与经济,2006,19(1)：18—21.

[264] 潘镇,戴星星,李健.政治基因、市场化进程与企业创新的可持续性[J].广东财经大学学报,2017,32(4)：24—31+57.

[265] 钱颖一.现代经济学与中国经济改革[M].北京：中国人民大学出版社,2003.

[266] 钱忠好,牟燕.中国土地市场化水平：测度及分析[J].管理世界,2012(7)：67—75+95.

[267] 宋典,袁勇志,彭纪生.战略人力资源管理、公司创业与企业绩效关系的实证研究[J].科学学与科学技术管理,2009,30(12)：134—139.

[268] 孙晓华,李明珊.我国市场化进程的地区差异：2001～2011年[J].改革,2014(6)：59—66.

[269] 孙铮,刘凤委,李增泉.市场化程度、政府干预与企业债务期限结构——来自我国上市公司的经验证据[J].经济研究,2005,40(5)：52—63.

[270] 陶雄华.中国银行部门市场化进程的测度与特征[J].财贸经济,2010(12)：30—35+55.

[271] 陶雄华,陈明珏.中国利率市场化的进程测度与改革指向[J].中南财经政法大学学报,2013(3)：74—79+160.

[272] 万丽梅.市场化进程对企业多元化经营及绩效的影响[D].重庆：重庆工商大学,2010年硕士学位论文.

[273] 王保林,张铭慎.地区市场化、产学研合作与企业创新绩效[J].科学学研究,2015,33(5)：748—757.

[274] 王重鸣,刘学方.高管团队内聚力对家族企业继承绩效影响实证研究[J].管理世界,2007(10)：84—98.

[275] 王凤霞,夏爽,陈亚娟.中基层员工主导型公司创业过程研究——基于腾讯公司的探索性案例设计[J].科技进步与对策,2018,35(12)：107—116.

[276] 王黎萤,胡黎玮.东亚后发国家创新能力比较及对中国的启示[J].科技管理研究,2009(7)：73—75.

[277] 王素霞,安林丽,张蕾.市场化进程、企业特征与高管薪酬—规模敏感性[J].会计之友,2020(3):41—48.

[278] 王宛秋,聂雨薇.纵向一体化、市场化程度差异与并购绩效[J].国际商务(对外经济贸易大学学报),2016(3):150—160.

[279] 汪炜,陆珅.终极控制人、市场化程度与企业并购[J].现代财经(天津财经大学学报),2015,35(8):90—100.

[280] 王小鲁,樊纲,胡李鹏.中国分省份市场化指数报告(2018)[M].北京:社会科学文献出版社,2019.

[281] 王修华,陈文彬.利率市场化、多元化经营与商业银行绩效[J].金融理论与实践,2018(5):5—13.

[282] 王勇,刘志远,郑海东.政府干预与地方国有企业市场竞争力:基于现金持有竞争效应视角[J].经济与管理研究,2013(8):28—38.

[283] 魏江,戴维奇,林巧.公司创业研究领域两个关键构念——创业导向与公司创业的比较[J].外国经济与管理,2009,31(1):24—31.

[284] 吴锐,李光义.考虑制度环境的上市公司投资行为研究[J].技术经济,2009,28(11):77—80.

[285] 武鹏,余泳泽,季凯文.市场化、政府介入与中国高技术产业R&D全要素生产率增长[J].产业经济研究,2010(3):62—69.

[286] 习近平.论中国农村市场化进程测度[J].经济学动态,2001(11):11—17.

[287] 夏立军,陈信元.市场化进程、国企改革策略与公司治理结构的内生决定[J].经济研究,2007(7):82—95+136.

[288] 谢洪明,施晓俊.中国企业国际多元化与创新绩效——区域市场化与高管海外背景的调节效应[J].科技与经济,2019,32(3):26—30.

[289] 谢获宝,惠丽丽.市场化进程、企业绩效与高管过度隐性私有收益[J].南方经济,2015(3):52—76.

[290] 辛清泉,谭伟强.市场化改革、企业业绩与国有企业经理薪酬[J].经济研究,2009,44(11):68—81.

[291] 肖凡,任建造,伍敏冬,等.21世纪以来中国高新技术企业的时空分布和影响机制[J].经济地理,2018,38(2):27—35.

[292] 徐长玉.中国劳动力市场化程度评估[J].江汉论坛,2008(5):35—41.

[293] 徐广平,张金山,杜运周.环境与组织因素组态效应对公司创业的影响——一项模糊集的定性比较分析[J].外国经济与管理,2020,42(1):3—16.

[294] 徐绍峰.选择去民企的职业经理人不足三成[N].金融时报,2013-01-05(4).

[295] 薛红志,张玉利.公司创业研究评述——国外创业研究新进展[J].外国经济与管理,2003(11):7—11.

[296] 阎大颖.市场化的创新测度方法——兼对2000—2005年中国市场化区域发展特征探析[J].财经研究,2007,33(8):41—50.

[297] 严太华,王欣.地区间市场化进程与上市公司价值的差异[J].改革,2008(2):124—129.

[298] 杨俊,韩炜,张玉利.工作经验隶属性、市场化程度与创业行为速度[J].管理科学学报,2014,17(8):10—22.

[299] 杨兴全,曾春华.市场化进程、多元化经营与公司现金持有[J].管理科学,2012,25(6):43—54.

[300] 杨兴全,张丽平,吴昊旻.市场化进程、管理层权力与公司现金持有[J].南开管理评论,2014,17(2):34—45.

[301] 杨扬,鞠晓峰.终极控制人特征和创业导向关系的实证研究——市场化进程的调节作用[J].技术经济,2019,38(2):81—90.

[302] 杨有红,何玉润,王茂林.市场化程度、法律环境与企业内部控制自我评估报告的披露——基于沪市A股上市公司的数据分析[J].上海立信会计学院学报,2011,25(1):9—16.

[303] 杨正东,甘德安.中国国有企业与民营企业的数量演进:基于种群生态学的仿真实验[J].经济评论,2011(4):96—103.

[304] 于海云.内外资企业间员工流动与内资企业的知识整合机制研究——基于外资企业衍生内资企业的视角[J].科学学与科学技术管理,2012,33(7):160—170.

[305] 于林,赵士军,李真.高科技外资企业知识型员工股权激励研究——以ATC(中国)公司为例[J].中国人力资源开发,2010(12):63—66.

[306] 余明桂,潘红波.政府干预、法治、金融发展与国有企业银行贷款[J].金融研究,2008(9):1—22.

[307] 余恕莲,王藤燕.市场化进程、去家族化与研发投入——基于中国高新行业上市家族企业的实证研究[J].技术经济,2016,35(9):27—34.

[308] 原小能.制造业创新与服务业创新:比较与融合[J].财贸研究,2009,20(3):14—19+29.

[309] 查华超,裴平.中国金融市场化水平及测度[J].经济与管理研究,2016,37(10):22—30.

[310] 张丽平,付玉梅.市场化进程、公司治理与现金股利政策[J].投资研究,2017,36(9):140—160.

[311] 张灿,谢思全,董利.中国劳动力市场化进程测度[J].经济改革与发展,1998(5):13—16.

[312] 张建琦.经理人"背叛"的机理与雇主的对策取向[J].管理世界,2002(5):104—108.

[313] 张建琦,刘衡,赵兴庐,等.为天下之先:粤商家族企业创新三十年[M].北京:社会科学文献出版社,2012.

[314] 张建琦,吴亮,赵兴庐.企业拼凑模式选择对创新结果的影响——基于领域双元的研究视角[J].科技进步与对策,2015,32(11):61—66.

[315] 张建琦,赵兴庐,安雯雯.政治关系、制度环境与创业机会识别[J].西北大学学报(哲

学社会科学版),2015,45(1):124—131.

[316] 张杰,周晓艳,李勇.要素市场扭曲抑制了中国企业R&D?[J].经济研究,2011(8):78—91.

[317] 张秋萍,盛宇华,陈加伟.董事长——TMT垂直对差异与创新投资关系研究——市场化与产权性质的作用[J].科学学与科学技术管理,2018,39(10):138—156.

[318] 张翔,丁栋虹.创业型领导、战略柔性与公司企业家精神关系[J].华南理工大学学报(社会科学版),2016,18(4):10—20+112.

[319] 张欣.高管晋升锦标赛、市场化与国有企业并购[J].广东财经大学学报,2016,31(5):61—71.

[320] 张艳,范玉琴.中国电信产业市场化进程测度研究[J].华东经济管理,2007,21(11):104—107.

[321] 张原,薛青梅.市场化进程对企业资本结构的影响研究——基于信息技术行业的实证检验[J].北京交通大学学报(社会科学版),2016,15(2):36—42.

[322] 张志宏,费贵贤.控股权性质、市场化进程与企业并购模式选择[J].中南财经政法大学学报,2010(5):122—128.

[323] 张宗益,陈思秋.市场化、企业所有制对获取银行贷款的影响[J].经济与管理研究,2015,36(7):29—35.

[324] 张宗益,康继军,罗本德.中国经济体制市场化进程测度研究[J].经济体制改革,2006(3):24—27.

[325] 赵德志,赵曼.政治关联、市场化程度与民营企业并购绩效[J].辽宁大学学报(哲学社会科学版),2018,46(6):63—71.

[326] 赵亮,于琼.我国中小企业技术创新的障碍与对策[J].管理观察,2008(18):59—60.

[327] 赵彦云,李静萍.中国市场化水平测度、分析与预测[J].中国人民大学学报,2000(4):32—37.

[328] 赵兴庐,刘衡,张建琦.冗余如何转化为公司创业?——资源拼凑和机会识别的双元式中介路径研究[J].外国经济与管理,2017,39(6):54—67.

[329] 赵兴庐,张建琦.资源拼凑与企业绩效——组织结构和文化的权变影响[J].经济管理,2016,38(5):165—175.

[330] 郑春美,李佩.政府补助与税收优惠对企业创新绩效的影响——基于创业板高新技术企业的实证研究[J].科技进步与对策,2015,32(16):83—87.

[331] 郑晓明,丁玲,欧阳桃花.双元能力促进企业服务敏捷性——海底捞公司发展历程案例研究[J].管理世界,2012(2):131—147+188.

[332] 钟惠波,刘霞.套利型创业、创新型创业与中国经济增长——基于市场化协同效应的实证研究[J].科技进步与对策,2018,35(7):74—81.

[333] 周翔,罗顺均,吴能全,等.核心能力快速丧失企业的公司创业——基于海印商业运营的公司创业纵向案例研究[J].管理世界,2018,34(6):157—172+181.

[334] 周雪光.基层政府间的"共谋现象"——一个政府行为的制度逻辑[J].社会学研究,

2008(6):1—21+243.

[335] 周业安,赵坚毅.我国金融市场化的测度、市场化过程和经济增长[J].金融研究,2005(4):68—78.

[336] 朱沆,张威,何轩,等.家族、市场化与创业企业关系网络的交易成本[J].南开管理评论,2012,15(5):152—160.

[337] 朱永明,贾明娥.市场化进程、高管晋升激励与研发投资[J].中国科技论坛,2018(4):157—164+173.

[338] 祝志勇.按劳分配制度的有效实现形式——基于包容性增长的微观基础视角[J].当代经济研究,2011(7):43—48+94.

图书在版编目(CIP)数据

市场化进程感知与企业创新精神：创业认知的研究视角/赵兴庐著.—上海：复旦大学出版社，2022.10
ISBN 978-7-309-16316-2

Ⅰ.①市… Ⅱ.①赵… Ⅲ.①创业-研究 Ⅳ.①F241.4

中国版本图书馆 CIP 数据核字(2022)第 128795 号

市场化进程感知与企业创新精神：创业认知的研究视角
SHICHANGHUA JINCHENG GANZHI YU QIYE CHUANGXIN JINGSHEN: CHUANGYE RENZHI DE YANJIU SHIJIAO
赵兴庐　著
责任编辑/郭　峰

复旦大学出版社有限公司出版发行
上海市国权路 579 号　邮编：200433
网址：fupnet@fudanpress.com　http://www.fudanpress.com
门市零售：86-21-65102580　团体订购：86-21-65104505
出版部电话：86-21-65642845
上海四维数字图文有限公司

开本 787×960　1/16　印张 16.25　字数 266 千
2022 年 10 月第 1 版
2022 年 10 月第 1 版第 1 次印刷

ISBN 978-7-309-16316-2/F·2901
定价：58.00 元

如有印装质量问题，请向复旦大学出版社有限公司出版部调换。
版权所有　侵权必究